AF751090

INTÉGRATION RÉGIONALE ET PETIT COMMERCE TRANSFRONTALIER ENTRE LA RD CONGO ET SES VOISINS

Opportunités et défis

Nene Morisho Mwana Biningo

INTÉGRATION RÉGIONALE ET PETIT COMMERCE TRANSFRONTALIER ENTRE LA RD CONGO ET SES VOISINS

Opportunités et défis

L'Harmattan

© L'Harmattan, 2024
5-7, rue de l'École polytechnique, 75005 Paris

http://www.harmattan.fr
diffusion.harmattan@wanadoo.fr

ISBN : 978-2-336-46531-9
EAN : 9782336465319

Sigles et acronymes

ADF	: Alliance des forces démocratiques, mouvement Rebel ougandais.
AFDL	: Alliance des Forces Démocratiques pour la Libération du Congo,
ANR	: Agence Nationale de Renseignement
ASF	: African Standby Force
BDGL	: Banque de Développement des Pays des Grands Lacs
CEA	: Commission Économique pour l'Afrique
CEDEAO	: Communauté Economique des États de l'Afrique de l'Ouest.
CEEAC	: Communauté Economique des États d'Afrique Centrale
CEPGL	: Communauté Economique des Pays des Grands Lacs.
CER	: Communauté économique régionale
CNDP	: Congres National pour la défense du Peuple, mouvement rebelle congolais
COMESA	: Marché Commun de l'Afrique Orientale et Australe
DGDA	: Direction Générale des Douanes et Accises,
DGM	: Direction Générale de Migration, autorités migratoires congolaises
EAC	: East African Community (Communauté d'Afrique de l'Est)
EGL	: Organisation de l'Energie des Pays du Grand Lac
FARDC	: Forces Armées de la République Démocratique du Congo.
FDLR	: Forces Démocratiques pour la Libération du Rwanda, mouvement rebelle rwando-congolais.
FMI	: Fonds Monétaire International
FPR	: Front Patriotique Rwandais
GLTFP	: Programme de facilitation du commerce dans la région des Grands Lacs
ICRGL	: Conférence Internationale dans la Région des Grands Lacs

IRAZ	: Institut de Recherche sur l'Agriculture et l'élevage
OBR	: Office Burundais de Recettes
OCC	: Office Congolais de Contrôle
OMC	: Organisation Mondiale du Commerce
ONG	: Organisation non gouvernementale
ONU	: Nations Unies
OUA	: Organisation de l'Unité Africaine
PIB	: Produit Intérieur Brut
PNHF	: Police Nationale de l'Hygiène à la Frontière
PSCF	: Cadre de paix, de sécurité et de coopération
RCD	: Rassemblement Congolais pour la Démocratie
RCD	: Rassemblement Congolais pour la Démocratie
RDC	: République Démocratique du Congo
SADC	: Communauté de Développement de l'Afrique du Sud
SINELAC	: Compagnie Internationale d'Energie des Grands Lacs
STR	: Régime commercial simplifié
TID	: Bureau d'information commercial (Trade Information Desk)
UNICTAD	: Conférences des Nations Unies pour le Commerce et le Développement
USA	: États-Unis d'Amérique

Remerciements

Tout d'abord, mes remerciements sont adressés à ma famille. Je voudrais aussi exprimer ma gratitude premièrement à la fondation Volks Wagen qui a financé le projet de recherche « Mobility Regimes of Pandemic Preparedness and Response (MoREPPaR): The Case of Covid-19 », lequel m'a parmi de finaliser la rédaction de ce livre ; et deuxièmement à Pole Institue, à l'Université Catholique de Bukavu et à l'Université de Goma pour le soutien institutionnel dont j'ai bénéficié d'eux.

Introduction

La texte que je donne à lire a pour pierre de touche Intégration Régionale et Petit Commerce Transfrontalier entre la République Démocratique du Congo et ses voisins : Opportunités et Défis.

Certaines raisons justifient ces pages. En effet, les économies des pays de Grands Lacs Africains sont largement imbriquées les autres aux autres. Très souvent, les pratiquants de ce commerce sont issus d'une même famille ou d'un même groupe ethnique, que les frontières artificielles issues du découpage de l'Afrique ont placés dans des pays différents. Ces commerçants ont donc une longue tradition de travers les frontières qui les séparent physiquement, mais pas psychologiquement, pour échanger des biens et des services. Le commerce transfrontalier constitue donc depuis de siècle un facteur crucial dans l'environnement économique et social des zones frontalières.

La RDC fait face à de nombreux défis dans ses relations commerciales avec ses voisins, et ceci n'est pas récent. Il faut en effet noter que le régime fiscal cumulatif et la multiplicité des services qui collectent les droits de douane augmentent le coût de l'importation formelle de marchandises en RDC. A titre d'exemple, le total des droits de douane en pourcentage pour un carton de trois litres de vin rouge est de 77% en RDC et de 58% au Rwanda. Or, ce produit est moins cher à Goma (environ, 20 USD) qu'à Gisenyi (26 USD) ou à Kigali (33 USD) alors qu'ils sont achetés par des commerçants rwandais et congolais aux mêmes endroits (Afrique du Sud, Dubaï ou Nairobi). La seule explication à cet écart de prix, selon un douanier congolais, est une sous-estimation massive de la valeur en douane des marchandises importées par les commerçants en collusion avec les douaniers. Cette possibilité d'évasion fiscale encourage également certains commerçants rwandais à dédouaner leurs marchandises au Congo et à les introduire ensuite clandestinement au Rwanda d'où elles sont venues en transit.

Bien plus, les recettes fiscales de la RDC en pourcentage du PIB sont parmi les plus faibles d'Afrique subsaharienne. Cependant, les réformes entreprises par ses gouvernements successifs ont conduit à une augmentation, quoique insignifiante, de ce pourcentage. Ces dernières années, les recettes fiscales étaient estimées à environ 17 % du PIB. Comparé à ses voisins de l'Est, le commerce international de la RDC génère trois fois plus de recettes. Cela s'explique par l'importance des taxes sur les exportations d'un large éventail de produits miniers collectées par la RDC alors que par exemple les taxes à l'exportation du Burundi, de l'Ouganda et du Rwanda sont limitées étant donné le petit nombre de produits de valeur que ces pays exportent. Cependant, comme indiqué ci-dessus, le système congolais de taxation du commerce international est rendu inefficace par la multiplicité des services qui collectent de manière formelle ou informelle des taxes sur les produits importés et exportés.

Les échanges commerciaux, en particulier les activités de contrebande, entre la RDC et les pays de l'Est de l'Afrique ont considérablement augmenté depuis le milieu des années 1990. L'instabilité politique en RDC et l'incapacité de son gouvernement à contrôler ses frontières ont contribué non seulement à dynamiser le trafic transfrontalier informel et illégal mais aussi à remodeler ces transactions. En fait, alors que, par exemple, avant la guerre de 1996 en RDC, seuls les Congolais étaient impliqués dans la contrebande de minerais en provenance de RDC, pendant et après la guerre, tant les Congolais que les étrangers habitants dans les pays voisins ont été impliqués dans ce commerce illégal. Ceci explique pourquoi certains pays sont devenus exportateurs de minerais qu'ils ne possèdent pas naturellement dans leur sol et qu'ils n'ont jamais exportés auparavant.

Parallèlement au développement de cette contrebande à grande échelle, le petit commerce transfrontalier est également devenu important depuis les années de guerre, contribuant à la création d'un énorme marché régional non officiel. Par exemple, depuis le milieu des années 1990, les produits agricoles se raréfient sur les marchés de Goma et Bukavu en raison de l'instabilité permanente des zones rurales du Nord-Kivu et du Sud Kivu où ces denrées agricoles étaient autrefois produites. Depuis lors, Gisenyi et Rusizi au Rwanda sont devenus des importants fournisseurs de ces produits pour la ville de Goma. Par ailleurs, alors qu'avant les années 90, les petits échanges entre Goma et Gisenyi étaient exclusivement basés sur les produits agricoles, l'augmentation des droits de douane sur certains produits manufacturés dans les voisins a rendu leur commerce très attractif pour les petits commerçants. A partir de cette période, le petit commerce transfrontalier n'a cessé de prendre de l'envergure dans cette région, à tel point qu'on assiste à une véritable intégration économique par le bas, dans un contexte africain où l'intégration économique formelle qui prône le développement des échanges formels entre entreprises africaines, a difficile à produire les effets escomptés.

Ce commerce transfrontalier est généralement dominé par les femmes ; environ 80% des pratiquants de ce commerce sont de sexe féminin. Ces femmes échangent le plus souvent des biens de faible valeur modeste pour des raisons diverses, comme par exemple les difficultés d'accès au financement, la faiblesse des capacités, le manque d'efficacité des circuits de commercialisation et de distribution et le manque de l'accompagnement étatique.

En République Démocratique du Congo, malgré la reconnaissance de cette importance économique et sociale dans les zones frontalières où il est pratiqué, ce commerce fait cependant face à plusieurs défis que les autorités nationales ont essayé d'éradiquer mais sans grand succès.

Il est clairement établi que la complexité des formalités de dédouanement et la lourdeur des exigences documentaires sont autant d'éléments qui rendent le commerce difficile à pratiquer en RDC. Par ailleurs, la gouvernance des frontières pose problème. Le nombre élevé des acteurs étatiques à la frontière et leur comportement déplorable à l'égard des commerçants transfrontaliers font augmenter le coût du commerce et rendent surtout le commerce transfrontalier très incertain. Les postes frontaliers entre la RDC et ses voisins sont donc réputés comme figurant parmi les moins sûres et moins accueillantes, surtout les femmes qui pratiquent ce métier.

Bien qu'ayant la volonté de réussir et de développer leur business, les petits commerçants transfrontaliers sont donc exposés à des défis énormes allant du problème des différents types d'harcèlement auxquels ils font face, à la mauvaise connaissance des procédures et tarifs douaniers, à la faiblesse du fonds de roulement, jusqu'à l'exposition à l'incertitude liée à l'imprévisible des politiques commerciales de leur pays.

Ce livre est une tentative d'expliquer au public le fonctionnement du petit commerce transfrontalier entre la RDC et certains pays de la Région de Grands Lacs, notamment le Burundi, l'Ouganda et le Rwanda.

Certaines questions ont orienté ma réflexion dans ces pages. En effet quel est l'état de lieu du petit commerce transfrontalier en RDC et dans quel cadre institutionnel ? Quel est le rôle de la République Démocratique du Congo dans les Communautés Économiques sous Régionales ? Quels sont les opportunités et les défis du petit commerce transfrontalier pour notre pays ?

Comme hypothèses, pratiqué dans un contexte des conflits comme celui de la RDC, le petit commerce transfrontalier est une opportunité importante pour des milliers d'individus qui vivent dans une pauvreté et vulnérabilité criante, sans accès à un emploi formel. Autre hypothèse, suite à la difficulté pour un emploi formel, surtout pour les femmes, ce commerce est considéré comme un outil à la disposition de cette catégorie de la population pour gagner un revenu et survivre dans un contexte politique et économique plus qu'incertain. Aussi, comme autre hypothèse, ce commerce permet à des milliers de consommateurs d'avoir accès des biens et services qui ne sont plus produits dans leurs propres pays. Enfin, sur le plan social, un tel commerce permet de garantir les liens sociaux et de solidarité entre communautés frontalières dans un contexte de guerre et où parfois les autorités respectives de leurs pays n'entretiennent aucune relation politique ou diplomatique.

Comme limites, les opportunités et les défis des entrepreneurs locaux et petits commerçants avec l'adhésion de la RDC dans les méandres de CEPGL, EAST et AEC. conduisent à l'invention d'un nouveau système pour y faire face avec l'achat et vente groupés. Je reconnais que cette ingéniosité et cette imagination créatrice peuvent se vérifier dans les autres régions de la République Démocratique du Congo. Je me limite dans la région Est du pays, lieu de mon vécu quotidien. Aussi, je n'ai pas la prétention d'épuiser le débat sur cette question. Les apports des autres chercheurs sont indispensables et souhaitables pour enrichir ma réflexion.

Enrichie par les enquêtes sur le terrain, l'observation et l'analyse des faits émanant des entrepreneurs et petits commerçants, ma démarche est réflexive et critique

La première partie du livre fait état de lieu de commerce en insistant sur son importance pour la région et en particulier pour la RDC, et en analysant les mécanismes régionaux qui ont été mis en place pour promouvoir le petit commerce transfrontalier

La deuxième partie analyse le rôle que la RDC joue dans certains regroupements sous régionaux, notamment la CEPGL et l'EAC.

La troisième partie se focalise sur les défis et opportunités qu'offre le petit commerce transfrontalier aux petits commerçants et autres acteurs actifs dans ce secteur en mettant en exergue :

1) Les sources de résilience et de vulnérabilités des petits commerçants
2) Les gagnants et perdants d'une forte libération du commerce transfrontalier entre la RDC et ses voisins
3) Les nouvelles pratiques du petit commerce transfrontalier qui seraient bénéfiques pour les petits commerçants.

Partie 1

État de lieu et cadre institutionnel du petit commerce transfrontalier en République Démocratique du Congo

La première partie a pour matrice l' État de lieu et cadre institutionnel du petit commerce transfrontalier en République Démocratique du Congo. Elle est organisée en deux chapitres. Le premier a pour pierre de touche l'introduction et l'état de lieux du petit commerce transfrontalier dans la région de Grands Lacs Africains. Le second a pour matrice le cadre politique et légal du commerce transfrontalier dans la région des grands lacs africains.

Chapitre 1

Introduction et état de lieux du petit commerce transfrontalier dans la région de Grands Lacs Africains

Ces pages portent sur l'introduction et l'état de lieux du petit commerce transfrontalier dans la région de Grands Lacs Africains.

En effet, le désir d'intégrer les économies africaines sur une base régionale, et finalement continentale, est fort. Il est partagé entre les élites africaines et leurs partenaires internationaux de développement. En conséquence, de nombreuses initiatives formelles ont été mises en place pour atteindre cet objectif, sous l'égide générale du plan de l'Union Africaine visant à réaliser un marché commun continental d'ici 2028.

Cependant, souvent, la rhétorique ne correspond pas à la réalité. L'intégration économique africaine souffre d'une litanie de problèmes, allant d'un chevauchement des appartenances (Dinka et Kennes 2007, Draper et al 2007, CEA 2006 et 2008), à des engagements non tenus, à des objectifs irréalistes. De nombreux problèmes économiques, politiques et institutionnels doivent être résolus pour améliorer l'intégration économique africaine. Les problèmes économiques comprennent, par exemple, la dépendance de nombreux pays africains à l'égard des exportations de produits de base et une infrastructure médiocre. Les problèmes institutionnels et politiques sont nombreux, y compris le manque de volonté politique des dirigeants africains pour mener les réformes requises nécessaires au succès de l'intégration économique et aux tracasseries administratives auxquelles les petits commerçants font face aux frontières.

Cette incapacité du continent africain à s'intégrer économiquement de manière formelle a conduit au développement du commerce transfrontalier informel. En effet, un des phénomènes importants qui montrent le potentiel énorme d'intégration des économies africaines est celui du petit commerce transfrontalier. Ce chapitre fait un état des lieux du petit commerce transfrontalier dans la région des Grands Lacs africains[1] en insistant sur l'importance de ce dernier et les défis rencontrés par les petits commerçants transfrontaliers dans l'exercice de leur métier.

1.1. État des lieux du petit commerce transfrontalier entre la RDC, le Rwanda, le Burundi et l'Ouganda

Le petit commerce transfrontalier est une activité économique importante pour les zones frontalières de la région des Grands Lacs africains. Il constitue une source importante de revenu et un moyen de survie pour des milliers de ménages vulnérables d'accroitre leur résilience face à différents chocs externes auxquels ils sont régulièrement exposés et de combattre l'extrême pauvreté (Mvunga & Kunaka, 2021). Ainsi, dans cette section, après la présentation de l'importance du petit commerce transfrontalier dans la région des Grands Lacs Africains, les défis auxquels sont exposés les pratiquants de cette activité sont présentés.

1.1.1. Importance du petit commerce transfrontalier dans la région des Grands Lacs africains

L'importance du petit commerce transfrontalier dans la région des Grands Lacs peut prendre une double dimension : le petit commerce transfrontalier agit comme un facteur de réduction de la pauvreté et d'amélioration du bien-être de la population ainsi que comme une importante source des recettes pour les États de la région. L'exploitation de ces opportunités qu'offre le petit commerce transfrontalier, quoique plus faibles en termes de valeur comparativement aux importations et exportations formelles, pourrait avoir un impact bien plus direct en termes de revenus et d'emplois dans la région tout en permettant l'amélioration des conditions de vies de nombreux ménages.

- Le petit commerce transfrontalier en tant que facteur de réduction de la pauvreté et d'amélioration du bien-être de la population des zones transfrontalières

Le commerce transfrontalier constitue aujourd'hui un aspect important de l'environnement social et économique de l'Afrique. Selon certaines estimations, il contribue aux revenus d'environ 43 pourcent de la population du continent (Brenton & Soprano, 2018). Il joue un rôle primordial dans la région des Grands Lacs africains (RDC, Rwanda, Burundi, Ouganda) en facilitant les échanges des biens particuliers (surtout les produits vivriers) des régions en abondance vers des régions en pénurie (Titeca & Kimanuka, 2012). Il donne aussi accès à des biens et services qui permettent à des populations frontalières vulnérables de renforcer leur résilience face à des crises récurrentes comme les conflits, et d'échapper à l'extrême pauvreté

1 On se focalise dans ce chapitre uniquement sur le petit commerce transfrontalier entre la RDC et l'Ouganda, le Rwanda et le Burundi.

(World Bank, 2022). Dans une région qui a longuement souffert des conflits armés et où les options économiques sont limitées, le petit commerce est un mécanisme de survie et de création d'emploi pour une nombre importants de petits commerçants et pour leurs dépendants (Groupe de presse la République, 2020). En effet, le petit commerce transfrontalier est une preuve visible de l'interdépendance économique entre les pays de la région et constitue un levier important pour la croissance économique, l'amélioration du bien-être et la réduction de la pauvreté ainsi que pour le rapprochement des populations souvent divisées et méfiantes les unes à l'égard des autres à cause des conflits violents qui ont touché et continuent de toucher la région des grands lacs africains. De ce fait, il contribue donc à l'amélioration des conditions de vie des populations des zones transfrontalières et crée des emplois, surtout pour de populations marginalisées ou défavorisées.

Les échanges transfrontaliers sont par ailleurs dominés par les produits de l'agriculture et de l'élevage, et constituent par conséquent un facteur essentiel pour la réduction de l'insécurité alimentaire dans de nombreux endroits. Ils jouent donc à de multiples égards un rôle crucial pour la prospérité et la réduction de la pauvreté (Titeca & Kimanuka, 2012; Morisho, 2015; Mvunga & Kunaka, 2021). Il sied aussi de signaler que les activités du petit commerce transfrontalier contribuent en grande partie au progrès en matière du développement dans le long terme surtout pour ce qui concerne la promotion du genre. Comme le montrent par exemple Brenton et Soprano (2021), le petit commerce transfrontalier concourt à l'autonomisation des femmes au sein du foyer, ce qui en retour accroit leur rôle dans la prise de décision comme l'augmentation des dépenses pour une alimentation plus variée et de meilleure qualité et pour des dépenses de scolarité, réduisant ainsi les taux de malnutrition infantile et améliorant la fréquentation scolaire.

- Le petit commerce transfrontalier comme importante source de recettes pour les Etats de la région

Il existe une manne financière non négligeable pour tous les pays et toutes les économies de la région de des Grands Lacs issue de l'activité du petit commerce transfrontalier. En effet, le petit commerce transfrontalier représente une part non négligeable des importations et des exportations de certains produits et est une source des recettes pour les États de la région. A ce sujet, la Banque Mondiale montre par exemple qu'en 2011, le volume de commerce informel de la RDC avec les pays de la région des Grands Lacs dans les denrées alimentaires est presque 5 fois supérieur au volume de commerce formel dans ces mêmes produits. Il apparait ainsi que malgré son caractère majoritairement informel, lié au fait que les pratiquants de ce commerce ne sont pas enregistrés et ne paient pas d'impôts, le petit commerce transfrontalier reste une des principales sources des recettes de l'État à travers les différentes taxes que payent les petits commerçants pour faire traverser leurs marchandises à la frontière (Brenton & Soprano, 2018). En effet, ces derniers ne sont pas forcément enregistrés officiellement en tant que chefs d'entreprises, mais, dans la plupart des cas, ils ne cherchent pas pour autant à contourner la législation, la fiscalité ou les procédures applicables. En réalité, ils utilisent généralement les points de passage officiels et sont même soumis aux procédures officielles de dédouanement malgré que leurs chargements soient souvent de faible valeur (Banque Mondiale, 2011). Les petits commerçants contribuent ainsi au développement des économies nationales à travers les recettes qu'ils génèrent bien que leur activité soit informelle.

Quels sont les défis et les opportunités du petit commerce transfrontalier dans la région des Grands Lacs africains ?

1.1.2. Défis et opportunités du petit commerce transfrontalier dans la région des Grands Lacs africains

Malgré des progrès importants engagés en vue de faciliter le petit commerce transfrontalier à travers les mécanismes établis par les organisations régionales comme le Marché commun de l'Afrique du Sud et de l'Est (COMESA), la Zone de Libre Echange Continental Africaine (ZLECAf), la Communauté de l'Afrique de l'Est (CAE) et la Communauté économique des Pays des Grands Lacs (CEPGL), ce commerce est toujours confronté à plusieurs défis. Mais d'un autre côté, la prise de conscience par les leaders africains du potentiel que représente ce commerce pour lutter contre la pauvreté et contribuer à la croissance économique des Etats de la région, a permis de lancer des initiatives qui constituent de véritables opportunités que les petits commerçants transfrontaliers devraient saisir. Dans ce point, après avoir présenté les différentes dynamiques régionales et continentales de facilitation du petit commerce transfrontalier, il est aussi présenté les défis auxquels est exposé le petit commerce transfrontalier dans la région des Grands Lacs Africains.

1.1.2.1. Dynamiques régionales et continentales de facilitation du commerce transfrontalier : une opportunité pour le petit commerce transfrontalier

Plusieurs initiatives ont été adoptées au niveau régional et continental pour maximiser les gains des échanges à travers la suppression des barrières aux échanges et l'accélération du processus d'intégration économique des nations. Toutes ces initiatives, au-delà de promouvoir le commerce formel entre Etats, cherche aussi, d'une façon ou d'une autre, à faciliter le petit commerce transfrontalier, source de revenu pour la grande partie de la population des pays africains.

- Le COMESA et le régime commercial simplifié (RECOS)

Le régime commercial simplifié (RECOS) est un programme lancé en 2010 par le Marché Commun de l'Afrique Orientale et Australe (COMESA) pour faciliter et promouvoir le petit commerce transfrontalier à travers une simplification des procédures y relatives (Women Connect, 2022). Ce régime propose des outils et de mécanismes adaptés aux besoins des petits commerçants qui exercent leur activité dans les régions frontalières, au sein desquelles le commerce informel est omniprésent (Ndayizeye, 2020). Le RECOS peut être utilisé par les petits commerçants appartenant ou non à l'un des pays membres du COMESA et qui :

- Importent ou exportent des marchandises dont la valeur par lot est égale ou inférieure au seuil de 2000 dollars américains (les commerçants dont les lots de marchandises dépassent 2000 dollars américains doivent utiliser le Certificat d'origine COMESA et les documents douaniers habituels) ;
- Importent ou exportent des marchandises figurant sur les listes communes des produits éligibles au RECOS. Ces marchandises doivent être destinées à la vente (les voyageurs n'ayant pas des marchandises destinées à la vente ne peuvent pas bénéficier des avantages qu'offre le régime RECOS) ;
- Possèdent tous les documents de commerce et de voyage (passeport, laissez-passer, tenant lieu, document de la CEPGL, carte de vaccination, patente, …) requis selon la règlementation de chaque pays.

La liste des produits éligibles au régime commercial simplifié du COMESA est établie en fonction des besoins et des spécificités des produits importés et exportés dans le cadre des relations bilatérales entre deux pays. Cependant, de façon générale, les produits éligibles au régime RECOS pour tous les pays du COMESA comprennent :

- Les produits agricoles tels que les oignons, l'ail, les carottes, les légumes, les racines de manioc, les bananes, les ananas, les goyaves, les mangues, les oranges, le café, le thé, le poivre, le gingembre, le maïs de semence, le sorgho à grains, la farine de manioc, les arachides non grillées, l'huile d'arachide, de palme brute, de tournesol, etc. ;
- Les produits artisanaux tels que les paniers, les nattes, les chapeaux, les sacs, les bijoux, les poteries, les sculptures, etc. ;
- Les produits manufacturés tels que le savon, la lessive, le sucre, le sel, l'huile raffinée, la farine de blé, le riz décortiqué, etc. ;

- Les produits de l'élevage tels que les animaux des espèces bovines, ovines, porcines, caprines et autres espèces, les volailles, ... ainsi que les aliments dérivés de ces produits (œufs, miel, lait, ...).

Ces produits sont soumis à un tarif préférentiel ou à un tarif nul selon le cas. Ils doivent être accompagnés d'un certificat d'origine et d'une facture simplifiée. Le RECOS est important à la fois pour les petits commerçants et pour les pays membres du COMESA (Ndayizeye, 2020). Pour les petits commerçants, le RECOS rend claire la procédure à suivre pour faire traverser leurs marchandises à la frontière sans aucune difficulté, améliore leurs connaissances sur leurs droits ainsi que sur leurs devoirs, réduit les coûts et le temps de dédouanement ; ce qui permet une réduction du prix de vente de leurs marchandises et l'amélioration du bien-être des consommateurs. Pour les pays membres du COMESA et pour le regroupement économique dans son ensemble, le RECOS permet une amélioration du niveau de vie de la population à travers les emplois qu'il crée, réduit la prévalence de la contrebande à la frontière en permettant une maximisation des recettes issues des opérations d'exportation et d'importation et améliore la qualité des statistiques sur les flux des biens et services à la frontière.

Il sied de préciser que pour que deux États membres du COMESA mettent en œuvre le RECOS, ils doivent appartenir à la Zone de libre-échange (ZLE) de ce regroupement régional. Les États membres qui n'y font pas partie appliquent des équivalents du RECOS dans le cadre d'arrangements préférentiels bilatéraux. La RDC, qui ne participe pas à la ZLE du COMESA, entre dans cette catégorie (Ndayizeye, 2020). La mise en œuvre du RECOS s'accompagne également du déploiement des responsables des Bureaux d'Information Commerciale (BIC) installés par le COMESA à certains postes frontaliers. Ces derniers font office d'agents de dédouanement pour les commerçants en leur fournissant des informations sur les procédures frontalières et en les appuyant dans le remplissage des formulaires nécessaires au dédouanement des marchandises (Osemo, 2022).

- L'EAC et le protocole sur le commerce transfrontalier informel (PCTI)

La Communauté de l'Afrique de l'Est (CAE) ou East African Community en Anglais (EAC) est un marché commun regroupant 7 pays membres (le Kenya, la Tanzanie, le Rwanda, le Burundi, l'Ouganda, le Soudan du Sud et la RDC). La facilitation du petit commerce transfrontalier est l'un de principaux domaines d'action de l'EAC qui reconnait le rôle important de petits commerçants transfrontaliers dans le développement du commerce intra régional, dans la réduction de la pauvreté et dans la maximisation des recettes de ses Etats membres (Ogalo, 2010). Malgré l'appartenance des pays de cette communauté économique régionale à d'autres regroupements régionaux comme le COMESA, la ZLECAf ou même la SADC qui ont déjà mis en œuvre différentes initiatives de facilitation du commerce transfrontalier, elle met aussi en œuvre d'autres initiatives pour renforcer celles existantes pour ainsi maximiser les avantages du commerce tant pour la population que pour les gouvernements de ses pays membres.

Parmi les actions initiées par l'EAC figure le Protocole sur le Commerce Transfrontalier Informel. Il s'agit d'un cadre juridique qui vise à faciliter l'intégration du commerce transfrontalier informel dans le commerce formel à travers l'harmonisation des politiques et des règlements relatifs au commerce transfrontalier informel au sein de tous les pays de l'EAC. Il prévoit des mesures pour protéger les droits et les intérêts des petits commerçants transfrontaliers, notamment les femmes, les jeunes et les personnes vulnérables (Fundira, 2013).

- La ZLECAf et la facilitation du commerce transfrontalier

La zone de libre-échange continentale africaine (ZLECAf) est un projet initié par l'Union Africaine depuis 2018 qui vise à créer un marché unique pour les biens et les services sur tout le continent africain. Cet accord régit le commerce des marchandises, le commerce des services, les investissements, les droits de propriété intellectuelle et la politique de concurrence (Buyonge, 2021). Il traite de plusieurs aspects de politique générale liés notamment à la facilitation des échanges et aux services tout en englobant des dispositions réglementaires telles que les normes sanitaires et les barrières techniques au commerce (Banque Mondiale, 2020). L'un de ses objectifs généraux est de « poser les bases de la création d'une union douanière continentale à un stade ultérieur » (article 3), où les États parties appliqueront un tarif extérieur commun (Buyonge, 2021).

Selon les estimations de la Banque Mondiale, une mise en œuvre réussie de la ZLECAF pourrait occasionner 450 milliards de dollars de gains potentiels et sur ce montant, environ 300 milliards proviendraient des mesures de facilitation du commerce visant à lever les freins bureaucratiques et à simplifier les procédures douanières (Banque Mondiale, 2020). Cette facilitation du commerce bénéficierait non seulement au commerce formel, mais aussi au commerce informel, en réduisant les incitations à contourner les règles et en améliorant l'accès aux marchés et aux opportunités pour les petits commerçants. En effet, le commerce transfrontalier informel est une composante importante du commerce intra-africain. Ce type de commerce soutient les moyens d'existence et crée des emplois, notamment pour les groupes désavantagés et marginalisés en particulier les femmes et les enfants. La mise en œuvre réussie de la ZLECAf permettrait aussi de mener à bien les réformes de fond nécessaires pour stimuler la croissance à long terme dans les pays africains. A ce sujet, les estimations de la Banque Mondiale montrent toujours que la ZLECAf est susceptible de faire sortir près de 30 millions d'Africains de l'extrême pauvreté et d'accroître le revenu de 68 millions d'Africains qui vivent avec moins de 5,50 dollars des États-Unis par jour (Banque Mondiale, 2020).

Pour atteindre toutes ces prévisions, l'Union Africaine a déjà mis au point plusieurs instruments. En premier lieu, il y a le « Système panafricain de paiement et de règlement » (PAPSS en Anglais). Il s'agit de la première infrastructure centralisée de traitement, compensation et règlement du commerce intra-africain et de paiements commerciaux qui permettra aux entreprises africaines de procéder à la compensation et au règlement des transactions commerciales intra-africaines dans leurs devises locales. Le PAPSS est un instrument de la Banque africaine d'import-export (Afreximbank), une institution financière multilatérale panafricaine créée en 1993 dans le but de financer et de promouvoir le commerce intra-africain et extra-africain (Buyonge, 2021; Ighobor, 2022).

Au-delà de cet instrument financier, la ZLECAf prévoit un protocole sur le commerce des marchandises qui contient des dispositions relatives à la facilitation du commerce en s'inspirant de l'Accord sur la facilitation des échanges (AFE) de l'Organisation mondiale du commerce (OMC). Ces dispositions visent à simplifier et à harmoniser les procédures douanières, à renforcer la transparence et la coopération, à accélérer la main levée et le dédouanement des marchandises, et à fournir des décisions anticipées et des recours aux opérateurs économiques. Aussi, la ZLECAf prévoit de négocier un protocole en faveur des femmes et de jeunes commerçants. Ce protocole va tenir en compte les besoins spécifiques des commerçants informels à petite échelle qui représentent une part non négligeable du commerce en Afrique (Ighobor, 2022).

Les pages qui suivent se focalisent sur les défis du petit commerce transfrontalier.

1.1.2.2. Les défis du petit commerce transfrontalier

Les petits commerçants transfrontaliers font régulièrement face à plusieurs défis. Ces défis comprennent entre autres les contraintes infrastructurelles et procédurales sur les frontières et dans les zones transfrontalières, les tracasseries des petits commerçants par les agents des services étatiques frontaliers et les violations des droits de l'homme ainsi que les défis rencontrés par les agents douaniers.

- Les contraintes infrastructurelles et procédurales sur les frontières et dans les zones transfrontalières

Les contraintes infrastructurelles et procédurales qui existent aux frontières entravent la capacité des commerçants à développer et formaliser leurs activités. Les infrastructures frontalières sont rarement adaptées aux besoins des petits commerçants, les obligeant souvent à partager les zones de dédouanement avec des camions et d'autres véhicules, ce qui augmente l'insécurité et allonge le délai de réalisation des formalités. L'état des infrastructures frontalières est particulièrement mauvais dans l'ensemble de la région des Grands Lacs surtout au Burundi et en RDC (bien que des efforts ont été faits à certaines frontières de la RDC, comme aux postes frontaliers de Ruzizi 1 et Ruzizi 1 à Bukavu, et à la Grande Barrière à Goma) où de nombreux points de passage frontaliers désignés sont en mauvais état, tant pour les commerçants que pour les agences frontalières (World Bank, 2022). Les structures existantes, comme par exemple les postes frontaliers ou les marchés couverts, sont souvent délabrées et dépourvues d'équipements sanitaires, d'éclairage ou de clôtures (Morisho, 2015; Brenton & Soprano, 2018). Les services essentiels ne sont pas toujours disponibles à chaque poste frontalier, en particulier ceux qui sont nécessaires pour stocker, tester et certifier les produits commercialisables. Il est également fréquent que les petits commerçants utilisent des points de passage frontaliers non désignés, ce qui complique encore la facilitation et la régulation du commerce. Pour le cas du Burundi et de la RDC, la Banque Mondiale (2022) met en évidence que l'analyse du climat, réalisée pour les deux pays en 2022, a mis en évidence des risques croissants pour l'activité du petit commerce, en particulier d'inondations et de sécheresses. Le rapport montre qu'en RDC, la ville d'Uvira a connu des inondations sans précédent en février 2002 qui ont entraîné des pertes humaines et matérielles et endommagé des infrastructures clés au niveau frontalier. Des événements similaires se sont produits en 2020, lorsque le niveau du lac Tanganyika a augmenté de manière significative, inondant le poste frontalier de Gatumba-Kavimvira ainsi que ses routes d'accès de part et d'autre de la frontière. Les sécheresses récurrentes affectent également la disponibilité des denrées alimentaires, soulignant l'importance du commerce pour répondre aux besoins de base (World Bank, 2022). Ces catastrophes naturelles contribuent ainsi à la détérioration des infrastructures frontalières et rendent encore plus compliquée la réalisation du petit commerce transfrontalier. A ces défis s'ajoute celui de l'incapacité des marchés situés dans les zones transfrontalières à contenir tous les pratiquants du petit commerce transfrontalier. Comme l'indique Morisho (2015), cela conduit le surplus de petits commerçants qui ne parviennent pas à avoir accès au marché (en particulier ceux en provenance du Rwanda) à réaliser leurs activités commerciales dans les rues ou à faire du porte à porte ; ce qui les expose au harcèlement des agents de la police et des enfants de la rue (Maibobo).

- Les tracasseries des petits commerçants et violation des droits de l'homme

Malgré l'adoption officielle de mesures politiques qui ont eu des effets bénéfiques ailleurs comme le régime commercial simplifié (RECOS) adopté par le COMESA et la Communauté de l'Afrique de l'Est (CAE) dans le cadre du soutien global des femmes et des jeunes commerçants transfrontaliers dans la région du COMESA, les petits commerçants continuent de subir des exigences onéreuses pour faire passer leurs marchandises à la douane (World Bank, 2022). En effet, des niveaux élevés des droits de douane, la complexité des formalités de dédouanement et la lourdeur des exigences documentaires qui s'ajoutent au caractère imprévisible des politiques commerciales, sont autant de facteurs qui contribuent à faire augmenter les coûts du commerce (Brenton & Soprano, 2018). A ce sujet, Morisho (2015), en réalisant des enquêtes et des interviews avec des petits commerçants transfrontaliers, trouve que ces derniers sont obligés de payer des taxes illégales lorsqu'ils traversent la frontière avec leurs marchandises sans recevoir aucun reçu surtout lorsqu'ils sont du côté de la frontière congolaise où se trouve une multiplicité des services opérant à la frontière qui sont souvent en concurrence les uns avec les autres pour les paiements qu'ils peuvent obtenir des petits commerçants et ce, sans tenir compte du montant minime de leurs capitaux ni de la valeur de leurs marchandises. La faiblesse de la gouvernance, le manque de capacités et l'inconduite des fonctionnaires douaniers contribuent aussi à augmenter les coûts du commerce et à rendre les frontières des pays de la région des Grands Lacs peu sûres et peu accueillantes pour les petits commerçants, et notamment pour les femmes.

Il est aussi rapporté des cas de violation des droits de l'homme et surtout des femmes au niveau des postes transfrontaliers. En effet, l'application des règles commerciales peu transparentes, associées à des structures de gouvernance faibles pour contrôler, surveiller et prévenir les abus et la corruption, ont conduit à une situation dans laquelle les commerçants, en particulier les femmes, sont très vulnérables à l'extorsion et au harcèlement physique (World Bank, 2022). Dans une étude menée en 2016 entre la RDC et le Burundi, Bakija (2016) montre qu'environ un tiers des petits commerçants transfrontaliers interrogés dans trois villes lacustres différentes, en particulier les femmes, sont victimes de harcèlement sexuel au niveau des postes frontaliers.

Toujours à ce sujet, l'étude soulève qu'à Gatumba (à la frontière entre le Burundi et la RDC), des agressions physiques et sexuelles contre les femmes ont été régulièrement signalées.

- Les difficultés rencontrées par les agents des services de la douane

Outre les petits commerçants transfrontaliers, les agents des services de la douane font aussi face à plusieurs défis qui limitent leur efficacité et leur performance ; ce qui rend difficile la réalisation du petit commerce transfrontalier. Tout d'abord, dans certains pays de la région comme la République démocratique du Congo, il s'observe une pléthore des agents des services douaniers au niveau des postes frontaliers qui, au lieu de faciliter la tâche aux petits commerçants transfrontaliers ; essaient de manipuler les lois pour leur extorquer de l'argent. Cela est encore renforcé par le manque des systèmes de contrôle interne et externe. Deuxièmement, les agents de services de douane ne sont pas suffisamment informés sur les règles et les procédures applicables au petit commerce transfrontalier ainsi que sur les droits et obligations des petits commerçants. Cela les conduit parfois à agir illégalement envers les petits commerçants sans le vouloir (Geourjon, 2006). Troisièmement, il s'observe un manque d'adaptation des agents des services des douanes aux spécificités du petit commerce transfrontalier qui requiert des procédures simplifiées et rapides ainsi qu'un traitement spécial de certaines marchandises ; ce qui en général accroît pour le petit commerçant le temps nécessaire pour remplir les formalités à la frontière. Enfin, le manque de connaissance pour la plupart de ces agents sur l'utilisation de nouvelles technologies avancées telles que l'internet, la collecte et l'analyse des données rendent moins efficace le processus douanier (OMD, 2014).

A ces problèmes s'ajoute le manque de coordination et de coopération entre les agents des services douaniers et les autres acteurs impliqués dans le petit commerce transfrontalier tels que les autorités locales, nationales, les agences du gouvernement, les organisations que les associations des commerçants (OMC, 2022).

Que retenir sur le petit commerce transfrontalier en période des épidémies et de pandémies

?

1.3. Petit commerce transfrontalier en période des épidémies et de pandémies

Les échanges régionaux entre la RDC et ses voisins ont été sensiblement affecté l'apparition de l'épidémie d'Ebola dans la province du Nord Kivu en 2018 et la pandémie du Covid 19 qui a été un phénomène plutôt mondial. Ces deux crises sanitaires ont eu effet de réduire la mobilité des individus dans la région, en particulier des petits commerçants dont le revenu et par conséquent la survie dépendent de leur mobilité d'un pays à un autre. Ce point passe en revue les défis et difficultés nouveaux auxquels les petits commerçants transfrontaliers de la région de Grands Lacs à cause ces crises. Cependant, les analyses qui sont faites ci bas ne se focalisent que les effets négatifs de la crise du Covid 19 sur ce commerce.

McKibbin et Fernando (2020) soulèvent que des maladies contagieuses ayant la nature d'une pandémie peuvent affecter les ménages, les gouvernements et les agents économiques à travers entre autres l'augmentation des coûts de production, l'accroissement des dépenses publiques et la perturbation de l'équilibre sur le marché de travail. Pour le cas de la pandémie du COVID 19 et les mesures prises par les gouvernements pour réduire sa vitesse de propagation, elles ont exercé un impact considérable sur l'organisation du commerce en général et du petit commerce en particulier (Bouet, Kurtz, &

Traore, 2021). En effet, vu que la pandémie a surgi pendant que le système de santé mondial n'était pas préparé à la contenir en termes de traitement et de vaccin, la mesure la plus visible du point de vue de la perspective commerciale était la fermeture de certaines frontières nationales pour limiter le mouvement des personnes (Bucekuderhwa, Kunaka, Mvunga, & Ibale, 2023). La gestion de la frontière a pris une nouvelle dimension et un nouveau caractère consistant en de nouvelles régulations et politiques, à la fois mondiales et continentales, avec pour objectif de stopper la chaîne de contamination (Ashe & Ojong, 2022). Tout comme dans les autres parties du monde, les pays de la région des Grands Lacs Africains (RDC, Burundi, Rwanda et Ouganda), à partir de mars 20202, ont décidé d'imposer des restrictions à la circulation des personnes tant en leur sein qu'au niveau des frontières qui les séparent.

Cependant, comme l'indiquent Bouët et Laborde (2020), plusieurs de ces restrictions ont été imposées sans une compréhension précise des défis structurels soulevés par la pandémie ni sans considération appropriée de toutes les dimensions économiques et sociales. De ce fait, elles ont bouleversé les rouages traditionnels d'un commerce transfrontalier en place depuis plusieurs décennies en effaçant en partie les progrès accomplis dans le cadre des différents projets de facilitation des échanges commerciaux dans la région des Grands Lacs (Mvunga & Kunaka, 2021). Comme un grand nombre de secteurs dépendant du commerce transfrontalier, le petit commerce transfrontalier a aussi été largement affecté par les mesures barrières contre la pandémie du COVID 19. Ses principaux impacts se sont plus manifestés sur l'accroissement de l'incidence de la pauvreté et la détérioration du niveau de vie des populations transfrontalières, l'accroissement du temps d'attente à la frontière, la réduction du volume des échanges ainsi que la hausse des coûts de la réalisation du petit commerce transfrontalier.

- La détérioration des conditions de vie des ménages des petits commerçants transfrontaliers

L'apparition de la maladie à COVID 19 en décembre 2019 a conduit tous les pays à travers le monde à adopter des mesures spécifiques pour contrôler la propagation du virus (Ashe & Ojong, 2022). Ces mesures allaient de la distanciation sociale au confinement en passant par les restrictions économiques et sanitaires impliquant la fermeture des postes frontaliers entre pays (Bucekuderhwa, Kunaka, Mvunga, & Ibale, 2023). Comme conséquence, les chaînes d'approvisionnement en biens de première nécessité ont été interrompues entrainant la hausse du prix de la nourriture et d'autres

2Depuis le 22 mars 2020, le Rwanda et l'Ouganda, même le Burundi, ont fermé leurs frontières avec la RDC pour diminuer le risque de propagation de la pandémie du COVID 19. La RDC a également suivi en fermant ses frontières par réciprocité **(Groupe de presse la République, 2020)**.

produits, la baisse du taux d'emploi et la réduction du revenu par tête, ce qui s'est négativement répercuté sur les conditions de vie des groupes économiquement vulnérables en particulier les petits commerçants transfrontaliers (Mvunga & Kunaka, 2021; Gordon, Graffon, & Steinshamn, 2021).

En effet, le COVID 19 a affecté tous les secteurs de l'économie y compris le secteur agricole dans lequel travaille la majorité de petits commerçants transfrontaliers comprenant les handicapés. Le commerce transfrontalier constituant la seule source de revenu et à la limite la source principale de revenu de la quasi-totalité des commerçants transfrontaliers3, la fermeture totale des frontières à cause des mesures de prévention de la maladie à COVID 19 a été dramatique pour leurs ménages et a eu des répercussions importantes sur leurs conditions de vie ainsi que sur leur avenir.

De la même façon, dans plusieurs cas, les restrictions imposées par les gouvernements en vue de prévenir la propagation du virus ont entrainé de pertes énormes pour le petit commerce de certains produits spécifiques comme les produits agricoles. A ce sujet, Gakunga (2020) et Ashe et Ojong (2022) montrent que, dans le cas de certains pays du continent Africain, suite à des températures journalières élevées, les produits périssables comme la viande, les légumes ou d'autres produits frais devraient être transportés pendant la nuit. Cependant, ils indiquent que l'imposition des heures de couvre-feu avaient rendu cette pratique impossible ; ce qui a entrainé des pertes énormes pour les petits commerçants transportaliers. En plus, il est noté que l'effet adverse du mécanisme de contrôle imposé au niveau transfrontalier lors de la pandémie du COVID 19 avait tendance à accroitre la vulnérabilité des ménages étant donné qu'une attention particulière n'a pas été donnée à la circulation des médicaments essentiels ou des produits de première nécessité ni même aucune initiative n'a été mise au point pour aider les ménages rendus vulnérables par la pendémie de satisfaire même le minimum de leurs besoins (Bouët & Laborde, 2020). De façon générale, le renforcement des mesures drastiques de lutte contre la propagation de la pandémie du COVID 19 a interrompu les modes de vie de la population avec des ramifications importantes sur la sécurité alimentaire et l'économie ; ce qui n'a fait qu'empirer la situation dans certaines régions comme celle des Grands Lacs déjà touchée par la pauvreté de masse, la famine et la malnutrition depuis déjà plusieurs années.

---

3 Morisho (2015), dans une enquête réalisée avec les petits commerçants transfrontaliers de la RDC et du Rwanda trouve que la majorité d'entre eux (82 %) ont le petit commerce comme principale source de revenu. Cette étude montre aussi que la plupart de petits commerçants faisant partie des enquêtés sont les principaux gagne-pains de leurs ménages (65 %).

Il faut aussi souligner l'augmentation du temps d'attente à la frontière et l'exposition de petits commerçants au risque de contamination.

- Augmentation du temps d'attente à la frontière et exposition des petits commerçants au risque de contamination

Le commerce régional des produits agricoles de base a aussi été secoué par de longs délais d'attente à la frontière comme les petits commerçants qui avaient la chance de traverser la frontière devraient attendre pendant des longues minutes, parfois des longues heures, pour être testés avant de faire traverser leurs marchandises. Le fait d'imposer des contrôles sanitaires plus approfondis sans ajouter le personnel nécessaire a augmenté également les temps de transport. Les retards dans les contrôles sanitaires et les couvre-feux ont entrainé des pertes et des gaspillages importants pour les petits commerçants (Gakunga, 2020). En effet, alors que les délais de franchissement des frontières avaient été considérablement réduits avant la pandémie suite au travail des projets de facilitation du petit commerce transfrontalier dans la région, la pandémie a entraîné une hausse des temps d'attente. C'est le cas notamment entre la RDC et l'Ouganda : pendant la pandémie, le passage des postes-frontières de Kasindi-Mpondwe et de Bunagana commençait à prendre plus de temps comparativement à la période l'arrivée de la pandémie (entre 2 minutes et 5 minutes supplémentaires) (Mvunga & Kunaka, 2021).

La fermeture des frontières n'a pas seulement eu pour effet la réduction du nombre de passagers au niveau transfrontalier et l'augmentation du temps d'attente. Il a aussi induit indirectement un déplacement du petit commerce transfrontalier vers des points de passage non contrôlés, avec le risque d'exposition des petits commerçants à la contamination et de la propagation de la pandémie.

Je signale dans les lignes suivantes la réduction du niveau des échanges.

- Réduction du niveau des échanges

Avec l'arrivée de la pandémie du COVID 19, le nombre de passages journaliers aux postes-frontières encore ouverts mais faisant l'objet de restrictions a considérablement diminué avec la pandémie. Entre l'Ouganda et la RDC, par exemple, le poste-frontière de Mahagi-Goli n'enregistrait plus que 19 passagers en juin 2020, contre 376 en moyenne en janvier/février, et celui de Kasindi-Mpondwe, 28 passagers contre une moyenne de 1 268 auparavant. La valeur des échanges de marchandises a aussi sensiblement baissé. Estimé à plus de 218 millions de dollars en 2018, le petit commerce de marchandises entre la RDC et l'Ouganda avait progressé jusqu'à environ 280 millions de dollars au mois de décembre de la même année, avant de dépasser les 355 millions de dollars début 2020 (Mvunga & Kunaka, 2021). Sous l'effet des restrictions de circulation transfrontalière, la valeur des échanges de marchandises via les principales infrastructures commerciales avait chuté de plus de 50 % et s'établissait à 146,49 millions de dollars en octobre 2020.

Je note au passage la hausse des coûts de réalisation du petit commerce transfrontalier.

Conclusion : La hausse des coûts de réalisation du petit commerce transfrontalier

Outre la réduction du volume des échanges, la pandémie a entraîné une hausse des coûts de réalisation du petit commerce. Les petits commerçants transfrontaliers qui n'avaient besoin auparavant que d'un « jeton » gratuit valable pour la journée devaient désormais se munir de laissez-passer payants à la suite de l'arrivée de la pandémie du COVID 19. Le coût du document du CEPGL (communément appelé Laissez-passer CEPGL) pour passer d'un côté de la frontière à un autre est d'environ 11,5 dollars entre la RDC, le Burundi et le Rwanda. Les petits commerçants ougandais et congolais devaient quant à eux débourser respectivement 2,75 dollars et 5 dollars pour passer la frontière, auxquels s'ajoutent 50 dollars de droits de visa (Brenton & Soprano, 2018). À la frontière entre la RDC et le Rwanda, la réalisation d'un test COVID coûtait 5 dollars aux petits commerçants membres d'une coopérative. Entre l'Ouganda et la RDC, le coût d'un test avec certificat au poste de Kasindi-Mpondwe, par exemple, s'élevait à 50 dollars.

Que dire sur le cadre politique et légal du commerce transfrontalier dans la région des Grands Lacs Africains ?

Chapitre 2

Cadre politique et légal du commerce transfrontalier dans la région des grands lacs africains

Ce chapitre tourne autour du cadre politique et légal du commerce transfrontalier dans la région des Grands Lacs Africains.

Il est de plus en plus démontré le potentiel du commerce transfrontalier à petite échelle pour stimuler la croissance et réduire la pauvreté. Un certain nombre d'études ont montré comment le commerce transfrontalier à petite échelle, en particulier en Afrique, peut contribuer à la sécurité alimentaire, fournir des emplois et permettre à des millions de personnes d'avoir un accès bon marché à des biens et services non disponibles dans leur propre pays (Morisho, 2014, Banque mondiale, 2011).

Le petit commerce transfrontalier peut être vu comme une réponse des populations pauvres, en particulier les femmes, aux contraintes économiques préexistantes sur le continent africain. Il peut agir comme un canal important par lequel les biens de consommation sont distribués. De nombreux petits commerçants transfrontaliers vivent dans des pays caractérisés par une mauvaise gouvernance politique et économique, et où la sécurité et la création d'emplois font défaut. Dans de tels contextes, le petit commerce transfrontalier est souvent le seul moyen de gagner un revenu régulier.

Le rapport de la Banque mondiale de 2011 note que le petit commerce transfrontalier profite davantage aux ménages pauvres que le commerce à grande échelle. Une étude de la Banque mondiale (2011) souligne par exemple le fait qu'aux postes frontaliers entre la RDC et le Rwanda, le volume du petit commerce transfrontalier, souvent informel, est cinq fois supérieur à celui du commerce formel. Il est toutefois important de noter que ce commerce informel n'est pas illégal. Ce commerce n'est informel que dans la mesure où il est désorganisé et non enregistré par les bureaux de douane.

Lesser et Moisé-Leeman (2009) définissent le petit commerce transfrontalier comme un commerce de biens et de services produits légitimement, qui évite certaines taxes et exigences réglementaires fixées par les gouvernements. Cependant, de nombreux petits commerçants paient des impôts et passent par les postes frontières officiels. Ainsi, dans une certaine mesure, le petit commerce transfrontalier peut être considéré comme officiel.

Alors que les autres pays de la région ont connu une relative stabilité politique et une forte croissance économique au cours des vingt dernières années, la RDC, et en particulier sa partie orientale, est restée instable pendant la même période. Cette instabilité à long terme a fortement affecté le secteur économique du pays, en particulier le secteur agricole où la productivité a chuté rapidement.

En conséquence, l'Est de la RDC, qui était autrefois un exportateur de denrées alimentaires vers les pays de la région des Grands Lacs, est maintenant un importateur net de ces produits, en particulier du Rwanda (Morisho, 2014). En 2014, le total des transactions commerciales transfrontalières informelles du Rwanda s'est élevé à 137,6 millions de dollars EU contre 65,8 millions de dollars EU en 2009. Cette augmentation a été tirée par une croissance significative des exportations, qui ont augmenté de 162,8%, passant de 44,5 millions de dollars EU à 116,7 millions de dollars EU au cours de la même période.

Malgré des progrès significatifs dans la facilitation du petit commerce transfrontalier grâce aux mécanismes commerciaux établis par des organisations régionales telles que le Marché commun de l'Afrique orientale et australe (COMESA) et la Communauté économique des pays des Grands Lacs (CEPGL), ce commerce fait encore face à de nombreux défis, comme démontré au chapitre précédent. Ces problèmes doivent être résolus si l'on veut que le petit commerce joue un rôle actif dans la réduction de la pauvreté.

Sont traités ici le cadre institutionnel et juridique, le commerce extérieur, le commerce transfrontalier.

2.1. Cadre institutionnel et juridique

La politique commerciale de la RDC implique un grand nombre d'agences étatiques et le ministère du commerce joue un rôle clé dans sa définition. Il est responsable des orientations stratégiques dans le domaine de la politique commerciale, c'est-à-dire non seulement en matière de fiscalité, mais également de toutes les mesures susceptibles d'affecter les importations et les exportations. Ainsi, le pouvoir du Ministère du commerce s'étend aux mesures de protection commerciale (antidumping, clauses de sauvegarde et mesures antisubventions), aux règles d'origine et à d'autres mesures de politique commerciale. Ce ministère joue également un rôle fondamental dans la définition des positions de la RDC dans les négociations avec ses partenaires.

Le ministère des finances joue un rôle clé dans la politique commerciale de la RDC, notamment en ce qui concerne la définition et l'administration des droits de douane. L'autorité en matière douanière appartient à la DGDA (Direction

Générale des Douanes et Accises) qui opère sous la tutelle du ministère des finances. Son mandat couvre la surveillance des importations et des exportations ainsi que la perception des droits de douane. La DGDA a des bureaux nationaux et provinciaux et son rôle comprend également la coordination des aspects décentralisés des droits de douane. Elle est chargée de collecter toutes les statistiques concernant les importations, les exportations et leur fiscalité.

Enfin, la Banque Centrale du Congo applique la politique de change décidée par le gouvernement, attribue les licences d'importation et d'exportation et supervise le financement du commerce extérieur par le secteur bancaire.

Un certain nombre d'autres entités jouent un rôle secondaire mais néanmoins important dans la mise en œuvre de la politique commerciale. Ainsi, l'OCC (Office Congolais de Contrôle) est responsable du contrôle de la qualité de toutes les importations et exportations. L'OCC est également responsable du contrôle de la qualité et de la vérification de l'origine des marchandises, ainsi que de leur conformité aux réglementations nationales (pour les importations) et internationales (pour les exportations). Parallèlement, le Bureau BIVAC (Véritas) est, depuis 2006, l'agent autorisé pour l'inspection avant expédition, obligatoire pour toutes les transactions de plus de 2500 $. La Direction générale des impôts (DGI) et l'OGEFREM (Office de Gestion du Transport Multimodal) font également partie des organismes publics impliqués dans le commerce extérieur de la RDC.

Un certain nombre d'initiatives en cours visent à améliorer la politique commerciale, notamment la révision de la loi spécifique sur le commerce et de ses règlements d'application, ainsi que le renforcement des capacités de suivi de la politique commerciale. Ces initiatives contribuent à la mise en œuvre des principales priorités du pays, à savoir (i) la mise en place d'une capacité de négociation, impliquant le développement de l'expertise et la participation de tous les acteurs à la formulation des stratégies de négociation commerciale internationale; (ii) la diversification du partenariat commercial par une meilleure utilisation des régimes de préférences commerciales.

Notons enfin, que le régime commercial de la RDC est largement conforme aux obligations nationales de l'OMC concernant la nature des tarifs, qui ont tous été consolidés et sont ad valorem. La RDC applique l'Accord sur l'évaluation en douane de l'OMC depuis le 18 mars 2003, date à laquelle la loi n°009/03 sur l'évaluation en douane des marchandises importées au titre de l'Accord sur l'OMC a été promulguée. Il est évident que certains agents de la DGDA rencontrent des difficultés dans l'application de cet accord. Il convient de souligner que ces fonctionnaires ont besoin d'un renforcement des capacités pour améliorer leur performance.

Que retenir su commerce extérieur ?

2.2. Commerce extérieur

La position géographique de la RDC permet au pays d'appartenir à Cinq communautés régionales: la SADC, le COMESA, la CEEAC, EAC et la CEPGL. La paix et une relative stabilité depuis 2008 ont créé les conditions d'une reprise de l'économie locale dans la région des Grands Lacs. Bien connue comme zone de conflits depuis le début des années 90, l'économie de la région des Grands Lacs, et en particulier de la région orientale de la République démocratique du Congo (RDC), a été dévastée par des conflits récurrents.

Le commerce international offre un énorme potentiel de croissance et de réduction de la pauvreté dans la région. Les exportations de minerais de la RDC occupent une place de choix dans les exportations vers les marchés internationaux. Il semblerait que tous les pays et économies de la région disposent de possibilités considérables pour profiter des opportunités offertes par le commerce international pour divers biens et services. En effet, cela peut contribuer à la sécurité alimentaire, conduire à une croissance du taux d'emploi dans toute la région, contribuer au retour de la population déplacée, ainsi qu'à une baisse des prix et favoriser l'accès aux principaux intrants utilisés pour l'exportation d'autres biens et services.

Actuellement, le commerce transfrontalier informel joue un rôle majeur dans la connexion des producteurs et des marchés dans la région des Grands Lacs. Les statistiques officielles sous-estiment largement le niveau du commerce transfrontalier dans la région. Par exemple, le nombre de camions traversant la frontière ne représente qu'une infime partie du commerce effectué par les dizaines de milliers de personnes qui traversent quotidiennement la frontière entre la RDC et le Rwanda. Ce type de commerce informel n'est pas illégal comme déjà mentionné plus haut, mais est plutôt une activité à petite échelle et mal organisée qui n'apparaît pas dans les registres douaniers. Il convient de préciser que ce type de commerce informel à petite échelle est « officiel » en ce sens que les commerçants franchissent les postes frontaliers officiels, paient parfois certains frais aux différents bureaux à la frontière, et s'ils sont traités correctement, paient des droits de douane sur les importations.

Le commerce transfrontalier est la principale source de revenus d'un grand nombre de commerçantes informelles, principalement des femmes transportant des produits agricoles. La dimension genre est donc centrale pour comprendre cette question. Comme le montre la section suivante, la majorité des petits commerçants transfrontaliers sont des femmes tandis que la majorité des agents frontaliers sont des hommes. Nous nous trouvons donc dans un contexte où des responsables masculins utilisent leur pouvoir pour harceler et extraire de l'argent des femmes petits commerçantes vulnérables.

Les pages suivantes portent sur le commerce transfrontalier.

2.3. Petit commerce transfrontalier

Il est important de mentionner qu'en raison de leur intégration dans la Communauté de l'Afrique de l'Est (CAE), le Burundi, le Rwanda et l'Ouganda ont progressé dans le processus de renforcement de leur politique frontalière. Cependant, il reste beaucoup à faire dans ces pays en termes de soutien au secteur du petit commerce transfrontalier. Le Burundi et le Rwanda sont aussi membres de la CPEGL (Communauté économique des Etats des Grands Lacs), et sont devenus membres de la CAE en 2009, entamant le processus d'intégration au marché de l'Afrique de l'Est. La RDC est membre de la CAE,du COMESA, de la SADC, de la CEEAC et du CPEGL, mais n'a pas encore de politique commerciale claire concernant l'intégration économique régionale. Pour les habitants de l'Est de ce pays, et en particulier les petits commerçants vivant dans les grandes villes de Goma et Bukavu, une forte intégration de la RDC dans l'EAC pourrait leur être bénéfique. L'annonce en 2021 de l'intention du gouvernement congolais de rejoindre l'EAC a été très bien accueillie dans ces deux villes.

Le petit commerce transfrontalier entre la RDC et ses voisins est largement dominé par les femmes et est une source de revenus essentielle pour de nombreux ménages de la région. Les études existantes sur le commerce transfrontalier entre la RDC et le Rwanda mettent en évidence les éléments importants suivants:

i. La majorité des commerçants sont des jeunes femmes (85% des personnes interrogées sont des femmes, avec un âge moyen de 32 ans) et des femmes expérimentées (44% des commerçants travaillent dans ce secteur depuis plus de cinq ans).

ii. La majorité des agents de l'Etat travaillant à la frontière sont des hommes (82%).

iii. La plupart des commerçants vendent des produits alimentaires, tels que des céréales, des légumineuses séchées, des fruits et légumes. Ces produits sont vendus en petites quantités et les commerçants les portent généralement sur leur tête.

iv. Le capital initial des commerçants est faible (moins de 50 USD) et est généralement obtenu via les réseaux familiaux. Très peu de commerçants ont recours aux institutions financières pour obtenir des prêts. La grande majorité des commerçants (95%) souhaitent investir pour développer leur activité, mais sont limités par toutes les difficultés qu'ils rencontrent à la frontière et le manque d'accès aux sources de financement.

v. Les revenus générés par ce commerce sont la principale source de revenus pour les deux tiers des petits commerçants transfrontaliers, et la plupart d'entre elles (77%) déclarent qu'une grande partie du revenu de leur ménage dépend principalement de leur entreprise.

vi. Très peu de commerçantes sont membres d'une association de commerçantes. Les commerçantes transfrontalières doivent régulièrement payer des pots-de-vin et faire face au harcèlement

vii. Un nombre important de commerçantes transfrontalières est victime de harcèlement sexuel. Elles sont régulièrement battues, abusées verbalement, déshabillées, harcelées sexuellement et parfois même violées ; mais ces actes sont rarement signalés. Cette violence n'est pas seulement causée par les agents de l'Etat. En effet, de jeunes chômeurs, appelés "maibobo" (parfois des mineurs) et autres acteurs non officiels sont présents à la frontière, et tolérés et même parfois employés par les officiers de garde.

viii. Les commerçants informels, en particulier les femmes commerçantes les plus pauvres, manquent des structures et des organisations qui les représentent. Ils sont donc les plus vulnérables aux agents chargés de contrôle du passage à la frontière, et n'ont pas la possibilité de contester et de rendre compte des actions et décisions de ces agents. Ce problème est aggravé par un manque d'information et de connaissance des règles et réglementations appropriées auxquelles les commerçants doivent se conformer. Par exemple, jusqu'à très récemment, les femmes congolaises traversant la frontière étaient obligées de payer le «Jeton» pour franchir la frontière, un document censé être obtenu gratuitement.

Quels sont les défis institutionnels et juridiques du commerce transfrontalier en République Démocratique du Congo ?

2.4 Identification et analyse des défis institutionnels et juridiques du commerce transfrontalier en RDC

Je parle des lois inaccessibles et des institutions frontalières non favorables au petit commerce transfrontalier et d'un environnement dominé par le harcèlement, la violence sexuelle et sexiste et des abus divers

24.1. Lois inaccessibles et institutions frontalières non favorables au petit commerce transfrontalier

Plusieurs études sur le petit commerce transfrontalier ont souligné que cette activité est affectée par les lois et politiques nationales, régionales et internationales. Aux postes frontières de la RDC, différents facteurs rendent cependant difficile la mise en œuvre de ces lois et politiques.

Les activités du petit commerce transfrontalier sont à la jonction de multiples lois dont la mise en œuvre est confiée à différentes institutions. Elles comprennent les lois relatives aux douanes, à la migration, au contrôle de la qualité et à l'hygiène à la frontière en tant que seuls services légalement autorisés à être présents à la frontière par le décret n ° 036/2002 du 28 mars 2002. Chacune de ces lois peut avoir plusieurs autres arrêtés ministériels d'exécution et instructions spécifiques aux institutions. Par exemple, les exportations et les importations sont régies par le Code des douanes (Code douanier) institué par l'ordonnance-loi n ° 10/002 du 12 août 2010. Cette loi est mise en œuvre par le biais de diverses réglementations telles que le décret n° 011/46 du 24/12 / 2011, arrêté ministériel n ° 016 / CAB / MIN / FINANCES / 2011 du 11/04/2011 et décision n ° DG / DGDA / DG / 2011/296 du 11/08/2011.

Les accords régionaux signés par la RDC font également partie du cadre juridique régissant le commerce transfrontalier entre eux. Mais il a été observé que les traités commerciaux régionaux et internationaux ignorent généralement les petits échanges transfrontaliers informels. Par conséquent, leurs dispositions sont insuffisantes pour protéger les femmes petites commerçantes transfrontalières.

Ces accords, lois et règlements sont rédigés en français technique et juridique et sont disséminés dans divers documents. Étant donné que la majorité des femmes petites commerçantes transfrontalières sont analphabètes ou ont un faible niveau d'éducation formelle, il leur est extrêmement difficile non seulement d'avoir accès à ces lois et règlements, mais aussi de les comprendre. Cela crée un cadre juridique opaque pour les femmes petites commerçantes transfrontalières. Une étude d'International Alert (2015), démontre que la majorité des petits commerçants transfrontaliers (91%) n'avaient jamais entendu parler du Régime Simplifié du Commerce Transfrontalier (RECOS). Pour ceux qui connaissaient son existence, la majorité avait confirmé qu'ils ne savaient pas exactement son contenu. L'absence d'initiatives de sensibilisation des protocoles existants perpétue aussi les problèmes que les petits commerçants rencontrent aux postes frontaliers entre la RDC et le Rwanda. Il est également important de noter qu'un petit nombre de commerçants qui ont entendu parler du RECOS et d'autres protocoles régionaux visant à faciliter le petit commerce transfrontalier, la majorité d'entre eux sont membres d'associations de commerçants ou de coopératives.

Il est important de noter que la plupart des femmes petites commerçantes transfrontalières qui pratiquent le petit commerce transfrontalier n'ont pas le niveau de formation requis pour comprendre les lois, politiques et procédures douanières. Plusieurs exemplaires des protocoles et autres textes juridiques ont été distribués aux femmes membres des associations, mais peu ont une culture de la lecture et la considèrent comme une perte de temps.

Les femmes petites commerçantes transfrontalières travaillant aux postes frontaliers entre la RDC et le Rwanda sont classés en deux groupes : les femmes petites commerçantes transfrontalières membres des associations et celles travaillant seules. Celles qui sont membres des associations ont une certaine connaissance de ces lois, politiques et procédures des services frontaliers. Les représentants de l'État rencontrés lors de nos entretiens ont estimé que leur niveau de connaissance peut être estimé à 50% des lois existantes. Par contre, celles qui ne sont pas membres d'associations et de coopératives n'ont pas la possibilité d'être informées des lois, réglementations et protocoles existants. Cependant, la multiplicité des lois et règlements rédigés en français technique est également un défi, même pour les agents frontaliers qui ont du mal à les comprendre ; et s'ils les comprennent, certains décident tout simplement de les ignorer lorsqu'ils traitent avec de petits commerçants. La conséquence est que ces femmes sont souvent facturées des taxes multiples et parfois illégales par différents fonctionnaires et sans recevoir aucun reçu ou quittance.

Que retenir sur un environnement dominé par le harcèlement, la violence sexuelle et sexiste et des abus divers ?

24.2. Environnement dominé par le harcèlement, la violence sexuelle et sexiste et des abus divers

Comme la majorité des femmes dans le commerce transfrontalier dans la région sont analphabètes, elles sont perdues dans la multitude de politiques, lois, réglementations et procédures peu claires, qui les mettent à la merci des agents des frontières.

Par ailleurs, en raison des salaires bas et de la mauvaise gouvernance, la corruption est presque institutionnalisée en RDC. Les femmes petites commerçantes transfrontalières sont tenues de verser des pots-de-vin à plusieurs agents frontaliers pour traverser la frontière. Les efforts visant à réduire le nombre d'agences publiques autorisées à opérer aux postes frontières n'ont pas été couronnés de succès. La multiplicité de ces agences à la frontière et l'impunité des fonctionnaires qui harcèlent ces femmes et leur demandent des pots-de-vin sont les principaux facteurs expliquant le niveau élevé de corruption aux postes frontaliers congolais.

La majorité des commerçantes déclarent souvent qu'elles paient des taxes à la frontière sans avoir reçu de reçu. En outre, la mauvaise performance de l'administration des frontières a un impact négatif sur le petit commerce transfrontalier. Plusieurs acteurs sont impliqués dans le harcèlement de ces femmes: les agents de douane et de l'immigration, les agents des services de santé, la police et même l'armée. Les femmes petites commerçantes transfrontalières sont soumises à différents types de harcèlement, notamment: longs délais d'attente pour recevoir un Jeton, corruption, harcèlement physique, insultes, vol de marchandises.

En ce qui concerne la violence basée sur le genre, il convient de noter que la RDC est considérée comme l'un des pires endroits où vivre au monde pour les femmes. En fait, dès l'âge de 15 ans, plus de la moitié des femmes (52%) ont subi des violences physiques et le mari / partenaire a été cité comme l'agresseur dans la majorité des cas. De plus, environ 61% des femmes qui ont subi des actes de violence sexuelle n'ont demandé ni aide ni parlé à quelqu'un de ce qui leur était arrivé, contre 49% lorsque la violence ne s'est manifestée que sous forme physique. La culture de l'impunité, le risque de représailles de la part des auteurs de violences basées sur le genre pourraient expliquer pourquoi les femmes préfèrent ne pas demander l'aide de l'appareil judiciaire.

Aucune étude n'est cependant disponible pour déterminer avec précision la prévalence des violences basées sur le genre observées à la frontière entre la RDC et ses voisins. Cependant, selon les témoignages reçus de tous les services frontaliers, il y a une fréquence élevée de ce type de violences dans les activités quotidiennes des femmes petites commerçantes. Par exemple, chaque jour, le bureau du COMESA à la Petite Barrière à Goma reçoit plus de 150 plaintes de femmes harcelées verbalement avec insultes et paroles discourtoises ou offensantes. Le même service a noté une fréquence de 20 à 30 cas de violences physiques par jour. Selon la police des frontières et les services d'hygiène des frontières, cette violence physique se manifeste lorsqu'une femme tente de frauder des marchandises, cachées dans ses parties intimes; une fois prise, il est difficile pour les agents d'effectuer le contrôle avec dignité et courtoisie. Malheureusement, certains agents profitent de ce genre d’opportunités pour toucher leurs parties intimes des femmes, et les traiter de manière indigne. Il convient de noter qu'il n'y a pas de politique particulière ou spécifique pour la protection de ces femmes contre la VBG aux postes frontières en RDC. Il est malheureusement constaté, qu'en plus du manque de soutien juridique, il y a un manque de soins psychologiques et médicaux pour les victimes de harcèlement et de violence sexuelle aux postes frontaliers de la RDC.

La sensibilisation contre la VBG est menée par la plateforme des ACT (Association de Commerciaux Transfrontaliers) qui encadre plus de 26 associations; c’est par le biais de réunions avec les dirigeants des associations que les messages parviennent aux membres du niveau inférieur. Jusqu'à récemment, il n'existait pas encore un programme spécifique pour permettre aux femmes d'améliorer leurs connaissances sur la VBG en dehors des quelques séances de sensibilisation et de formation menées par les dirigeants des associations membres de l'ACT. Cependant, il convient de noter que le

PFCGL (Projet de Facilitation du Commerce Transfrontalier dans la Région de Grands Lacs), un projet financé par la Banque Mondiale travaille maintenant sur cette question.

De plus, il faut noter que les attitudes, coutumes et traditions locales ne sont pas favorables aux femmes petites commerçantes transfrontalières et ne facilitent pas la lutte contre les VBG. Ces femmes ont par exemple du mal à dénoncer ce qui leur arrive en termes de harcèlement ou d'abus sexuels ; la plupart préfèrent garder le silence. Pour la plupart de ces femmes, il est honteux de signaler un abus sexuel. Ceci est particulièrement le cas des femmes mariées qui préfèrent simplement garder silence parce que signaler un abus sexuel peut mettre leur mariage en danger ; elles ne sont pas certaines de la réaction de leurs maris une fois qu'ils sont au courant ce qu'il s'est passé. Bien plus, certaines femmes gardent le silence par crainte de représailles de la part des auteurs.

Dans les provinces du Nord Kivu et du Sud-Kivu, il existe un comité technique provincial qui rassemble des fonctionnaires de différents organismes publics autorisés à travailler à la frontière et présidé par les ministres provinciaux du Commerce. Ce comité se réunit régulièrement pour traiter des questions et problèmes des petits commerçants en général et des femmes petites commerçantes transfrontalières en particulier. Il existe également une structure nommée MGP, Mécanisme de gestion des plaintes. Il s'agit d'un groupe mixte d'experts dont la tâche est de recueillir les plaintes des parties prenantes et de fournir des solutions appropriées. Le MGP est encore au stade initial et n'est pas encore pleinement opérationnel aux différents postes frontaliers. Actuellement, lorsqu'un cas de VBG est observé à un poste frontière, les victimes se rendent directement au bureau (BIC) du COMESA pour présenter leurs plaintes. C'est au fonctionnaire du COMESA de discuter également le cas avec le service de l'Etat dont l'agent est auteur de la violence.

Conclusion : Le manque de compétences financières et entrepreneuriales pour gérer le business

La situation financière de femmes petites commerçantes transfrontalières n'est pas différente de celle des autres femmes entrepreneurs en RDC. En fait, il est bien documenté que les femmes sont plus exclues que les hommes des services financiers. Par exemple, seulement 10% des femmes ont accès au financement bancaire contre 13% des hommes. Le manque d'états financiers et de garanties rend de nombreuses femmes entrepreneures inadmissibles aux services financiers formels. En outre, certaines barrières culturelles constituent un obstacle à l'accès aux services financiers des femmes chefs d'entreprise. De nombreuses femmes ont besoin, par exemple, de l'autorisation de leurs maris pour accéder aux services financiers. Tout ceci rend difficile l'accès aux services financiers par les femmes ; ce qui justifie que la plupart d'entre elles obtiennent leur financement auprès de leurs familles et amis. Par exemple, les femmes petites commerçantes transfrontalières congolaises obtiennent leur capital de départ de leur propre épargne (70%) et de la famille et des amis (24%).

Une grande majorité de ces femmes n'ont pas suffisamment de connaissances et de compétences en comptabilité, en entrepreneuriat et en gestion d'entreprise. Il leur est donc difficile de travailler avec des institutions financières, de présenter un projet bancable à ces institutions afin d'obtenir des prêts pour dynamiser leur activité. Cette situation est aggravée par le fait que la plupart de ces femmes ne sont membres de coopératives ou des associations.

Conclusion de la première partie

L'intégration formelle des économies du continent Africain traine les pieds. On se voit cependant se développer un commerce informel qui permet à des économies transfrontalières de s'intégrer et constitue un moyen de survie pour des milliers de populations vivant dans les zones transfrontalières. En effet, le volume du petit commerce transfrontalier qui est souvent informel, est estimé à cinq fois supérieur à celui du commerce formel. Ce petit commerce transfrontalier offre donc des opportunités économises à des individus à faible revenu, en particulier pour les femmes qui représentent la majorité des petits commerçants transfrontaliers. Au niveau macroéconomique, le petit commerce transfrontalier a un impact non négligeable en termes de revenu et de création d'emplois pour des populations marginalisées, dont l'intégration en économie formelle est pratiquement impossible dans une région qui traverse des conflits violents depuis plusieurs décennies.

Il importe par ailleurs de noter le caractère très alimentaire de ce commerce qui en fait un outil important de lutte contre la famine dans la région. En effet, ce commerce, dominé par les échanges de produits agricoles et d'élevages, permet aux populations vivant au côté de frontières d'avoir accès à des produits frais et à des prix raisonnables, contribuant ainsi à la réduction de l'insécurité alimentaire dont souffriraient des milliers de gens en l'absence de ce commerce.

La prise de conscience des autorités de l'importance du petit commerce transfrontalier les a conduits à développer un certain nombre de mécanismes et instruments pour faciliter ce business. C'est le cas par exemple du Régime Simplifié du Commerce mis en place par le COMESA. Cet instrument vise à faciliter le petit commerce en simplifiant les procédures de dédouanement des marchandises à la frontière. C'est le cas aussi du Protocole sur le Commerce Transfrontalier Informel de l'EAC dont l'objectif est de faciliter l'intégration du commerce transfrontalier informel dans le commerce formel. Cependant ces outils sont très peu connus par les commerçants et surtout par ceux qui ne sont pas membres des associations et des coopératives. Il est clairement établi que la connaissance de ces outils et donc leur utilisation par les commerçants dépend largement de leur appartenance ou non à ces structures. Cette faible connaissance de ces outils de facilitation du petit commerce transfrontalier concerne aussi les agents de l'État travaillant à la frontière, dont le faible niveau d'éducation scolaire de certains ne facilite pas leur maitrise.

Cette première partie de ce livre a souligné qu'à côté de ces opportunités qu'offre actuellement le petit commerce transfrontalier, cette activité souffre encore de beaucoup des défis et obstacles, qui vont des contraintes sur le plan des infrastructures et des procédures aux tracasseries et violations des droits humains dont sont victimes les petits commerçants transfrontaliers. Ces tracasseries peuvent prendre plusieurs formes, notamment des longs délais d'attente pour traverser la frontière, la corruption des agents de l'état à la frontière, le harcèlement physique et moral, etc. Enfin, les relations entre ces commerçants et les agents de l'État travaillant à la frontière restent très conflictuelles, et constituent un blocage non négligeable au développement du petit commerce. Il est donc clair que pour tirer profit du potentiel qu'offre le petit commerce transfrontalier, il est important que des stratégies d'atténuation de ces défis et obstacles soient définies et mises en place par les autorités de chaque pays ainsi que les institutions sous régionales en charge de l'intégration régionale dans la région de Grands Lacs africains.

La seconde partie a pour matrice le rôle de la République Démocratique du Congo dans les communautés économiques sous régionales.

Partie 2

Le rôle de la RDC dans les Communautés Économiques sous Régionales

La seconde partie a pour matrice le rôle de la République Démocratique du Congo dans les communautés économiques sous régionales. Elle est organisée en deux chapitres. Le premier a pour pierre de touche l'économie politique de l'intégration de la République Démocratique du Congo dans la communauté économique des pays des grands lacs (CEPGL). Le Chapitre quatre porte sur l'intégration de la République Démocratique du Congo dans l'EAST African Community : enjeux, opportunités et risques.

Chapitre trois

L' économie politique de l'intégration de la République Démocratique du Congo dans la communauté économique des pays des grands lacs (CEPGL)

Introduction

Les rapports de différentes organisations internationales présentent la Communauté économique des pays des Grands Lacs (CEPGL) comme la communauté économique régionale (CER) la moins dynamique d'Afrique. Cette CER, qui est l'une des premières à avoir été créée en Afrique, est aujourd'hui distancée par d'autres CER d'Afrique orientale (CAE et COMESA), occidentale (CEDEAO) et australe (SADC). Si ces quatre CERs ont obtenu des résultats intéressants en ce qui concerne les objectifs du traité d'Abuja (4), les résultats de la CEPGL sont décevants. La CAE, par exemple, a réussi à lancer son union douanière et ses marchés communs depuis janvier 2010 et juillet 2010 respectivement, alors que la CEPGL en est toujours au stade de la résolution des conflits entre ses membres.

La léthargie actuelle qui caractérise la CEPGL est le résultat de l'instabilité politique dans la région depuis les années 90. Les pays de la région des Grands Lacs ont en effet connu de violents conflits qui ont mis à mal le processus

---

4Selon la CEA (2012), la Communauté économique africaine devrait être formée en six phases sur 34 ans :

- Première phase (cinq ans) : Renforcer les CER existants et créer de nouveaux CER dans les régions où ils n'existent pas.
- Deuxième phase (huit ans) : Assurer la consolidation au sein de chaque CER, en mettant l'accent sur la libéralisation des tarifs, la suppression des barrières non tarifaires (BNT), l'harmonisation des taxes et le renforcement de l'intégration sectorielle au niveau régional et continental dans les domaines du commerce, de l'agriculture, de la monnaie et de la finance, des transports et des communications, du développement industriel et de l'énergie.
- Troisième phase (10 ans) : Mettre en place dans chaque CER une zone de libre-échange (ZLE) et une union douanière (avec un tarif extérieur commun et un territoire douanier unique). "Quatrième phase (deux ans) : Coordonner et harmoniser les systèmes tarifaires et non tarifaires entre les CER en vue d'établir une union douanière continentale.
- Cinquième phase (quatre ans) : Mettre en place un marché commun africain.
- Sixième phase (cinq ans) : Mettre en place la CEA, y compris une Union monétaire africaine et un Parlement panafricain.

d'intégration régionale entamé en 1976. De nombreux efforts ont été entrepris pour promouvoir la paix et la stabilité dans cette région mais avec des résultats mitigés. La République démocratique du Congo (RDC) est le pays qui souffre le plus de cette instabilité. Selon Stevens et al. (2008), des facteurs tels que le manque de vision politique, de volonté politique, de capacités humaines et financières n'ont pas permis à ce pays de profiter de ces efforts pour renforcer sa position régionale.

La RDC est l'un des plus grands pays d'Afrique, situé au cœur de ce continent. Cette position géographique explique l'appartenance du pays à cinq CERs : EAC, CEEAC, SADC, COMESA et CEPGL.

Compte tenu de son potentiel démographique et économique (voir tableau 1), la RDC était censée être un acteur clé dans ces différentes CERs et en particulier dans la CEPGL. Malgré son faible PIB par habitant, la RDC a un énorme potentiel pour jouer un rôle de premier plan dans la région CEPGL. Outre les importantes ressources naturelles que possède le pays, son PIB et la taille de sa population sont très importants par rapport à ceux du Rwanda et du Burundi et en font un pays important dans la région. Cependant, l'instabilité politique et économique n'a pas permis à ce pays de jouer un tel rôle.

Tableau 1: CEPGL en statistiques en 2022

	Taux de croissance du PIB	PIB par habitant	Taille de la population
RDC	8,9%	575 USD	102 millions
Rwanda	10,9%	958,4 USD	13 millions
Burundi	1,8%	309,1 USD	12889576

Source : Base de données de la Banque mondiale

Ce chapitre est une tentative d'expliquer la politique et l'économie de l'intégration de la RDC dans la CEPGL. J'évoque la communauté économique des états de la région des Grands Lacs (CEPGL), l'historique de l'intégration régionale dans la région CEPGL, la politique d'intégration de la République Démocratique du Congo dans la CEPGL, l'analyse économique de l'intégration par le bas de la R.D.Congo dans la CEPGL.

31. La Communauté économique des États de la région des Grands Lacs (CEPGL)

Deux phases majeures peuvent être identifiées dans la vie de la CEPGL :

- La première phase qui s'étend de sa création en 1976 à 1994
- La deuxième phase, de 2007 à aujourd'hui

311 La Première phase de la CEPGL : de 1976 à 1994

La CEPGL a été créée le 20 septembre 1976 à Gisenyi à l'initiative de l'ancien président du Congo (Zaïre), Mobutu. Elle compte trois pays membres : la République démocratique du Congo, le Rwanda et le Burundi. Elle a son siège à Gisenyi, au Rwanda[5] .

La CEPGL a quelques réalisations concrètes, bien que leur impact sur la vie quotidienne de la population soit négligeable :

- La première est la Société internationale d'énergie des Grands Lacs (SINELAC). Cette société a pour but de produire et de fournir de l'électricité aux membres de la CEPGL. SINELAC a été créée le 17 février 1984 et exploite un barrage hydroélectrique sur le territoire congolais à Mumoshu, dans la province du Sud-Kivu. Entre 1991 et 2001, ce barrage a fourni en moyenne respectivement 45%, 17% et 21% de la production nationale d'électricité du Rwanda, du Burundi et du Congo. Le problème majeur auquel SINELAC est confronté est l'incapacité des Etats membres de la CEPGL à payer les factures d'électricité. A titre d'exemple, la RDC n'a pas pu payer 92% de la valeur totale de l'énergie fournie par SINELAC (Muhinduka, 2004).

- La Banque de développement des pays des Grands Lacs (BDGL) : Cette banque avait pour but de financer des projets communautaires. Elle a été créée le 9 septembre 1977 et a son siège à Goma (RDC). La banque n'a été opérationnelle que de 1984 à 1994[6] et a financé 31 projets en RDC, 7 au Rwanda, 7 au Burundi et 1 projet communautaire (SINELAC). Sa faillite en 1996 était principalement due à la non viabilité des projets financés en RDC. A titre d'exemple, les 14 projets financés par la banque dans la région du Kivu (RDC) ont fait faillite quelques années seulement après leur lancement (Bwenge, 2006). Depuis quelques années, des tentatives de relance de cette banque ont été entreprises par les leaders de trois membres de la CEPGL, mais avec très peu de succès

- L'Institut de recherche sur l'agriculture et l'élevage (IRAZ) : a pour but de faire des recherches dans les domaines de l'agronomie et de la zootechnie.

- La carte d'identité CEPGL : Elle permet la libre circulation des personnes au sein de la communauté.

---

5 Pour plus d'informations, visitez le site web de l'institution : http://www.cepgl-cepgl.org/services.php?category_id=74&lg=fr.

6 Pour plus d'informations, consultez le lien suivant : http://www.senate.be/www/?MIval=/publications/viewPubDoc&TID=50347104&LANG=fr.

- L'Organisation de l'énergie des pays du Grand Lac (EGL) : vise à améliorer la coopération entre les membres dans le secteur de l'énergie.

Que retenir sur la seconde phase de 2007 à nos jours ?

312 Deuxième phase : de 2007 à aujourd'hui

La Communauté Economique des Pays des Grands Lacs s'est effondrée au milieu des années 90, plus précisément en 1994, en raison de conflits au sein et entre les Etats membres. Après plus de 13 ans de léthargie et sous la pression de la communauté internationale, le conseil des ministres tenu à Bujumbura le 17 avril 2007 a décidé de relancer les activités de la CEPGL.

Conçue à l'origine comme une organisation visant à promouvoir la coopération économique, la CEPGL, dans cette deuxième phase, a un mandat plus explicite en matière de gouvernance et de consolidation de la paix. Lors du conseil des ministres qui s'est tenu à Bujumbura du 25 au 26 juillet 2011, trois priorités ont été retenues dans l'agenda de la CEPGL pour les cinq prochaines années (de 2011 à 2016) :

- Paix, sécurité et bonne gouvernance ;
- Énergie et infrastructures;
- Agriculture et sécurité alimentaire.

Les lignes qui suivent ont pour matrice l'historique de l'intégration régionale dans la région CEPGL.

32. Historique de l'intégration régionale dans la région CEPGL

Bien que les récents développements économiques et politiques en RDC, au Burundi et au Rwanda aient considérablement remodelé les activités transfrontalières entre les trois pays, en termes de quantité, de types de biens échangés, de catégories d'acteurs impliqués dans ces activités, il est important de reconnaître que la coopération commerciale, notamment informelle, dans cette région n'est pas nouvelle en tant que telle. Pourtant, pendant la période coloniale et même avant, les transactions économiques locales à petite échelle existaient déjà et reliaient le marché de Goma en RDC à ceux du Rwanda, du Burundi et de l'Ouganda. Des produits tels que les bananes, le sorgho étaient échangés depuis Goma vers les marchés du Rwanda, de l'Ouganda et du Burundi.

Le Burundi, le Rwanda et l'Est de la RDC ont une longue histoire d'échanges commerciaux. Comme le soutient Bwenge (2003), la province du Kivu est, historiquement et sociologiquement, plus tournée vers l'Afrique de l'Est que vers Kinshasa. De même, Newbury (1980) démontre que les relations commerciales entre les populations du Nord et du Sud Kivu ont été intenses depuis la période précoloniale. Ce commerce transfrontalier précolonial était complètement autonome, déconnecté du reste de l'Afrique et en particulier de la région côtière (Dar-es-Salaam ou Mombasa).

Newbury affirme que malgré les différences culturelles et politiques entre les populations vivant de part et d'autre de la frontière congolo-rwandaise, leurs longues interactions historiques ont constitué une base pour le développement des liens commerciaux entre les populations du Rwanda, du Burundi, de l'Ouganda et de l'Est de la RDC au cours du XIXe siècle. Par exemple, les Nyanga, Tembo, Nande, Shi et Havu du côté congolais et les Rwandais, en majorité hutus, étaient impliqués dans les échanges transfrontaliers avant même l'arrivée des colons dans cette région. Trois produits principaux caractérisaient le commerce transfrontalier durant la période précoloniale : les denrées alimentaires, le bétail et les bracelets de fibres. Les denrées alimentaires telles que les haricots, la bière, les bananes et le poisson étaient exportées au Rwanda principalement par Idwi en RDC tandis que le bétail (chèvres et moutons) était importé par les Congolais du Rwanda. La fibre de bracelet était l'un des produits les plus importants exportés au Rwanda par les Congolais, en particulier les Tembo. La demande de ce produit était justifiée par l'existence d'une stratification sociale au Rwanda où le bracelet en fibre était considéré comme un produit de prestige démontrant l'appartenance à la classe supérieure.

Après la période coloniale, ces activités ne se sont pas interrompues. La détérioration des conditions économiques de la population congolaise depuis l'ère autoritaire de Mobutu a poussé cette population à développer des stratégies de survie en dehors de l'économie officielle. Tull (2003) affirme que, depuis la période Mobutu, le domaine économique en RDC a été caractérisé par un pillage systématique des ressources et par l'anarchie, tandis que le commerce clandestin privait l'Etat de taxes. Ce pillage s'est exacerbé pendant la période de guerre. Le processus de paix depuis 2003 n'a pas permis à l'Etat en RDC de construire une société démocratique et transparente. Vlassenroot et al. (2007) démontrent que ce processus de paix a reconfirmé la règle patrimoniale et l'utilisation des positions publiques pour des gains privés. Les points de contrôle, les convocations, les amendes et les taxes sont toujours des tactiques largement utilisées pour augmenter les revenus personnels. Les fonctionnaires de l'État sont intouchables en raison de l'absence de mécanismes appropriés qui pourraient les rendre responsables vis-à-vis de la société. Une des conséquences de l'échec de l'État sous le régime de Mobutu est que les frontières avec ses voisins sont devenues poreuses, facilitant le commerce transfrontalier informel qui a été développé par les populations comme une stratégie de survie (Reyntjens, 1999).

Depuis le début des années 1970, le commerce transfrontalier informel aux frontières de la RDC avec ses voisins était l'un des plus répandus en Afrique, entraînant des pertes de revenus très importantes pour le gouvernement

(Vwakyanakazi, 1991, Vlassenroot et al. 2007). Comme le montre Vwakyanakazi, au cours des années 1980, environ 60% de la production locale de café était frauduleusement exportée depuis Goma, et plus de la moitié de la production de papaye et de thé était passée en contrebande par de petits commerçants via l'aéroport international de Goma. Il est donc clair que pendant une période assez longue, Goma a occupé une position centrale dans le commerce informel régional. Cette position a été renforcée depuis le début de la guerre en 1996 dans la partie orientale de la RDC, lorsque la ville de Goma est devenue un centre politique et économique stratégique : elle était le quartier général des rébellions AFDL et RCD et était et est toujours utilisée comme centre de commerce de minéraux. Depuis lors, la ville est devenue un marché important pour les minerais mais aussi pour les produits manufacturés importés et représente un lien important entre la RDC et l'Afrique de l'Est. La frontière Goma-Gisenyi est considérée comme la plus importante qui relie Goma aux marchés du Rwanda, mais aussi à d'autres marchés régionaux (Ouganda, Kenya) et internationaux (Dubaï, Hong Kong, Guangzhou, etc.).

Comme souligné ci-dessus, les transactions économiques transfrontalières, en particulier les transactions informelles, ont considérablement augmenté depuis le milieu des années 90. L'instabilité politique en RDC et l'incapacité de son gouvernement à contrôler ses frontières, d'une part, et l'arrivée au Rwanda d'un nouveau régime doté d'une nouvelle vision politique et économique, d'autre part, ont contribué non seulement à stimuler les transactions transfrontalières informelles, mais aussi à les remodeler. Par exemple, alors qu'avant le début de la guerre en RDC, seuls les Congolais étaient impliqués dans la contrebande de minerais, pendant la période de guerre et après, tant les Congolais que les étrangers ont fait de la contrebande de ressources minérales depuis la RDC. Cela pourrait justifier pourquoi certains pays sont devenus des exportateurs de minéraux qu'ils ne possèdent pas naturellement dans leur sol et qu'ils n'avaient jamais exportés auparavant.

Tableau 2: Exportations de diamants du Rwanda et de l'Ouganda, 1997 - octobre 2000

Année	Rwanda		Ouganda	
	Volume (carats)	Valeur (US$)	Volume (carats)	Valeur (US$)
1997	13060.39	720425	1511.34	198302
1998	166.07	160606	11303.86	1440000
1999	2500.83	439347	11024.46	1813500
2000	30491.22	1788036	9387.51	1263385

Source : ONU (2001), Rapport du Groupe d'experts sur l'exploitation illégale des ressources naturelles et autres formes de richesse de la République démocratique du Congo, New York.

Au cours de l'enquête du panel d'experts de l'ONU sur l'exploitation illégale des ressources naturelles en RDC, les autorités rwandaises ont souligné le fait que "le Rwanda n'a pas de production de diamant, de cobalt, de zinc, de manganèse et d'uranium". Cependant, les chiffres du tableau ci-dessus, recueillis par ce panel auprès de plusieurs organisations telles que l'OMC, le Haut Conseil du Diamant et les statistiques belges, indiquent que le Rwanda et l'Ouganda sont devenus des exportateurs de diamants. En outre, les statistiques montrent une augmentation soudaine des exportations rwandaises de cassitérite de 54 tonnes en 1995 à 224 tonnes en 1999 et 2000 pendant les années de guerre en RDC. De même, selon Montague *(2002)*, au cours de la même période, les Ougandais ont également été impliqués dans les exportations illégales de coltan de la RDC, reconditionnant le coltan congolais en coltan ougandais et l'exportant aux États-Unis.

De nombreux experts de la région des Grands Lacs attribuent le manque de stabilité de l'État dans l'est de la RDC au fait que cette partie du pays possède des ressources rares pour lesquelles la concurrence internationale est forte. C'est le cas du coltan7, du bois, des diamants, du cuivre, de l'or... La demande de coltan, par exemple, a connu un boom dans les années 90 en raison de son importance croissante dans l'industrie électronique pour les téléphones cellulaires, les ordinateurs et l'électronique automobile. La RDC détient les plus grandes réserves de coltan au monde. Les quatre cinquièmes du tantale mondial se trouvent en Afrique, dont 80 % dans la région orientale de la RDC (Montague, 2002).

Le Coltan est l'un des produits minéraux les plus frauduleusement exportés de RDC via le Rwanda, le Burundi et l'Ouganda pour être utilisés dans l'industrie électronique en Europe, en Asie et aux Etats-Unis. Plusieurs rapports de l'ONU ont démontré que le commerce international illégal des ressources minérales de l'Est de la RDC, et en particulier du Coltan, contribue à financer les mouvements rebelles du Nord et du Sud Kivu. Ces deux provinces sont les plus touchées par le trafic illégal des ressources naturelles de la RDC. En effet, le manque de contrôle du gouvernement sur le secteur minier du Kivu empêche cette région de percevoir des taxes suffisantes sur les importations de minerais.

Outre le développement de cette contrebande à grande échelle, le petit commerce transfrontalier informel est également devenu très important depuis les années de guerre, contribuant à la création d'un marché régional non officiel. La régionalisation par le bas, menée par des acteurs informels, semble donc être une réalité dans la région où, comme l'indiquent Vlassenroot et al. (2007), les accords officiels de la CEPGL n'ont pas réussi à créer une réelle intégration économique et politique régionale.

---

7 Le coltan est un mélange de colombium (ou de niobium) et de tantale.

Au vu des éléments précédents, il est clair que la dynamique politique régionale a changé le paysage du commerce transfrontalier dans la région CEPGL, et en particulier entre la RDC et le Rwanda.

Il me semble important de rappeler la politique de l'intégration de la République Démocratique du Congo dans la CEPGL au point suivant.

33 La politique d'intégration de la RDC dans la CEPGL

Compte tenu de l'objectif majeur de la CEPGL lors de sa création en 1976, il est normal de considérer que la mise en place de cette organisation était davantage motivée par des facteurs politiques que par des facteurs économiques. Les objectifs initiaux de la CEPGL montrent clairement que le désir des dirigeants régionaux de protéger leur pouvoir était le principal moteur de la création de cette CER. Ces objectifs sont les suivants (du plus important au moins important) :

- D'abord et avant tout, assurer la sécurité des États membres et de leur population. S'assurer que les frontières communes sont maintenues en paix
- Concevoir, définir et encourager la création et le développement d'activités d'intérêt commun.
- Encourager et intensifier les échanges commerciaux et la circulation des personnes et des biens
- Coopérer dans les différents domaines : social, scientifique, culturel, politique, militaire, financier, technique, touristique, énergie, justice, santé, transport et communication.

Cependant, bien que la sécurité et la paix régionale semblent être la priorité de la CEPGL, aucune structure ou institution régionale n'a été créée pour prévenir les conflits potentiels ou pour résoudre les conflits existants. Seuls les conseils ministériels et les réunions périodiques des chefs d'État ont discuté des questions de sécurité (Bwenge, 2006). Pour Bwenge, l'absence d'une telle structure en charge des questions de sécurité était une preuve que la CEPGL visait à garantir le pouvoir des dirigeants et non à promouvoir la paix et la sécurité des populations. Cela pourrait expliquer par exemple pourquoi les relations entre la RDC et le Rwanda, qui étaient très bonnes pendant la période de Mobutu et Habyarimana en raison de la complicité des deux présidents, Habyarimana considérant Mobutu comme son "grand frère", se sont rapidement détériorées avec l'arrivée du FPR au pouvoir au Rwanda, avec de nouveaux politiciens que Mobutu était incapable de contrôler et de manipuler.

De nombreuses preuves montrent que la CEPGL n'était qu'un outil pour les politiciens afin de garantir leur pouvoir et que rien n'a été fait au niveau régional pour assurer la stabilité régionale. Les conflits violents dans la région des Grands Lacs ont été un facteur majeur qui a entravé l'efficacité de cette Communauté économique régionale. Par exemple, la guerre en RDC dans laquelle étaient impliqués le Burundi et le Rwanda (deux membres de la CEPGL qui ont signé des accords de non-agression et de bon voisinage avec la RDC) a miné les relations entre les trois pays. Dans une étude, la Commission économique pour l'Afrique (2007) affirme que l'instabilité politique au sein des CER africaines a été une contrainte majeure pour l'intégration économique et politique sur ce continent.

Les rivalités entre les membres de la CEPGL ont conduit à une méfiance entre eux et par conséquent à la fermeture de l'institution en 1994. La reprise des activités de la CEPGL en 2007 après plus d'une décennie de léthargie a été considérée par de nombreux spécialistes de la région comme le résultat d'une pression extérieure visant à assurer la stabilisation de la région plutôt que comme une volonté claire de ses membres de relancer l'institution (Hammerstad, 2005).

L'implication importante de la communauté internationale dans la relance de la CEPGL en 2007 était principalement basée sur la conviction que l'instabilité récente, les conflits entre les membres de la CEPGL et ses corollaires le déplacement de millions de personnes, l'existence de factions armées incontrôlées, la dégradation des infrastructures de base, le trafic d'armes, etc. étaient dus à la léthargie de la CEPGL. Pour la communauté internationale, cette CER pourrait jouer un rôle important dans la construction de la paix et la stabilisation de la région des Grands Lacs. La raison en est que les conflits violents dans les trois pays membres de la CEPGL ont entraîné une instabilité transfrontalière permanente. A titre d'exemple, la guerre de 1994 au Rwanda a entraîné la fuite de millions de réfugiés sur le territoire congolais. La présence de ces réfugiés en RDC a été, à son tour, une source d'instabilité dans ce pays justifiant par exemple les incursions régulières de l'armée rwandaise en RDC. Il est donc normal que les pays s'inquiètent des risques sécuritaires qui pourraient découler de l'instabilité interne des pays voisins.

Avec la création de l'Union africaine en 2002, une grande attention a été accordée aux aspects liés à la sécurité et à la paix. Cela était principalement dû aux crises permanentes et aux conflits violents qu'a connus le continent africain au cours de la décennie 1990. Pour les dirigeants africains, il était urgent de redéfinir les objectifs des CER africaines qui devaient contribuer non seulement à promouvoir le commerce régional mais aussi à assurer la paix et la sécurité. C'est dans cette optique qu'a été créé en 2004 le Conseil africain de paix et de sécurité, dont l'objectif est de gérer les conflits et les crises sur le continent. En outre, une Force africaine en attente (FAA) devrait être opérationnelle en 2015[8], mais n'est toujours pas opérationnelle. Cette force, présentée comme un outil important de l'architecture africaine de paix et de sécurité pour la prévention des conflits, devrait être chargée de la gestion et de la résolution des conflits sur le continent et s'appuyer sur cinq brigades régionales en attente avec des quartiers généraux, des éléments de planification et des bases logistiques en Afrique du Nord, de l'Ouest, de l'Est, du Sud et Centrale (Mayer, 2008). Pour Mayer (2008), il s'agit d'un changement important dans la régionalisation en Afrique puisque la Charte de l'Organisation de l'unité africaine (OUA) de 1963 était basée sur le principe du respect total de la souveraineté nationale et de la non-ingérence dans les affaires intérieures.

Dans cette perspective, la reprise de la CEPGL en 2007 avec la nouvelle structure appelée mécanisme Tripartite+1 dans la région des Grands Lacs (composée de la RDC, de l'Ouganda, du Rwanda et du Burundi) répondait principalement à la nouvelle vision du régionalisme en Afrique.

La relance des activités de la CEPGL a été présentée comme le seul moyen le plus viable de construire la paix dans la région et de résoudre les conflits régionaux (ICRGL, 2006). Elle était considérée comme un cadre viable pour les Etats membres pour la recherche d'un consensus non seulement sur les questions d'intégration économique, sociale et régionale, mais aussi sur celles touchant à la prévention, la gestion et la résolution des conflits. Cependant, les événements récents dans la région des Grands Lacs (reprise de la guerre au Nord-Kivu avec le mouvement M23, refroidissement des relations entre la RDC et le Rwanda, accusé de soutenir la rébellion du M23) ont montré l'incapacité d'utiliser la CEPGL comme un outil de construction de la paix dans la région. Certaines réalisations intéressantes de la CEPGL depuis sa reprise en 2007 ont été sérieusement affectées par cette nouvelle guerre dans la région. Par exemple, les postes frontaliers entre Goma et Gisenyi, qui étaient ouverts 24 heures sur 24 afin de faciliter le petit commerce transfrontalier entre les deux villes, ne sont désormais ouverts que de 6 heures du matin à 15 heures, ce qui a de graves conséquences sur la circulation des biens et des personnes.

Les résultats de cette nouvelle orientation (paix et sécurité) de la régionalisation des CER africaines, en particulier de la CEPGL, sont médiocres au vu du nombre de conflits que le continent a enregistrés au cours des dix dernières années. Il est donc raisonnable de se poser la question de savoir pourquoi la CEGPL n'a pas réussi à apporter la paix et la stabilité dans la région.

La réponse à cette question semble être le manque de volonté politique des dirigeants régionaux de promouvoir la stabilité régionale par le biais de la

8 http://allafrica.com/stories/201112122104.html

CEPGL. La relance de cette CER, comme nous l'avons vu plus haut, a été principalement imposée par la communauté internationale à ses membres. Dans cette perspective, l'implication de la Belgique, de l'Afrique du Sud et de l'Union européenne, dont la contribution au budget de la CER est estimée à plus de 60%, a été cruciale. Il est clair que sans une forte implication de la communauté internationale, les membres de la CEPGL, en particulier la RDC, n'avaient aucun intérêt à revitaliser la CEPGL. Pour les officiels congolais, la RDC n'était pas prête à relancer la CEPGL9 .

De plus, la méfiance entre les membres de la CEPGL ne pouvait pas permettre à cette CER de contribuer positivement à la promotion des activités économiques, de la paix et de la stabilité dans la région. En fait, le Rwanda et le Burundi ont préféré se rapprocher de la région de l'Afrique de l'Est plutôt que de la RDC. Cela a justifié leur récente entrée dans la Communauté d'Afrique de l'Est. D'autre part, la RDC est réticente à jouer un rôle actif dans la CER, qui semble plus profitable aux deux pays impliqués dans les guerres sur son territoire.

Un autre problème important qui a limité la participation de la RDC à la CEPGL est son adhésion multiple à plusieurs CER. Dans la littérature sur l'intégration régionale, les adhésions multiples sont considérées comme une contrainte majeure à l'efficacité de l'intégration régionale. La question des adhésions multiples qui caractérise de nombreux pays africains suscite de plus en plus de préoccupations. Le cas de la RDC est assez illustratif. Dans un article, Morisho (2012) fournit les raisons de l'adhésion multiple de la RDC aux CER africaines et affirme que cela pourrait s'expliquer par la grande taille du pays et le manque d'intégration entre les différents blocs économiques du pays :

- Les provinces du Katanga et les provinces du Kasaï oriental et occidental sont bien intégrées dans la partie sud du continent et commercent avec les États de la SADC.
- Les provinces du Bandundu, du Bas Congo, de l'Équateur et de Kinshasa sont intégrées dans la partie centrale du continent, d'où l'association du pays à la CEEAC.
- Les provinces du Nord-Kivu, du Sud-Kivu, de la Province Orientale et dans une certaine mesure du Maniema, sont liées à la partie orientale du continent et font de la CEGPL, du COMESA et de la Communauté d'Afrique de l'Est (CAE) des partenaires commerciaux naturels.

De nombreux chercheurs ont attribué la faiblesse des CER africaines à ces adhésions multiples. Leur argument est que la faible capacité financière,

9 Entretien avec le coordinateur congolais de l'intégration régionale en juillet 2011.

humaine et institutionnelle de nombreux pays africains, le chevauchement des adhésions réduit les chances de ces pays à remplir leurs engagements régionaux. Il est toutefois important d'ajouter que l'inefficacité de nombreuses CER africaines, et de la CEPGL en particulier, est principalement due à la réticence des dirigeants régionaux à abandonner une partie de leur pouvoir à une institution régionale. Ceci est particulièrement compréhensible dans le contexte africain où de nombreux pays sont encore trop jeunes et ont encore des souvenirs frais de la colonisation pour accepter d'abandonner le contrôle de leur pouvoir à des forces externes ou internes. Par ailleurs, le fait que le personnel des secrétariats de la CEPGL soit nommé par des politiciens, auxquels il est soumis, réduit son indépendance vis-à-vis de la sphère politique des pays respectifs et limite donc sa capacité à les contraindre à respecter leurs engagements régionaux.

Les engagements de la RDC envers les différentes CER africaines illustrent bien l'argument développé ci-dessus. Par exemple, la RDC n'a pas ratifié de nombreux accords de coopération de la CEPGL (le code communautaire des investissements du 31st janvier 1982 ; le protocole de libéralisation des échanges de certains produits originaires de la CEPLG du 1erst décembre 1985, etc.) et n'a pas pu mettre en œuvre efficacement certains accords qu'elle a ratifiés (par exemple l'accord sur la solidarité entre les Etats membres de la CEPGL du 1erst décembre 1985). En outre, depuis la reprise des activités de la CEPGL, du moins de 2007 à 2015, la RDC n'avait pas contribué au budget de l'organisation. Alors que le Rwanda et le Burundi, qui n'ont pas assez de ressources par rapport à la RDC, font des efforts pour respecter leurs obligations financières envers cette organisation régionale, la RDC est toujours réticente et adopte la stratégie de l'attentisme comme elle le fait habituellement dans les autres organisations régionales (Morisho, 2012). En outre, comme l'ont fait valoir Westerkamp et al. (2009), si la RDC a été l'un des fondateurs et l'un des principaux moteurs du CEPLG dans sa première phase, sa réticence actuelle à jouer un rôle actif dans le CEPGL est principalement due à la perception de ses dirigeants selon laquelle le CER profite davantage au Rwanda et au Burundi. Par exemple, l'électricité produite par les barrages de Ruzizi est principalement utilisée par le Burundi et le Rwanda et profite surtout à l'Est de la RDC. De même, le commerce transfrontalier dans la région CEPGL profite principalement au Rwanda, au Burundi et à la région du Kivu, le gouvernement de Kinshasa n'ayant que peu ou pas d'intérêt à dépasser un engagement nominal.

Les pages suivantes ont pour objet l'analyse économique de l'intégration par le bas de la République Démocratique du Congo dans la CEPGL

34 Analyse économique de l'intégration de la RDC dans la CEPGL : Une intégration par le bas

Bien que les facteurs politiques semblent être le principal moteur du régionalisme de la RDC, il est toutefois important de mentionner que les échanges commerciaux dans la région de la CEPGL existaient depuis la période précoloniale. Cependant, comme on le verra plus loin dans cette section, la CEPGL n'a pas réussi à promouvoir les échanges formels entre ses membres ; mais en facilitant la circulation des personnes, elle a contribué au développement d'un commerce transfrontalier informel massif qui profite à de nombreux ménages de la région.

Les échanges transfrontaliers entre la RDC et les autres pays membres de la CEPGL se font principalement sur trois grands corridors :

- Goma/Gisenyi (Nord-Kivu/RDC et /Rwanda) : le trafic quotidien est estimé à 15 000 à 20 000 personnes (Musila, 2009). Ce corridor compte trois points de passage officiels (poste frontière de Grande Barrière sur le lac Kivu, poste frontière de Petite Barrière près de l'aéroport de Goma et du marché de Gisenyi, et poste frontière de Gabiro), ainsi que de nombreux chemins traversant la frontière non marquée entre le Rwanda et la RDC. La frontière entre la capitale du Nord-Kivu, Goma, et la ville voisine de Gisenyi au Rwanda est un cas particulier, car les deux villes se trouvent directement sur la frontière (Tegera et al, 2007).
- Bukavu/Cyangugu (Sud-Kivu/RDC et Rwanda) : cette frontière sépare la ville de Bukavu en RDC et Cyangugu au Rwanda. Environ 3 000 à 5 000 personnes traversent la frontière chaque jour.
- Uvira/Bujumbura (Sud-Kivu/RDC et Burundi) : Le trafic quotidien à cette frontière est estimé à 6 000 à 10 000 personnes, dont des commerçants, des élèves et des enseignants (Musila, 2009).

La région du Kivu commerce davantage avec le Rwanda, le Burundi et l'Ouganda qu'avec les autres provinces de la RDC. Cette région est en fait peu intégrée dans l'économie de la RDC. Le manque d'infrastructures appropriées qui devraient relier les grandes villes du Kivu au reste du pays explique que ces villes sont plus intégrées à l'économie des pays voisins qu'à celle de la RDC. A titre d'exemple, les voyageurs de Bukavu à Uvira, deux villes congolaises de la province du Sud-Kivu, doivent passer par le Rwanda compte tenu de la meilleure qualité de ses routes dans ce pays.

Malgré les nombreux efforts de la CEPGL, les échanges économiques formels restent insignifiants. Comme indiqué plus haut, la région CEPGL est la moins intégrée d'Afrique. A titre d'exemple, entre 2000 et 2007, les exportations intra-CEPGL en tant que part des exportations totales vers l'Afrique représentaient moins de 1% contre 33% pour la SADC et 22% pour la CEDEAO respectivement (CEA, 2010). Dans la région CEPGL, la RDC fournit environ 66% des exportations régionales. Cependant, en ce qui concerne les importations, le Rwanda semble être le plus grand importateur de la région GEPGL avec plus de 75% des importations régionales. Malgré le fait que le commerce intra-CEPGL soit encore faible, il augmente au fil du temps, avec un taux d'accroissement annuel moyen de 17% de 2000 à 2007.

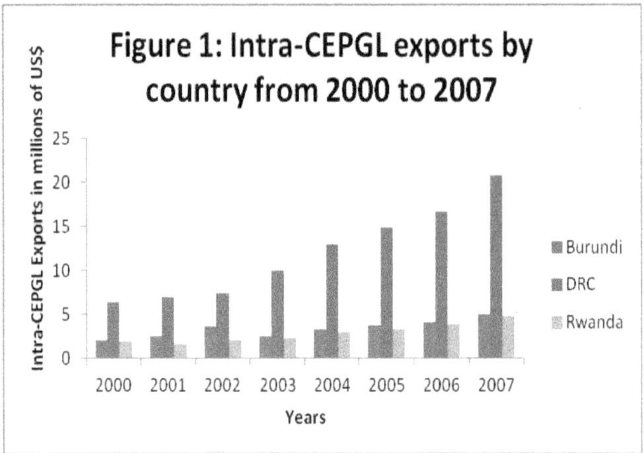

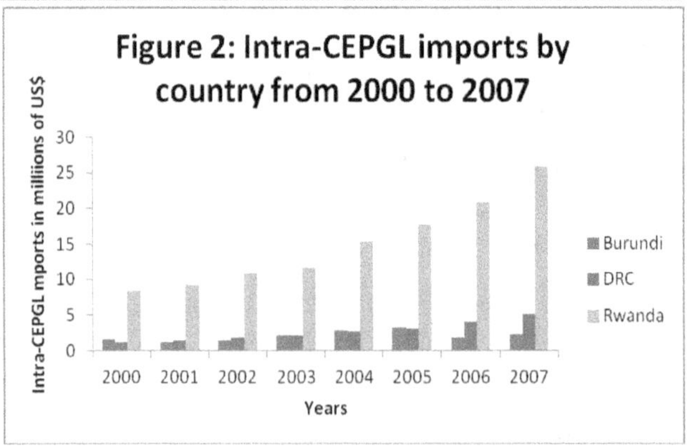

Les organisations internationales (FMI, OMC ou UNICTAD) soulignent généralement le faible niveau du commerce intra-africain dans un contexte où de nombreux efforts ont été faits, dans le cadre des organisations régionales, pour démanteler les barrières tarifaires et non tarifaires au commerce transfrontalier. Comme le montre Golub (2010), le problème des statistiques officielles du commerce intra-africain est qu'elles ne prennent en compte que les échanges transfrontaliers enregistrés et non ceux qui ne le sont pas. Il affirme que ces statistiques officielles ne prennent pas en compte les statistiques liées au commerce transfrontalier de céréales alimentaires, d'animaux et la contrebande de produits manufacturés. Le fait de ne pas enregistrer ces activités dans les statistiques officielles réduit considérablement le niveau du commerce intra-africain, car ces activités sont d'une grande importance pour le commerce régional africain.

L'évaluation de l'importance du commerce transfrontalier informel utilise diverses méthodes qui diffèrent en fonction de la disponibilité des données. Comme le reconnaît le rapport 2010 de la CEA, il est rare en Afrique de trouver des données secondaires adéquates sur le commerce transfrontalier informel et dans les pays où elles sont disponibles, elles sont souvent incomplètes ou liées à des études de cas sur les exportations et les importations de certains produits (CEA, 2010). Cependant, dans ses efforts pour rassembler les études existantes sur le commerce informel, la CEA a découvert qu'environ 5,6% à 11% du commerce intra-africain est informel et que dans certaines parties du continent, comme à la frontière entre la RDC et ses voisins, le niveau du commerce informel dépasse celui du commerce formel.

Malgré leurs liens géographiques, historiques et culturels étroits, la coopération économique formelle entre l'Est de la RDC d'une part et le Burundi et le Rwanda d'autre part a été minimale au cours des 20 dernières années. Par exemple, selon les statistiques officielles, les exportations et les importations de la RDC vers la CEGPL représentent respectivement 11,9% et 2,7% de ses exportations et importations totales.

Tableau 3: Commerce intra-CEPGL

	Exportations moyennes vers la CEPGL de 2000 à 2007	Importations moyennes vers la CEPGL de 2000 à 2007
Burundi	3,3	2,1
RDC	11,9	2,7
Rwanda	2,8	15
Total	18	19,8

Source : Commission économique pour l'Afrique (2010), *Assessing Regional Integration in Africa IV, Enhancing Intra-African Trade*, Addis-Abeba, http://www.uneca.org/aria4/ARIA4Full.pdf.

D'après ces statistiques officielles, le commerce intra-CEPGL est négligeable. Cependant, la réalité sur le terrain est différente de l'image fournie par ces chiffres. Les chiffres officiels donnent généralement l'impression que les principaux produits importés par les pays de la région, et en particulier le Rwanda, de la RDC sont le bois, les huiles végétales, les médicaments et les parfums (Banque mondiale, 2011), ignorant les produits tels que la tomate, les pagnes, le lait en poudre, le savon, etc. qui sont les produits les plus importants que la RDC exporte au Rwanda via la ville de Gisenyi. Tous ces produits ne sont pas mentionnés dans les statistiques officielles alors que toutes les autres sources, entretiens, observations, enquêtes, démontrent qu'ils sont les produits les plus demandés et les plus passés en contrebande de la RDC vers le Rwanda (Morisho, 2013). Cela montre clairement à quel point les statistiques officielles ne sont pas en mesure de saisir le commerce transfrontalier non officiel florissant de produits agricoles et la " réexportation " de produits manufacturés aux frontières africaines.

Berg et al (1985) et Golub et al (2009) affirment que les anomalies des statistiques commerciales africaines sont principalement dues à la contrebande. Les statistiques officielles du commerce dans la région CEPGL ne correspondent pas à la réalité sur le terrain. Le volume du commerce non officiel entre le Burundi, la RDC et le Rwanda est important mais la seule difficulté est le manque d'estimations fiables de ce commerce. Par exemple, une étude de la Banque mondiale (2011) estime que le volume du commerce transfrontalier informel de denrées alimentaires de base entre la RDC et ses partenaires régionaux est 5 fois plus élevé que le commerce officiel (tableau 4). Alors que la part du commerce transfrontalier informel représente plus de 80% du total des échanges régionaux de la RDC, elle ne représente qu'environ 28% pour le Kenya, 20% pour le Rwanda et 35% pour l'Ouganda.

Tableau 4: Estimation du commerce formel et informel de denrées alimentaires de base en 2009 pour l'Est de la RDC, le Kenya, le Rwanda et l'Ouganda (en tonnes)

	Est de la RDC	Kenya	Rwanda	Ouganda
Formel	3,276	22,728	8,286	205,583
Informel	16,078	9,116	2,177	114,879
Total	19,354	31,844	10,463	320,462
Part du commerce informel (en %)	83.1	28.6	20.1	35.8

Source : adapté du rapport 2011 de la Banque mondiale sur le commerce transfrontalier dans la région des Grands Lacs.

De ce qui précède, il est évident que la libre circulation des personnes dans la CEPGL et la proximité des grandes villes du Kivu avec le Rwanda et le Burundi ont favorisé le développement de petites entreprises transfrontalières. Cependant, malgré son énorme potentiel agricole, la RDC est actuellement plus importatrice de produits alimentaires qu'exportatrice. Ceci est une conséquence directe de l'instabilité permanente dans les zones rurales de l'Est de la RDC.

La prospérité du commerce transfrontalier informel dans la région des Grands Lacs n'est pas étonnante étant donné que le commerce international de nombreux pays de la région est miné par leurs politiques commerciales inappropriées, trop restrictives, et par le niveau élevé de corruption des agents douaniers. Toutefois, cette situation n'est pas un cas isolé affectant uniquement la région des Grands Lacs ; de nombreux pays en développement sont également confrontés à la même situation. Par exemple, des études sur le commerce transfrontalier entre le Mozambique et ses voisins, l'Afrique du Sud et le Malawi, suggèrent que le volume du commerce informel dépasse celui du commerce transfrontalier formel (Peberdy, 2000). Des études sur le commerce entre le Paraguay, d'une part, et le Brésil et l'Argentine, d'autre part, montrent que, dans les années 90, la contrebande représentait 58% des exportations et 31% des importations de ces pays (Connolly et al, 1995). Dans le même ordre d'idées, une étude de la Banque mondiale de 1999 a démontré que, dans le monde, environ 30 % des cigarettes exportées sont finalement passées en contrebande (Banque mondiale, 1999).

En outre, le phénomène de la contrebande touche également les pays développés. Larue et al. (2009) démontrent qu'en 2003, le gouvernement du Canada a subi une perte de revenus estimée à environ 9,6 milliards de dollars canadiens en raison du trafic de cigarettes. Ils montrent également qu'environ 67% des cigarettes vendues au Québec avant 1994 étaient des cigarettes de contrebande. Dans leur article sur les déterminants de la contrebande non professionnelle, Paulus et al. (1981) affirment qu'à la frontière entre le Canada et les États-Unis, environ la moitié des frontaliers qu'ils ont interrogés ont fait passer des marchandises non déclarées à la frontière internationale. Ces exemples montrent que la contrebande semble être un phénomène mondial. Toutefois, son ampleur et ses implications peuvent varier d'une région à l'autre.

Il est important de souligner que si le commerce transfrontalier informel dans la région CEPGL réduit la capacité des gouvernements à collecter des impôts, il a cependant un grand impact sur la vie quotidienne de la population et de ses praticiens. Une étude de Morisho (2013) montre en effet que les revenus générés par ce commerce sont importants par rapport à ce que les fonctionnaires peuvent gagner mensuellement dans la région. A titre d'exemple, à la frontière entre Goma (RDC) et Gisenyi (Rwanda) un commerçant informel et un intermédiaire peuvent gagner respectivement jusqu'à 175,5$ et 208$ par mois alors qu'un enseignant du secondaire gagne 147$ au Rwanda et seulement 80$ en RDC, en moyenne. Pour la population locale, l'étude de Morisho démontre que les prix des biens importés de manière informelle sont en moyenne 30% inférieurs à ce qu'ils devraient être si les biens étaient importés de manière formelle. La capacité du commerce transfrontalier informel à faire baisser les prix génère donc pour les ménages locaux un surplus moyen de consommation de 6,2% et 3% de leurs dépenses mensuelles respectivement à Gisenyi et Goma.

Conclusion

Ce chapitre s'est concentré sur l'économie politique du régionalisme de la RDC dans la région des Grands Lacs. Elle a examiné les motivations politiques et économiques qui sous-tendent l'intégration régionale de la RDC dans cette CER. Le chapitre a également examiné l'histoire du régionalisme dans la région et a montré que les échanges économiques entre les membres de la CEPGL ne sont pas récents. Cependant, la nature, les acteurs, l'étendue et les types de biens impliqués dans ces échanges ont énormément évolué au fil du temps.

Le document a démontré que l'instabilité politique que ses membres ont connue au cours des deux dernières décennies a entravé l'efficacité de la CER et a conduit à sa fermeture en 1994. La relance de la CEPGL en 2007 reposait sur la conviction qu'elle pouvait contribuer à stabiliser la région et, en particulier, à mettre fin aux violents conflits en cours en RDC et à leurs effets transfrontaliers. Cependant, les récents conflits dans l'Est de la RDC, avec de nouveaux mouvements de rébellion (le M23 par exemple) qui sont supposés recevoir le soutien des pays voisins, démontrent l'incapacité de cette CER à apporter la paix et la stabilité dans la région.

Le chapitre soutient que la principale raison expliquant l'échec de la CEPGL à stabiliser la région est le manque de volonté politique des dirigeants régionaux d'utiliser la CEPGL comme un outil de promotion de la stabilité régionale et de la construction de la paix. Les spécialistes affirment que la relance de cette CER était plus le résultat d'une pression de la communauté internationale sur ses membres que d'une réelle volonté de ces derniers de relancer l'institution. De plus, la RDC manque de capacités financières, institutionnelles et humaines pour gérer de manière efficace son processus d'intégration. Le pays est encore très fragile et préfère s'occuper de ses problèmes de sécurité interne plutôt que de relever les défis de l'intégration régionale (Stevens et al., 2008). Il est également important de mentionner qu'avec les adhésions de la RDC, du Rwanda et du Burundi à la CAE, ces pays sont de plus en plus réticents à redynamiser la CEPGL ; ainsi les chances de succès de la CEPGL à l'avenir sont minimes.

Sur une note positive, il est cependant important de mentionner que la CEPGL a contribué de manière significative à faciliter la circulation des personnes dans la région, conduisant au développement de petites entreprises transfrontalières grâce auxquelles des milliers de personnes gagnent leur vie. En outre, le succès de cette organisation dans la mise en œuvre d'infrastructures et de projets communs, tels que BDGL, IRAZ, SINELAC, etc., doit être considéré comme un bon exemple de coopération et de développement régional.

Les pages suivantes évoquent intégration de la République Démocratique du Congo dans l'EAST.

Chapitre quatre

L'intégration de la République Démocratique du Congo dans l'EAST African Community : enjeux, opportunités et risques

L'intégration économique est considérée en Afrique, depuis son indépendance dans les années 1960, comme l'une des stratégies pour accélérer son développement. Plusieurs initiatives ont été entreprises pour créer des communautés régionales dont l'objectif principal est de renforcer le commerce intra-régional. Cependant, ces initiatives n'ont pas généré les bénéfices attendus.

Pour la RDC par exemple, malgré son importance géographique, économique et démographique, la RDC joue encore un rôle mineur dans les CER. Il est important de mentionner qu'avant de rejoindre l'EAC, la RDC était déjà membre du COMESA, de la SADC, de la CEPGL et de l'ECAS. Et dans toutes ces CER, son rôle est très limité. Par exemple :

- Dans le COMESA, la RDC représente 2% des exportations intra-régionales alors que dans la même CER, l'Egypte et le Kenya représentent respectivement 12,6% et 28,6%.
- Au sein de la SADC, l'Afrique du Sud est responsable de plus de 60 % des exportations intra-SADC tandis que la RDC en représente 0,8 %.

Plusieurs raisons peuvent être avancées pour expliquer la faible intégration régionale de la RDC :

- La structure de ses exportations est dominée par les produits miniers que de nombreux Africains n'ont pas besoin de leurs industries ou n'ont pas la capacité de les transformer en produits finis ;
- La faible diversification de l'économie de la RDC ; et
- La mauvaise gouvernance et l'instabilité politique qui ont détruit le secteur industriel et fragilisé la production du secteur agricole (par exemple les légumes).

Comme indiqué ci-dessus, la RDC est membre de plus d'une CER, ce que les spécialistes appellent des adhésions qui se chevauchent. Ce n'est pas un cas spécifique de la RDC, cela touche aussi d'autres pays. En fait, en Afrique, environ 95 % des membres d'une CER appartiennent à une autre. Il y a de nombreux inconvénients liés à ces adhésions multiples. Les résultats d'une enquête menée par la Commission économique pour l'Afrique (CEA) montrent certains de ces inconvénients :

- Les pays considèrent la multiplicité des adhésions comme la raison de leurs arriérés de contributions aux différentes CER.
- L'adhésion multiple est également citée par les pays interrogés comme une raison de la faible mise en œuvre du programme (23 %).
- Le faible taux de participation aux réunions (16%),
- et la duplication et mise en œuvre conflictuelle des programmes (16%)

La RDC est l'un des pays africains les plus touchés par ces problèmes générés par l'appartenance à plus d'une communauté économique régionale (CER).

Pour le ministère congolais du Commerce, la multiplicité des adhésions de la RDC est due à la grande taille du pays et au manque d'intégration entre les différentes régions du pays.

La question que l'on peut se poser est de savoir si cette nouvelle intégration de la RDC dans l'EAC (alors que la RDC et la quasi-totalité des membres de l'EAC sont déjà membres du COMESA) était une nécessité.

Je parle des enjeux de l'intégration de la R.D.Congo dans l'EAC, d'une opportunité menaçante pour les commerçants et les entrepreneurs locaux, d'un affermissement des dissensions politiques en R.D.Congo. d'une intégration heurtée aux contrastes politiques au niveau national.

4.1. Les enjeux de l'intégration de la RDC dans l'EAC

Le 29 Mars 2022, la candidature de la République Démocratique du Congo comme 7ème membre de la Communauté des États de l'Afrique de l'Est (EAC en Anglais) a été acceptée, lors d'un sommet extraordinaire de cette organisation sous régionale tenue à Nairobi. Selon certains experts, le processus d'adhésion de la RDC à l'EAC a été accélérée compte tenu des intérêts stratégiques que représente ce pays dont l'intégration dans l'EAC permettra à cet ensemble sous régionale de s'étendre de l'Océan Indien à l'Océan Atlantique.

Cette adhésion à l'EAC est une concrétisation de la politique d'ouverture vers les pays de l'Est du contient clairement affichée et assumée par le Président Félix Tshisekedi. En effet, juste après son investiture le 24 janvier 2020, il a visité trois pays de l'EAC : le Kenya, l'Ouganda et le Rwanda entre Février et Mars 2020. Et quelques mois après, il a rendu visite à la Tanzanie et au Burundi.

Alors que son prédécesseur Joseph Kabila entretenait des relations plus que froides avec ses voisins de l'Est et avait privilégié un rapprochement avec les pays de la SADC10, le Président Tshisekedi avait, dès son accession au pouvoir, voulu améliorer ses relations avec les pays de l'EAC et même jouer un rôle important dans les questions sécuritaires et politiques importantes de cet ensemble sous régional. C'est ainsi par exemple qu'en Aout 2019, il avait joué le rôle de médiateur entre Museveni et Kagame dont les relations s'étaient détériorées quelques mois au paravent.

L'EAC, habituellement et initialement considérée comme une zone économique anglophone, s'est dotée, avec l'adhésion de la RDC, d'une nouvelle identité. La RDC est le plus grand pays francophone au monde et sa présence au sein de l'EAC confère à ce bloc une identité mixte.

Il convient de rappeler les opportunités, les défis économiques, politiques et sécuritaires.

4.1.1. Opportunités

Les réserves de ressources dont dispose la RDC sont impressionnantes. Ses réserves de cobalt, d'or, de diamant, de coltan, de cassitérite, d'aluminium, de cuivre et d'autres minerais précieux, de forêts et de terres agricoles, sont parmi les plus importantes au monde. Plus de 60% des réserves mondiales de Coltan et de Cobalt sont situées en RDC. Ce pays possède l'une des plus grandes réserves de lithium et d'or et est le quatrième producteur mondial de cuivre. Avec toutes ces ressources minérales, ce pays est censé jouer un rôle central dans ce qu'on appelle actuellement la quatrième révolution technologique où les minéraux ci haut cités sont censés être les plus nécessaires dans les industries des véhicules électriques, notamment dans la production de Batteries de véhicules électriques. De plus, dans l'industrie informatique, le cuivre et l'or sont très nécessaires.

---

10 Un tel rapprochement était compréhensible compte tenu du rôle que la SADC avait joué pour sauver le régime de son père Laurent Désiré Kabila qui s'était vu imposé une guerre par une rébellion soutenue par certains pays de l'EAC, notamment le Rwanda, l'Ouganda et le Burundi.

Il est important de mentionner que la plupart de ces minéraux sont présents dans la partie orientale de la RDC qui partage une frontière avec la plupart des pays de la CAE (Rwanda, Burundi, Tanzanie, Ouganda et Soudan du Sud).

Accepter l'adhésion de la RDC à la zone EAC est une belle opportunité pour les pays membres d'espérer accéder à ces ressources à faible coût, dans un contexte mondial où les pays rivalisent pour être leaders de la transition énergétique basée sur les ressources naturelles évoquées ci-dessus.

Bien plus, avec ses 90 millions d'habitants et donc des consommateurs, la RDC représente un marché potentiel énorme pour les pays membres de l'EAC. Avec la RDC, son marché compte plus de 260 personnes et un PIB d'environ 243 milliards de dollars 11. D'un autre côté, l'EAC est aujourd'hui l'un des blocs régionaux les mieux intégrés du continent et représente à ce titre une réelle opportunité pour la RDC.

La RDC bénéficiera donc certainement du Marché commun et de l'union douanière de la CAE, déjà opérationnels. La partie orientale de la RDC est également dépendante des infrastructures de l'EAC pour importer des marchandises en provenance d'Asie, d'Europe et des États-Unis. Cette intégration rendra donc plus facile et moins coûteux l'accès aux ports maritimes du Kenya et de la Tanzanie.

Les pays comme le Rwanda et l'Ouganda dont le volume des échanges avec la RDC est déjà élevé pourraient tirer des avantages économiques importants de cette intégration. On estime par exemple, que les exportations de l'EAC vers la RDC pourraient augmenter d'environ 28% à la suite de l'intégration totale de la RDC dans cet espace sous régional. Actuellement, ces exportations sont estimées à environ 941 millions de dollars. Comme le montre ce tableau, dans les échanges entre la RDC et l'EAC, l'Ouganda et le Rwanda sont les plus grands exportateurs vers la RDC.

La balance commerciale est largement en défaveur de la RDC. En 2018 par exemple, alors que la valeur des marchandises importées en RDC s'est élevée à 7,4 milliards de dollars, ses exportations vers les pays de la région ne représentaient que 855,4 millions de dollars.

Actuellement, l'EAC exporte vers la RDC des aliments transformés, des produits sidérurgiques, du ciment, des produits pétroliers et des produits à base

---

11 LUKE ANAMI et al., *Opportunities and burdens DR Congo brings to EAC table*, April 2022

d'huile de palme. Il est clair que la gamme des produits exportés va très vite augmenter après l'adhésion totale de la RDC dans cet espace sous régional.

Le tableau ci bas montre la valeur des exportations de l'EAC vers la RDC et il révèle que le Rwanda est le pays de l'EAC qui a exporté le plus de marchandises vers la RDC en 2018, pour une valeur de 337,4 millions de dollars. L'Ouganda était le deuxième plus grand exportateur parmi les États partenaires et a exporté des marchandises d'une valeur de 204,3 millions de dollars. Le Kenya et la Tanzanie exportent des biens dans des proportions presque égales à 149,8 $ et 144,9 $ respectivement. Le Burundi a exporté vers la RDC le moins de produits de tous les États partenaires de l'EAC (18,9 millions de dollars)

Tableau : Exportations des Pays de l'EAC vers la RDC

Exporters	Imported value in US Dollar thousand						
	2012	2013	2014	2015	2016	2017	2018
Total	6,444,216	7,053,786	6,915,674	6,422,541	5,106,916	5,339,408	7,415,373
East African Community (EAC) Aggregation	755,969	846,867	884,560	755,625	763,019	794,069	855,401
Rwanda	109,300	114,991	153,607	193,631	202,979	280,789	337,443
Uganda	240,881	268,175	181,680	152,561	176,921	189,601	204,309
Kenya	218,294	214,063	239,380	211,063	197,480	182,612	149,800
Tanzania	187,353	237,559	281,493	198,290	157,428	114,323	144,926
Burundi	141	12,079	28,400	80	28,211	26,744	18,923

Source: Aaron (2021), The opportunities for trade in the Democratic Republic of Congo. A perspective from east Africa, page 9

Les chiffrent montrent aussi que les exportations du Rwanda vers la RDC augmentent plus rapidement par rapport aux autres États partenaires, alors que les exportations du Kenya et de la Tanzanie vers la RDC ont diminué au fil des ans, en particulier sur la période 2014-2018 pour le Kenya et entre 2014 et 2017 pour la Tanzanie.

Les principales importations de l'EAC vers la RDC sont principalement : le pétrole et huiles obtenues à partir de minéraux bitumineux, à l'exclusion du brut (125,1 millions de dollars), de la farine de blé (52,4 millions de dollars), du riz (52 millions de dollars), du ciment (46,6 millions de dollars) et de l'huile de palme (41,2 millions de dollars).

Tableau : Types de produits exportés par les Pays de l'EAC vers la RDC

Product code	Product label	DRC's imports from East African Community (EAC) Imported value in US Dollar thousand			
		2015	2016	2017	2018
'TOTAL	All products	755,625	763,019	794,069	855,401
'2710	Petroleum oils and oils obtained from bituminous minerals (excluding crude); preparations containing ...	83,787	90,725	125,093	125,147
'1101	Wheat or meslin flour	34,759	30,119	37,434	52,403
'1006	Rice	30,239	35,687	48,820	52,031
'2523	Cement, incl. cement clinkers, whether or not coloured	39,289	35,801	38,592	46,476
'1511	Palm oil and its fractions, whether or not refined (excluding chemically modified)	32,302	37,722	33,566	41,296
'2402	Cigars, cheroots, cigarillos and cigarettes of tobacco or of tobacco substitutes	50,203	42,630	40,845	37,594
'7210	Flat-rolled products of iron or non-alloy steel, of a width >= 600 mm, hot-rolled or cold-rolled ...	33,786	38,703	39,744	30,777
'2522	Quicklime, slaked lime and hydraulic lime (excluding pure calcium oxide and calcium hydroxide)	9,893	4,118	6,471	19,870
'1701	Cane or beet sugar and chemically pure sucrose, in solid form	5,848	11,147	18,973	19,577
'3401	Soap; organic surface-active products and preparations for use as soap, in the form of bars, ...	24,931	23,820	20,822	18,121
'1516	Animal or vegetable fats and oils and their fractions, partly or wholly hydrogenated, inter-esterified, ...	12226	15498	17484	18,093
'6309	Worn clothing and clothing accessories, blankets and travelling rugs, household linen and articles ...	2626	5644	15511	14,527
'2106	Food preparations, n.e.s.	3518	4893	2919	13,908
'3102	Mineral or chemical nitrogenous fertilisers (excluding those in pellet or similar forms, or ...	132	2864	13251	12,379

Source: Aaron (2021), The opportunities for trade in the Democratic Republic of Congo. A perspective from east Africa, page 10

Les chiffrent montrent que les importations de pétrole de la RDC augmentent plus rapidement que celles des autres produits.

Avec l'arrivée de Felix Tshisekedi au pouvoir, les pays de la région ont envoyé des signaux vers la RDC pour montrer leurs intérêts à l'égard de ce pays. Ainsi par exemple, le 17 Avril 2019, la compagnie aérienne Rwanda a commencé des vols réguliers sur Kinshasa et desservait aussi les autres grandes villes de l'Est comme, Goma et Lubumbashi. A la fin de 2021, cette compagnie a arrêté ses vols sur la RDC à la suite de la décision du Gouvernement Congolais à cause du soutien que le Rwanda apporte au mouvement rebelle M23. En Novembre 2021, une grande mission commerciale du Kenya a séjourné dans des villes importantes de la RDC notamment Kinshasa, Lubumbashi, Goma et Mbuji Mayi. À l'occasion d'une visite à Kinshasa, en avril 2021, le Président Kenya Kenyatta a conclu des accords en matière de transport, de sécurité et de commerce, concernant notamment le traitement des marchandises du port de Mombasa. La banque Kenyanne Equity Bank a acheté la plus grande et ancienne banque congolaise, la Banque Congolaise de Développement et de Commerce (BCDC) ; il en est de même aussi de la banque congolaise Trust Merchant Bank (TMB) achetée par la banque Kenyanne Kenyan Commercial Bank (KCB)

L'Ouganda a aussi annoncé la construction de quelques centenaires de Km (223 kilomètres selon certains estimations) reliant les postes frontaliers ougandais à quelques villes de l'Est, notamment Goma, Beni et Butembo.

L'Indice de l'intégration régionale en Afrique (IIRA) 2019 évalue l'état de l'intégration régionale et les efforts déployés par les pays qui sont membres des huit communautés économiques régionales (CER) reconnues par l'Union africaine. Plus l'indice est proche de 1, plus le regroupement sous régional est mieux intégré en matière d'intégration commerciale, intégration macroéconomique, intégration productive, intégration des infrastructures, et la libre circulation des personnes

Tableau : Indice d'intégration régionale en Afrique

Regroupement sous régional	Indice
SADC La Communauté de développement de l'Afrique australe (SADC)	0,377
La Communauté économique des États de l'Afrique de l'Ouest (CEDEAO)	0,425
Communauté économique des États de l'Afrique centrale (CEEAC)	0,442
L'Autorité intergouvernementale pour le développement (IGAD).	0,438
L'Union du Maghreb arabe (UMA)	0,488
Marché commun de l'Afrique orientale et australe (COMESA),	0,367
Communauté de l'Afrique de l'Est (CAE)	0,537
Communauté des États sahélo- sahariens (CEN-SAD)	0,541

Source : UNECA (2019), Indice d'intégration régionale en Afrique, Adiss Ababa

Il ressort de ce tableau que l'EAC est le deuxième regroupement sous régional le mieux intégré en Afrique. Ce qui présente un réel avantage pour un nouveau adhérant comme la RDC

Il faut cependant noter que même si cette intégration de la RDC à l'EAC présente des opportunités économiques évidentes, elle s'accompagne néanmoins de nombreux défis politiques, sécuritaires et économiques.

Sur le plan sécuritaire, depuis Novembre 2021, les armés de la RDC (FARDC) et l'Ouganda (UPDF) ont lancé des opérations conjointes dans les provinces de l'Ituri et du Nord Kivu pour combattre le mouvement rebelle (ADF).

Il est important de mentionner que cette intégration de la RDC dans l'EAC facilitera également les mouvements transfrontaliers. A l'exception du Rwanda et du Burundi où le visa est gratuit (grâce aux accords de libre circulation des personnes signés au sein du bloc économique régional CEPGL), les citoyens de la RDC doivent payer 50 USD pour entrer dans les autres pays de l'EAC. De nombreux commerçants congolais et citoyens ordinaires ayant des liens commerciaux, culturels et sociaux forts avec les pays de l'EAC, attendent cette intégration depuis assez longtemps. Le Kenya, la Tanzanie et l'Ouganda ont, en 2023, mis au visa pour tout congolais entrant sur leurs territoires. L'adhésion à l'EAC permettra ainsi aux citoyens congolais de voyager librement vers les autres pays et le commerce deviendra beaucoup plus rapide, plus simple et moins cher, ce qui devrait profiter aux entreprises et aux consommateurs de tous les pays. Pour les commerçants et les citoyens de l'EAC, l'intégration de la RDC dans cet espace sous régional leur profitera également. Actuellement, ils sont confrontés à de nombreux défis lorsqu'ils arrivent en RDC. En fait, des problèmes tels que les longues files d'attente pour obtenir un visa d'entrée en RDC, des jours d'attente pour que les marchandises soient dédouanées à la frontière, entraînent d'énormes frais de stationnement et de stockage. Et si à l'avenir le poste frontière unique (One Border Post) se met en place entre la RDC et ses voisins de l'EAC, les agents des douanes et de l'immigration de la RDC et des pays de l'EAC travailleront côte à côte, ce qui accélérera la circulation des personnes et des marchandises.

Quels sont les défis économiques à relever ?

4.1.2. Défis économiques

Sur le plan économique, certains défis importants méritent d'être soulevés et pris en compte aussi bien par les congolais que par les autres pays membres de l'EAC :

- Problème de pauvreté et faiblesse de pouvoir :

Bien que la RDC représente un grand marché pour l'EAC, il faut toutefois reconnaitre ce pays est l'un de plus pauvre est monde. Le rapport sur l'indice de développement humain le classe à la 175ème place sur 189 pays. Cette pauvreté élevée pourrait donc constituer un véritable obstacle pour que l'EAC tire réellement profit de l'intégration de la RDC dans cet ensemble sous régional.

- Problème d'infrastructures :

Le mauvais état des infrastructures dans tout le pays, en particulier ses routes, est un énorme défi pour l'intégration de la RDC dans l'EAC dans son objectif d'augmenter son commerce avec ce pays. Dans un pays où l'essentiel de transport se fait par voie aérienne faute des routes en bon état, il est clair que le coût de transport des marchandises est très élevé et sera un handicap important pour cette intégration. Il est par exemple frappant de voir que les routes bitumées s'arrêtent juste aux postes frontaliers des pays voisins de la RDC, et les mauvaises routes commencent juste quand on entre sur le territoire congolais.

Le réseau routier total de la RDC s'étend sur environ 152 400 kilomètres. Seulement 5% de ce réseau routier national est pavé, le reste est impraticable et nécessite une réouverture, éventuellement une réhabilitation, suivie d'un entretien régulier. On peut donc conclure que plus de la moitié du territoire de la RDC reste inaccessible au transport routier ou ferroviaire. Sur les 26 provinces actuelles, seules 6 sont actuellement reliées par la route (Matadi, Bandundu, Kananga, Mbuji-Mayi, Kenge et Tshikapa) à la capitale Kinshasa12.

Des questions subsistent donc sur le rôle que le pays pourra jouer sur ce nouveau grand marché. Facilités administratives, réduction de tarifs douaniers, facilitation de mobilité pour les citoyens congolais dans les pays de l'EAC, etc.

Il y a des défis politiques et sécuritaires à relever.

4.1.3. Défis politiques et sécuritaires

Dès les premiers mois de son accession au pouvoir, le Président Tshisekedi avait fait de l'amélioration de relations de la RDC avec ses voisins de l'Est une priorité. Il avait en effet fait du retour de la sécurité à l'Est un discours

12 World Bank, Project Information Document/Integrated Safeguards Data Sheet (PID/ISDS), 2017

important lors de la campagne présidentielle en 2018. Ainsi, les premières discussions qu'il a eues entre Février et Mars 2019 avec ses homologues Kenya, Ougandais et Rwandais s'étaient beaucoup plus penché sur les questions sécuritaires.. C'est dans cette perspective qu'il a organisé une grande rencontre des services de renseignements de la région à Kinshasa les 5 et 6 juin 2019. Cette rencontre, à laquelle malheureusement le Burundi avait refusé de prendre part, était déjà un signal lancé aussi à la communauté nationale, régionale qu'internationale que la question de l'insécurité de l'Est de la RDC était une priorité pour lui et ne pouvait pas trouver une solution durable qu'à travers une approche régionale. Bien que les thématiques sécuritaires dominaient les premières discussions entre Tshisekedi et ses homologues, certaines sources confirment cependant que la question de l'adhésion à l'Est était évoqué entre ces chefs d'État. On estime par exemple que la question avait été discuté entre Kagame et Tshisekedi lors de la visite de ce dernier à Kigali le 26 Mars 2019, et lors la visite de Kagame à Kinshasa le 31 Mai de la même année lors des obsèques d'Etienne Tshisekedi, père de l'actuel président.

Les tensions entre certains pays membres de l'EAC ne sont pas encourageantes. Les tensions entre l'Ouganda et le Rwanda ont conduit à la fermeture de la frontière entre les deux pays pendant presque deux ans. Cette frontière a été timidement réouverte au début de cette année. Ces deux pays s'accusent mutuellement de soutenir leurs opposants. Plus concrètement, le Rwanda accusait Kampala de soutenir financièrement et matériellement des groupes armés hostiles (notamment le Rwanda National Congress et les FDLR), et l'Ouganda estimait que le Rwanda utilisait son ambassade à Kampala pour mener des activités d'espionnage et d'ingérence dans la politique interne du pays. Il en est de même du Rwanda et du Burundi. Il est à craindre que les opportunités d'affaires qu'offre la RDC n'enveniment les relations entre les membres de l'EAC. La lutte pour le contrôle du marché congolais, surtout des provinces de l'Est de la RDC pourrait exacerber les tensions existantes entre les États membres de l'EAC. Le Kenya et la Tanzanie ont, à divers moments, restreint le commerce du sucre, du lait, des œufs, du blé et d'autres produits

A cause de tensions politiques et sécuritaires entre Rwanda, de l'Ouganda, du Burundi, le projet de Tshisekedi de mettre un place un état-major conjoint n'a jamais abouti. Mais la volonté du Président congolais de faire avancer les choses sur le plan sécuritaire est indéniable.

Il faut noter que malgré les efforts de l'actuel d'amélioration de la situation sécuritaire à l'Est de la RDC, les cette dernière ne cesse de se détériorer. L'état de siège imposé aux provinces du Nord Kivu et de l'Ituri ne produisent que très peu de résultats sur terrain13. Bien plus, la résurgence du mouvement rebelle M23 soupçonné d'être soutenu par le Rwanda et l'Ouganda ne fait que confirmer l'hypothèse selon laquelle la problématique sécuritaire à l'Est de la RDC et tensions entre États au sein de l'EAC seront un grand défi pour l'adhésion de la RDC dans ce regroupement sous régional. La population Congolaise est aussi très méfiante à l'égard des pays voisins de la RDC qu'elle accuse de servir de base arrière aux groupes armés étrangers qui sont opérationnels à l'Est de ce pays, et nombreux sont les congolais qui pensent que cette intégration risquera de ne pas apporter des dividendes sécuritaires pour la RDC.

L'intégration de la R.D.Congo dans l'EAC apparaît comme une opportunité menaçante pour les commerçants et les entrepreneurs locaux. Tel est l'objet du point suivant.

42 Intégration de la RDC dans l'EAC : une opportunité menaçante pour les commerçants et les entrepreneurs locaux.

L'adhésion de la RDC dans l'EAC est le fruit d'un long processus de demande d'intégration qui a été initié par la République Démocratique du Congo depuis 2019 après que Félix TSHISEKEDI ait accédé au pouvoir14.

En plus, cette nouvelle adhésion se présente comme un pas de plus vers l'atteinte de l'objectif du Plan de Lagos de 1980 qui était de restructurer le continent africain, à l'époque fragmenté, pour le transformer en entités économiques régionales et sous régionales plus cohérentes et plus robustes15. Les propos de certains présidents sur cette adhésion suffisent pour comprendre l'importance de cet événement. « L'entrée de la RDC marque un moment capital dans l'histoire d'intégration de la région » pour Uhuru Kenyatta, le chef de l'État kényan qui préside l'East African Community. « 60 ans que j'attends ce moment » pour le président ougandais, Yoweri Museveni16.

---

13 Lire la publication de Pole Institute sur l'Etat de Siège : http://pole-institute.org/publication/etat-de-siege-au-nord-kivu-et-en-ituri-et-turbulences-politiques-en-rd-congo

14 Agence ECOFIN, *La RDC adhère officiellement à la Communauté d'Afrique de l'Est*, Disponible surhttps://www.agenceecofin.com/integration/2903-96173-la-rdc-adhere-officiellement-a-la-communaute-dafrique-de-lest, Consulté le 23 mai 2022.

15 Ochozias Gbaguidi, 50 ans d'intégration régionale en Afrique : un bilan global, Techniques financières et développement, 2013/2 (N°111), pp 47-62. Disponible surhttps://www.cairn.info/revue-techniques-financieres-et-developpement-2013-2-page-47.htm.

16TV5 MONDE, *la RDC rejoint la Communauté des Etats d'Afrique de l'Est (EAC)*, Disponible surhttps://information.tv5monde.com/afrique/la-rdc-rejoint-la-communaute-des-etats-d-afrique-de-l-est-eac-450717, Consulté le 23 mai 2022.

Soulignons que l'adhésion de la RDC à L'East African Community a permis son élargissement de l'océan indien vers l'océan atlantique : une grande opportunité pour maximiser les gains de l'échange entre les 7 États membres. Cependant, malgré des avantages que cette intégration présente pour la RDC surtout en termes de la libre circulation des personnes et de leurs biens, les commerçants à l'Est du pays estiment que cette intégration risque d'être un avantage pour les autres pays membres au détriment de la RDC.

Pour les commerçants de Goma, dont les voyages d'affaires sont fréquemment présents dans les pays de l'Afrique Orientale, l'adhésion de la RDC est doublement perçue. « *L'adhésion de la RDC à l'EAC nous accorde un avantage : le fait de ne pas payer le visa. Parce que nous avons constaté que c'est le visa qui coûte plus cher que les frais des transports en quittant le Congo. Cependant, en adhérant à cette communauté, les portes congolaises seront ouvertes à plusieurs commerçants étrangers pour des opportunités d'investissement, ce qui va nous désavantager, nous les commerçants qui nous ravitaillons chez eux* » a déclaré un commerçant de la ville de Goma.

Chez les petits commerçants et les gagne-petit qui vivent du commerce transfrontalier, cette adhésion se présente comme une menace étant donné que l'Etat ne prévoit pas des mesures pour la protection de leurs activités. A Goma, la présidente de l'association des vendeurs des poules et des œufs importés reste sceptique des issues de cette intégration : « *L'adhésion de la RDC à l'EAC est une bonne chose car elle s'inscrit dans le cadre de développement du pays et de la région. Par contre, pour nous les petits commerçants qui nous approvisionnons à l'étranger, nous ne savons pas jusque-là ce que nous allons bénéficier de cette intégration parce que nous sommes constamment menacés par les pays voisins qui viennent d'avoir l'autorisation de venir faire le commerce chez nous. Nous risquons d'être envahis par les petits commerçants de petits voisins. En plus, le pays ne se préoccupe pas des activités des petits commerçants pourtant ce sont des activités qui regroupent beaucoup de jeunes et des parents qui n'ont pas eu accès à l'éducation et qui risquent de se retrouver dans la rue à la merci des crimes et des manipulations* ». La déclaration de cette commerçante cache à peine l'inquiétude de nombreux petits entrepreneurs qui craignent pour la survie de leur business avec l'ouverture de pays aux pays de l'Est.

Contrairement aux petits commerçants, certains grands entrepreneurs ont un avis ambigu par rapport à cette adhésion : « L'adhésion *de la RDC à l'EAC va nous permettre d'élargir le marché et d'avoir plusieurs clients pour nos produits. En plus, nous aurons la possibilité de traverser et de faire traverser nos biens facilement sans des droits de douane et autres conditions. Cependant, je considère que les autres pays sont beaucoup plus préparés que la RDC sur le plan d'organisation des entrepreneurs et des agents économiques ainsi que sur les conditions de production. On produit à des coûts exorbitants par rapport à d'autres pays. Le coût de l'électricité n'est pas le même et nos routes ne sont pas entretenues. Un voyage de 100 kilomètres ne coûte pas la même chose en RDC qu'en Ouganda ou au Rwanda et au Kenya. Tout cela risque de faire à ce qu'on soit avalé par les autres pays qui sont beaucoup plus organisés et plus préparés en termes d'infrastructures et des conditions de production* » a déclaré un entrepreneur de la ville de Goma.

Ce qu'il faut bien voir, tout se passe comme si l'intégration de la RDCongo dans l'EAC était un affermissement des dissensions politiques en R.D.Congo.

43 L'intégration de la RDC dans l'EAC : affermissement des dissensions politiques en RDC.

Présenté comme l'un des blocs économiques et commerciaux les mieux intégrés du continent, les attentes exprimées par le gouvernement congolais sont nombreuses vis-à-vis de la communauté de l'Afrique de l'Est. Ces attentes s'inscrivent aussi bien dans les rapports économiques que politiques entre la RDC et les autres Etats de ce bloc régional.

A cet effet, dans son allocution prononcée à l'occasion de ce 19e sommet extraordinaires des chefs d'Etats de cette organisation, le Président de la RDC a présenté un éventail d'avantages que, désormais, connaitra son pays en marge de cette intégration régionale. S'il faut en citer quelques-uns, le chef de l'Etat congolais voit dans cette intégration une niche conduisant à l'augmentation des potentialités économiques et d'opportunités d'investissements en Afrique de l'Est par l'apport des richesses naturelles de la RDC, à la réduction des tensions entre les Etats membres et concertation régulière sur les questions d'intérêts communs et africaines.17 Un narratif qui a le privilège des soutiens de plusieurs politiciens proches du pouvoir de Kinshasa.

Les pages suivantes illustrent une intégration heurtée aux contrastes politiques au niveau national.

44 Une intégration heurtée aux contrastes politiques au niveau national

En dépit d'une intégration prolifique que le Gouvernement congolais envisage de cette adhésion de la RDC à la communauté de l'Afrique de l'Est, des réfutations politiques, au demeurant hostiles, ont émergé des réactions de certains leaders politiques congolais au niveau de Kinshasa. Ainsi, certains opposants du Président Felix Tshisekedi Tshilombo, à l'instar de Martin

---

17 Allocution du chef de l'Etat Congolais Felixe-Antoinne TSHISEKEDI TSHILOMBO à l'occasion du 19e sommet extraordinaire des chefs d'Etat de la communauté d'Afrique de l'Est sur l'adhésion de la RDC. P.3.

Fayulu, se sont montrés farouchement opposés à toute politique d'intégration de la RDC dans la communauté de l'Afrique de l'Est.

Mettant en exergue la théorie du complot, Martin Fayulu n'a pas raté l'occasion de voir dans l'adhésion de la RDC à l'EAC, une stratégie de « *balkanisation économique du pays* » amorcée par le Président Felix Tshisekedi. Il considère, peut être avec raison, « qu'on *ne peut pas aller dans la communauté des Etats d'Afrique de l'Est sans rien apporter* », et de renchérir que la RDC *n'aura qu'à apporter ses minerais, ses ressources naturelles et offrira aux autres un marché de 80 millions des consommateurs sans rien profiter.*

D'un autre côté, le politicien Noël K. Tshiani s'est aussi montré dubitatif quant aux avantages que la RDC tirerait de cette intégration. Cet homme politique et Professeur d'Economie estime qu'avec *les rebellions montées par Kigali et Ouganda pour déstabiliser la RDC, ce pays serait naïf d'accepter la libre circulation des Rwandais et des Ougandais sur le territoire Congolais*. Dans une posture d'extrême opposition, ce dernier est allé jusqu'à solliciter aux députés nationaux le refus de ratifier ce traité qui, pour lui, *ne profite pas au pays*. Faisant un lien entre l'insécurité qui sévit l'Est du Congo et l'avènement de cette adhésion, il trouve que *la signature de l'entrée de la RDC dans l'EAC qui, a, le Rwanda à son sein est une honte, étant donné qu'un jour après la signature du traité, le M23 a attaqué les FARDC.*

S'invitant aussi dans ce tollé politique, le Parti politique d'une autre figure de l'opposition au pouvoir de Kinshasa n'est pas resté indifférent face à cette adhésion de la RDC dans l'EAC. En effet, Nouvel Elan, dont le président est Adolphe MUZITO, s'est montré en désaccord avec cette adhésion. Son porte-parole, Albert Mukulubundu, estime qu'«*adhérer à une organisation sous régionale composée essentiellement des Etats qui agressent , pillent et tuent nos compatriotes de l'Est, est une démarche qui frise la trahison face à la résistance de notre peuple* ». Comme son précédent Noël Tshiani, ce politicien appelle aussi les parlementaires à boycotter la ratification de l'adhésion de la RDC à l'EAC, craignant par ce biais le *déclenchement du processus de la balkanisation du pays et le sacrifice de l'avenir de la jeunesse congolaise après plusieurs années de résistance*. Pour cet acteur politique, *le Congo devra d'abord construire un Etat pour favoriser l'intégration économique entre ses provinces, se doter d'une véritable armée capable de défendre ses frontières, ses populations et leurs biens*, et d'ajouter, « *nous devons régler nos différends qui nous opposent à ces Etats agresseurs de l'Est avant d'envisager une intégration dans une organisation de cette nature* »18. L'adhésion de la RDC dans la communauté des Etats de l'Afrique de l'Est ne

18 https://www.radiookapi.net/2022/04/14/actualite/politique/adhesion-de-la-rdc-leac-nouvel-elan-desapprouve-udps-approuve

fait donc pas l'unanimité dans la classe politique au niveau national et se frotte ainsi à des contestations politiciennes. Les opposants sont nombreux aussi bien dans le monde politique que dans celui du business.

Soulignons pour terminer que cette adhésion de la RDC dans l'EAC réveille des clivages politiques et communautaires au niveau politique et économique. On note clairement que les politiciens proches du Président actuel, et appartenant en général à son regroupement politique Union Sacrée pour la Nation, avaient tendance à soutenir cette adhésion. Par contre, l'opposition politique à ce dernier rejette cette adhésion et n'y voit que des éléments négatifs. Sur le plan communautaire, on réalise que les communautés dites transfrontalières qui semblent avoir des liens éthiques, sociaux et politiques forts avec les pays de l'EAC (surtout le Rwanda, l'Ouganda et le Burundi) ont tendance à soutenir et à ne présenter le côté positif de l'adhésion de la RDC dans ce regroupement sous régional, contrairement aux autres communautés ethniques qui n'y voient que des désavantages pour la RDC.

Ainsi on constate des remous dans la classe politique au niveau de la province du Nord-Kivu.

Conclusion du chapitre 4 : Des remous dans la classe politique au niveau de la province du Nord-Kivu

Ces discordes politiques sur l'adhésion de la RDC n'ont pas été de l'apanage de seuls politiciens au niveau de la capitale Congolaise. En province du Nord-Kivu, précisément à Goma, des politiciens n'ont pas cessé de s'exprimer pour approuver ou désapprouver cette intégration régionale.

Pour ceux qui soutiennent ce processus, ils voient en l'adhésion de la RDC dans la communauté des États d'Afrique de l'Est une opportunité pour mettre fin aux guerres incessantes qu'a connu l'Est du Congo. C'est l'avis d'un acteur politique local de l'union sacrée, qui estime que sur le plan sécuritaire , *dès que vous adhérez dans la communauté des États de l'Est, il y a des obligations qui incombent à tous les États de se protéger mutuellement*, ainsi, *aucun État de la communauté n'a le droit d'attaquer l'autr*e, parce que, selon lui, *il faudrait que la communauté soit un espace économique qui permettait la bonne circulation des personnes et de leurs biens*, d'où, estime-t-il, la RDC ayant adhéré dans l'EAC, cela obligerait d'autres États voisins d'apporter la paix dans la région. Il reconnait aussi de cette intégration une opportunité de facilités des échanges des étudiants congolais avec d'autres de la région aussi bien sur le plan scientifique que technologique.

En dépit de ces regards positifs de l'adhésion, de nombreux acteurs politiques provinciaux pensent que la RDC a plus à perdre qu'à gagner dans la communauté d'Afrique de l'Est, mettant en avant le fait qu'elle ne soit pas en mesure de faire face à la concurrence aussi bien économique que politique qu'elle croisera dans la communauté. Il ressort ainsi de l'avis d'un député provincial du Nord-Kivu, aussi sur le plan politique qu'économique, cette adhésion fait des congolais des *ouvriers des autres membres de la communauté où ils viennent s'offrir en offrande aux pays membres mieux organisés sur ce plan économique et politique*. Ce dernier reconnait ainsi que sur le plan économique *les hommes d'affaires d'autres États de la communauté ont accès facile aux capitaux, ce qui n'est pas le cas pour ceux du Congo, et ce qui donne le droit aux premiers un avantage économique et concurrentiel énorme.* Pour lui, *la décision de l'adhésion de la RDC a été précipitée* et le gouvernement devrait d'abord s'occuper de la lutte contre la corruption, et améliorer la qualité de ses infrastructures et son climat des affaires avant de penser à toute forme d'intégration régionale.

En définitif, il faut reconnaitre que l'adhésion de la RDC dans la communauté de l'Afrique de l'Est s'incruste dans des antagonismes politiques à même de fragiliser son élan aussi bien sur le plan économique, politique que sur le plan social. Accoutumée à des manipulations politiciennes et face à ces prises de position discordantes, la population congolaise risque de voir de l'avènement de l'EAC en RDC, une intrusion étrangère et délétère, aussi bien dans sa politique que dans son économie. Ainsi, en ayant une frange de la population sans attachement à la communauté de l'Afrique de l'Est, ceci fragilisera la position de la RDC dans la communauté, qui a besoin de l'unité de sa population pour y jouer un rôle actif. Il y a aussi lieu de craindre que ces discours politiques divisés concourent à l'exacerbation des tensions entre le peuple congolais et ceux des autres Etats membres de la communauté. D'où la nécessité des narratifs politiques mobilisateurs de tous pour une RDC qui pèse et qui gagne dans la communauté de l'Afrique de l'Est.

Pour conclure ce chapitre, soulignons que certains experts craignent que l'admission de la RDC dans cet espace sous régional avec tous ces problèmes politiques et économiques internes très importants n'introduise un autre «enfant à problèmes» dans l'EAC. On cite souvent l'exemple du Soudan du Sud, qui a rejoint l'EAC en 2016, et qui constitue jusqu'à présent un véritable problème pour cet ensemble sous régional, incapable de s'intégrer économiquement et sur le plan sécuritaire. Le pays est même incapable de payer ses contributions statutaires. On estimait en 2020, ses retards de paiement à plus de 28 millions de dollars.

L'adhésion de la RDC à l'EAC risque de ne pas bien profiter aux congolais sans la réalisation de certains préalables conditionnels au niveau interne. Au vu de l'état actuel des infrastructures, un investissement dans l'entretien des routes et l'amélioration des autres moyens de communication seront d'une importance capitale pour permettre la réduction des coûts de production à l'intérieur du pays. En plus, au-delà de l'amélioration du climat des affaires, la RDC doit monter une stratégie de développement et de protection de l'entrepreneuriat au niveau local, surtout en ce qui concerne les conditions d'accès au crédit, à l'eau et à l'électricité. Une protection des secteurs fragiles de l'économie comme l'industrie naissante et les activités des gagnepetits serait aussi important à considérer dans cette intégration.

Conclusion deuxième Partie

Les différents chapitres de cette partie se sont évertués à analyser le rôle de la RDC dans différents regroupements sous régionaux. Deux cas d'études, celui de l'intégration de la RDC dans la CEPGL et celui de l'intégration dans l'EAC ont peu démontrer que ce rôle reste encore négligeable. On voit par exemple que la balance commerciale de la RDC est largement déficitaire dans ses échanges avec les autres pays de l'EAC. En effet, en 2018 par, la RDC a acheté auprès de l'EAC pour environ 855,4 millions de dollars alors qu'elle n'a vendu à ces pays des marchandises que pour une valeur de 7,4 Millions de dollars.

Plusieurs facteurs ont été avancés pour expliquer cette faible intégration économique de la RDC. Il s'agit essentiellement de facteurs économique et des facteurs politiques. Sur le plan économique, la structure de l'économie congolaise dont les exportations repose principalement sur la vente de matières premières que les pays membres des mêmes regroupements sous régionaux que la RDC n'ont pas nécessairement besoin dans leurs industries. Le manque de complémentarité entre l'économie congolaise et celles des autres pays membres de ces regroupements serait donc une de causes fondamentales de ce faible rôle joué par la RDC dans les différents processus d'intégration régionale dans lesquels elle est engagée. Par ailleurs, le niveau de pauvreté élevé de la population congolaise est également un élément majeur qui empêche à la RDC de jouer un rôle majeur dans les sous-ensembles régionaux.

Il y a aussi des facteurs politiques. Les crises politiques à répétition entre la RDC et ses voisins, surtout avec ceux de l'Est du continent, qui conduisent parfois aux fermetures des frontières entre pays, ou alors à leur ouverture pendant des heures limitées. Ces crises ne sont pas de nature à faciliter les échanges économiques entre ces pays et à booster le commerce transfrontalier.

Étant donné ces défis politiques et économiques analysés dans cette partie, il n'est pas étonnant que d'une part la RDC ne joue qu'un rôle limité dans les processus d'intégration régionale en Afrique, et d'autre part, que la majorité de la population congolaise ne tire pas un grand profit de ces différents processus d'intégration.

Le moment est venu d'évoquer les opportunités et les défis du petit commerce transfrontalier pour la République Démocratique du Congo dans la prochaine partie.

Partie 3

Opportunités et défis du petit commerce transfrontalier pour la République Démocratique du Congo

Cette partie se corse sur les opportunités et les défis du petit commerce frontalier pour la République Démocratique du Congo. Ainsi, le premier chapitre porte sur les vulnérabilités et les résiliences de petits commerçants transfrontaliers congolais dans la Région des Grands Lacs. Je pars de l'expérience à partir des postes frontaliers de Kasindi, Kamvivira et Bunagana. Le second chapitre a pour matrice

Chapitre cinq

Vulnérabilités et résiliences des petits commerçants transfrontaliers congolais dans la Région des Grands Lacs. Expériences sur les postes frontaliers de kasindi, kamvivira et bunagana

Au cours des dernières décennies, le commerce transfrontalier dans la région des Grands Lacs a attiré l'attention de beaucoup d'acteurs dont les gouvernements, les agents des ONG ainsi que les universitaires. Certains pays de la région, comme le Rwanda, l'Ouganda, le Kenya et la Tanzanie, sont conscients de la capacité du commerce transfrontalier à contribuer à leur développement économique et à la réduction de la pauvreté. Ainsi, ils ont fourni des efforts considérables pour assouplir les règles et les réglementations. Par contre, d'autres pays, à l'instar de la RDC et le Burundi n'ont pas fourni autant d'efforts pour que le commerce transfrontalier soutienne leur développement économique malgré l'implication d'un grand nombre de leurs habitants dans ce commerce.

La littérature existante sur le commerce transfrontalier tend à se concentrer sur l'économie et reste, malheureusement muette sur son contexte politique. Les études existantes soulignent que des milliers de personnes gagnent leur vie grâce au commerce transfrontalier. Ce commerce est principalement pratiqué par les femmes, qui représentent, comme déjà mentionné plus haut, plus de 80% des petits commerçants. Grâce au commerce transfrontalier, ces personnes sont en mesure de satisfaire les besoins familiaux en termes d'éducation, de santé et de logement. Malheureusement, malgré plusieurs initiatives visant à améliorer leurs conditions de travail, le métier de commerçant transfrontalier reste très difficile. Les commerçants sont confrontés à de nombreux défis, allant du paiement de taxes informelles au harcèlement verbal et sexuel, en passant par le manque d'infrastructures appropriées. Ce qui manque dans les études existantes, c'est justement la compréhension claire de comment et par qui ces vulnérabilités sont générées et inversement, quel type de comportement peut contribuer à augmenter la résilience des petits commerçants face aux chocs économiques et au harcèlement dont ils sont objet dans leurs activités quotidiennes.

Cherchant à combler une petite partie de ce manque de recherche, ce chapitre porte essentiellement sur les données recueillies sur trois postes frontaliers entre la RDC et le Rwanda, l'Ouganda et le Burundi: Bukavu (RDC) - Cyangugu (Rwanda) ; Bunagana (RDC) -Bunagana (Ouganda), Kasindi

(RDC) -Mpwondwe (Ouganda) et Kavimvira (RDC) - Gatumba (Burundi). On remarquera que tout au long de ce chapitre, la plupart des observations se rapportent d'avantage et principalement à la RDC qu'à l'Ouganda, au Rwanda ou au Burundi. Cela n'est pas dû, en fait, à un manque de recherche de deux côtés de la frontière mais simplement parce que les commerçants congolais sont confrontés à des défis beaucoup plus importants que les commerçants burundais, rwandais ou ougandais.

Je parle de l'économie politique du commerce transfrontalier dans l'est de la RD Congo, des moteurs de la résilience,

51 Économie politique du commerce transfrontalier dans l'est de la RDC

Le commerce transfrontalier est devenu une option de repli pour beaucoup de Congolais, un moyen de gagner un petit revenu dans une économie peu sûre. Bien que l'économie congolaise se soit quelque peu redressée depuis les guerres désastreuses des années 1990, la mauvaise qualité de sa gouvernance et de ses institutions économiques, la corruption profondément ancrée et l'instabilité politique sont des facteurs qui empêchent cette renaissance de profiter à de nombreuses personnes.

La croissance du PIB congolais a été stimulée par l'exportation de minéraux précieux vers des pays comme la Chine. Cependant, ce type de croissance a principalement enrichi seulement l'élite politique et a entraîné peu d'investissements dans l'économie congolaise. Au niveau provincial, l'économie reste fortement dépendante de l'agriculture. En raison de la mauvaise gouvernance économique et de l'insécurité dans certains provinces, les produits agricoles sont devenus rares et plus chers sur le marché des grandes villes comme Goma et Bukavu. Des milliers de personnes impliquées dans cette activité se sont retrouvées sans emploi. La rareté des emplois dans le secteur formel a obligé de nombreux Congolais à s'adonner à des activités informelles. Compte tenu de la rareté des produits agricoles sur les marchés congolais, les pays voisins sont devenus les principaux fournisseurs de ces produits. Le commerce transfrontalier, en particulier celui des denrées alimentaires, est devenu une opportunité importante de gagner un revenu. Les pays voisins de la RDC, notamment le Rwanda et l'Ouganda, sont bien conscients du potentiel des exportations vers la RDC et en ont fait un pilier majeur de leurs stratégies de développement. Les deux pays fournissent un soutien direct à leurs exportateurs afin qu'ils puissent bénéficier des opportunités du marché en RDC.

Cependant, les petits commerçants de la région travaillent dans un environnement instable. Les rivalités politiques, et souvent armées, entre les différentes communautés de l'est de la RDC créent une instabilité permanente dans la région.19 Les provinces orientales de la RDC et les zones frontalières avec le Rwanda, l'Ouganda et le Burundi ont été, pendant des années, un entonnoir par lequel passaient les mouvements armés et les marchandises de contrebande. La région a été gravement touchée par les deux guerres dites du Congo (1996-1997 et 1997-2003), par les combats qui ont suivi entre des mouvements armés soutenus par l'extérieur, tels que le CNDP, le M23 et les FDLR, et par une série de rébellions impliquant des "groupes d'autodéfense" locaux (les "maï-maï").20 Tous ces groupes se sont livrés à des actes de violence et ont tenté de s'arracher mutuellement le contrôle de terres précieuses, en jouant sur les peurs xénophobes des étrangers "rwandophones" et en dressant les communautés les unes contre les autres. À l'heure où nous écrivons ces lignes, la zone en question est toujours le théâtre de combats entre l'armée congolaise et les rebelles ougandais de l'ADF et M23, ainsi que de la présence de quelque centaine de petits groupes armés. L'économie rurale a joué un rôle important, et souvent sous-estimé, dans le maintien de ces mouvements armés. Alors que l'attention est généralement portée sur les groupes armés qui font de la contrebande de minerais, c'est en fait le contrôle des terres arables et des routes d'accès aux zones agricoles qui a fourni un revenu à de nombreux mouvements.

Un résultat très important des années de conflits intercommunautaires et de création de coalitions est que le commerce dans l'est de la RDC est aujourd'hui contrôlé par des communautés ethniques particulières. Au Nord-Kivu, l'accès aux routes commerciales est partagé entre les communautés Banyarwanda et Nande.21 Les Banyarwanda contrôlent généralement la partie sud de la province du Nord-Kivu, avec des territoires comme Rutshuru et Masisi, tandis que les Nande contrôlent ce qu'on appelle le Grand Nord de la province, autour des grandes villes commerciales de Beni et Butembo. Les Banyarwanda ont des liens historiques avec le Rwanda, d'où ils ont migré dans le passé, tandis que les Nande sont plus étroitement liés à l'Ouganda, où ils sont historiquement liés à la tribu Bakonde de l'autre côté de la frontière. Les groupes armés et les fluctuations du pouvoir politique au Nord-Kivu ont entraîné la nomination de gouverneurs issus des deux tribus, les élites des deux camps renforçant leur pouvoir là où elles le pouvaient. Jusqu'en 2007, les gouverneurs banyarwandais étaient en charge de la province. Depuis, ce sont Julien Paluku et Carly Nzanzu, des Nande, qui ont dirigé la province, avant que celle ne passe depuis le 3 Mai 2021 sous le direction des militaires à la

---

19 Cet article ne tentera pas de discuter de la dynamique plus large du conflit en RDC. Pour une bonne source, voir par exemple Stearns (2011).

20 *Congres National pour la Défense du Peuple* (CNDP), un groupe à dominante banyarwanda actif sur le territoire de Rutshuru ; *Forces Démocratiques pour la Libération du Rwanda* (FDLR), un groupe composé en grande partie d'anciens officiers de l'armée rwandaise et de *génocidaires* qui ont fui le Rwanda après 1994.

21 TAGERA (2007)

suite d'une décision prise par le Président Tshisekedi d'instaurer un état de siège.

Les gouverneurs successifs ont toujours défendu les intérêts économiques de leurs tribus. Depuis que les Nande ont pris le pouvoir politique dans la province, les Banyarwandais semblent perdre de leur influence économique. Par exemple, l'importation de pétrole, qui dans le passé était exclusivement effectuée par les Banyarwanda de la ville de Goma, est maintenant ouverte à toutes les communautés, et profite particulièrement aux hommes d'affaires Nande. Dans la province du Sud-Kivu, le commerce est principalement contrôlé par la communauté majoritaire des Bashi, bien que cette situation semble être relativement acceptée par les autres tribus.

Ce chapitre présente les vulnérabilités spécifiques, les sources de résilience et les acteurs positifs/négatifs pour chacun des trois postes frontaliers. Dans ce chapitre, nous analysons certaines des questions clés pertinentes pour les postes frontaliers mentionnés plus haut.

Que retenir sur les moteurs de la résilience ?

52 Les moteurs de la résilience

Dans les zones frontalières de la RDC avec ses pays voisins de l'Est, il existe un certain nombre de facteurs importants de résilience sur lesquels peut s'appuyer toute initiative visant à promouvoir le petit commerce transfrontalier : Le COMESA, un sentiment de solidarité transfrontalière entre les commerçants, le commerce transfrontalier illégal et la contrebande comme facteurs favorables à la résilience et à la création de revenus, des coalitions informelles de commerçants et des autorités locales se créent afin d'éviter toute formalisation ou des monopoles injustes, les intermédiaires informels facilitent le commerce aux frontières, les associations de commerçants soutiennent la sensibilisation.

a) Le COMESA joue un rôle de plus en plus positif.22

Les organisations économiques régionales sont de plus en plus conscientes de l'importance du petit commerce transfrontalier pour renforcer l'intégration régionale en Afrique. Elles ont lancé plusieurs accords susceptibles d'améliorer les conditions dans lesquelles les petits commerçants opèrent. Le COMESA a lancé des bureaux d'information commerciale (TID) qui sont actifs aux postes frontières retenus dans cette étude. Ces bureaux fournissent des informations aux commerçants sur les règles et réglementations, et tentent de trouver des solutions aux problèmes auxquels ils sont confrontés aux

22 Marché commun de l'Afrique orientale et australe ; la communauté commerciale régionale dont la RDC, le Burundi et l'Ouganda sont membres.

frontières. Le COMESA a également lancé le Régime Commercial Simplifié (RSC) pour faciliter le petit commerce transfrontalier des biens produits dans la région. L'objectif de ce régime est de permettre l'exportation ou l'importation de marchandises dont la valeur ne dépasse pas 2 000 USD sans payer de taxes.

Il faut aussi souligner un sentiment de solidarité transfrontalière entre les commerçants comme je l'évoque dans les lignes qui suivent.

b) un sentiment de solidarité transfrontalière entre les commerçants.

Aux postes frontières sous analyse dans ce chapitre, nous avons été témoins de plusieurs exemples de solidarité entre commerçants qui les ont aidés à survivre aux chocs subis par leurs entreprises. Les commerçants des zones frontalières ont indiqué qu'ils recevaient de l'argent à l'avance pour acheter des marchandises et qu'ils les livraient à leurs partenaires, sur la base de la confiance. Ce système de confiance mutuelle a permis à certains commerçants d'améliorer leurs activités et même de les diversifier. Les représentants du COMESA ont déclaré avoir noté peu de cas de conflits entre commerçants, bien que des vols aient été signalés occasionnellement. Il convient de noter que le degré de solidarité entre les groupes diffère selon les zones. Bien que la solidarité soit en partie due au fait que les commerçants doivent faire face aux mêmes défis, il peut également y avoir un élément ethnique en jeu ; les commerçants de Kasindi originaires du Congo et de l'Ouganda sont pour la plupart membres de la même communauté ethnique, les Nande/Bakonde. Ils parlent la même langue et ont souvent des liens familiaux de l'autre côté de la frontière. Cela semble avoir renforcé le sentiment de solidarité par rapport à Bunagana et Kavimvira, où les Congolais, les Ougandais et les Burundais viennent de communautés ethniques différentes.

Il est important d'évoquer le commerce transfrontalier illégal et la contrebande comme facteurs favorables à la résilience et à la création de revenus.

c) Le commerce transfrontalier "illégal" et la contrebande favorisent la résilience et la création de revenus.

De nombreux commerçants se livrent au commerce informel et à la contrebande en évitant le paiement des taxes aux agences frontalières. Toutefois, il ne faut pas y voir une tentative de défier et de saper les institutions gouvernementales, ni même un manque de reconnaissance de leur rôle. Dans un environnement où la corruption est omniprésente et où il existe peu d'autres moyens de gagner sa vie, les commerçants choisissent simplement le moyen le plus simple de faire passer les marchandises à la frontière. La frontière est un moyen de survie pour eux. En faisant du commerce informel, ils ont plus de chances d'obtenir des ressources pour nourrir leurs familles. Il y a là un compromis, voire un cercle vicieux : tant que les gens font de la contrebande et ne paient pas de taxes, le système étatique reste faible ; mais tant que l'État est faible et corrompu, rien n'incite les gens à emprunter la voie "légale". Dans une économie de survie, il est assez difficile de reprocher aux gens de se contenter des options qui leur sont offertes.

Il convient de signaler aussi des coalitions informelles de commerçants et des autorités locales se créent afin d'éviter toute formalisation ou des monopoles injustes.

d) Des coalitions informelles de commerçants et d'autorités locales se forment pour éviter ce qu'ils considèrent comme une formalisation ou des monopoles injustes.

Étant donné que l'informalité et la contrebande, peut-être paradoxalement, profitent en fait à de nombreuses personnes à la frontière, les petits commerçants et les douaniers, qui vivent de pots-de-vin et de taxes informelles, se liguent contre les tentatives de formalisation ou l'imposition de monopoles commerciaux, et se soutiennent mutuellement pour contourner les mesures d'application. Comme l'a dit un commerçant :

> "... Nous sommes déjà habitués aux tentatives de réduction de l'informalité. Notre activité sera affectée pendant une courte période, mais par la suite, nous trouverons un moyen de contourner leurs mesures. Les agents de la DGDA nous donnent déjà des suggestions sur la manière de le faire. Ils sont eux aussi touchés par la mesure, et il est dans leur intérêt et dans le nôtre de trouver un moyen de la contourner. La police qu'ils ont mise à la frontière pour faire respecter les règles nous aide maintenant à passer des marchandises en contrebande en RDC..."

Grâce aux pratiques informelles, tout le monde gagne un petit revenu, ce qu'il ne ferait pas si les règles étaient fermement établies. Dans une région où la corruption extrême est la norme et où les commerçants ont peu de moyens de nourrir leurs familles par des pratiques formelles, cela n'est peut-être pas surprenant. Il y a évidemment un revers important à cette défense automatique de l'informalité : si personne ne suit les règles, l'État continuera à manquer de revenus et le terrain de jeu restera inégal. D'une certaine manière, ces coalitions informelles peuvent donc également être classées dans la catégorie des "facteurs de vulnérabilité" ci-dessous.

Il convient de signaler que les intermédiaires informels facilitent le commerce aux frontières.

e) Les intermédiaires informels facilitent le commerce aux frontières.

Le recours à des intermédiaires est une stratégie utilisée par les petits commerçants pour réduire les risques, l'incertitude et les droits de douane dans leurs activités. Les groupes connus sous le nom de fundiristes et de chora, ainsi que les personnes handicapées jouent un rôle clé, notamment dans l'importation de produits agricoles. Ces personnes connaissent parfaitement la zone frontalière et ont établi de bons contacts avec les agents frontaliers. La coopération entre les commerçants et les intermédiaires joue un rôle crucial dans la réduction des droits de douane et des taxes informelles ou des pots-de-vin. Les intermédiaires ont une certaine influence sur les autorités ; comme chaque intermédiaire a tendance à représenter un groupe de commerçants lors des discussions sur les pots-de-vin avec les soldats ou les douaniers, le pot-de-vin a tendance à être moins élevé que lorsqu'un contrebandier doit le négocier individuellement. Les intermédiaires connaissent également les routes secondaires ("panya roads") et d'autres points d'entrée non officiels ou les endroits où les soldats sont prêts à détourner le regard pour laisser passer leurs marchandises. Ce faisant, les intermédiaires contribuent à réduire considérablement le temps passé à la frontière. Les intermédiaires sont également utilisés par les grands commerçants pour faire passer des marchandises en contrebande en RDC. Une catégorie particulière d'intermédiaires sont les personnes handicapées, qui reçoivent un traitement spécial en raison de leur statut physique. Du côté congolais de la frontière, elles ne paient pas (ou moins) de droits de douane et de taxes, même si cela n'a jamais été inscrit dans la loi. Les commerçants ont réussi à profiter de cet accord tacite entre les agents frontaliers et les personnes handicapées en les utilisant comme transporteurs et dédouaneurs. Les personnes handicapées utilisent des fauteuils roulants qui peuvent transporter jusqu'à 500 kg de marchandises et engagent des garçons au chômage pour les aider à pousser les fauteuils roulants.

Aussi, les associations de commerçants soutiennent la sensibilisation.

f) Les associations de commerçants soutiennent la sensibilisation.

Les zones frontalières abritent de nombreuses associations et coopératives regroupant les commerçants en fonction du type de marchandises qu'ils échangent. L'adhésion à une coopérative ou à une association de commerçants peut être utile, car ces organisations fournissent aux commerçants des conseils, des moyens financiers, des formations et des informations sur toutes les questions relatives au petit commerce transfrontalier. Elles organisent des ateliers pour éduquer leurs membres, fournissent des informations sur les taxes exigées par la loi et organisent des réunions avec les autorités pour discuter des difficultés rencontrées par les commerçants à la frontière. Certaines ONG internationales et nationales, comme International Alert, Pole Institue, Seach for Common Ground, Ipeace, jouent un rôle clé dans le soutien à ces associations. Leur soutien va de la formation des commerçants (sur les régimes fiscaux et les réglementations frontalières) à l'amélioration des relations entre les commerçants et les agents frontaliers, en passant par l'organisation de réunions régulières.

Il convient de rappeler au point suivant certains facteurs de vulnérabilité.

53 Facteurs de vulnérabilité

Sur les postes frontaliers analysés dans ce chapitre, il existe un certain nombre de facteurs de vulnérabilité: le commerce illégal et corruption, manque de stratégie commerciale globale de la part de la R.D.Congo, les modifications du cadre règlementaire avec effets négatifs sur les commerçants et les agents frontaliers, un soutien indirect des acteurs armés par le commerce des produits agricoles, Les manipulations ethniques et politiques impactant négativement sur le commerce transfrontalier, l'administration des frontières et ses agents créent plus de problèmes et peuvent constituer une menace plus directe pour les commerçants, les règles fiscales opaques conduisant souvent aux abus, les agents de l'état comptent sur les aviseurs pour la collecte des impôts, les associations et les coopératives mafieuses des commerçants sont actives, les taux de change fixés par les changeurs locaux, un faible pouvoir de négociation pour les agriculteurs face aux négociants transfrontaliers.

absence d'infrastructures.

a) Le commerce illégal et la corruption réduisent considérablement la base de revenus de l'État

Bien qu'il soit difficile d'obtenir des chiffres concrets, les personnes interrogées sont unanimes pour dire que la RDC, mais aussi le Burundi et l'Ouganda, perdent des revenus substantiels en droits de douane. Ceci est d'autant plus inquiétant que, comme dans de nombreux pays d'Afrique subsaharienne, le commerce est l'une des principales sources de revenus de l'État. Les taxes sur le commerce international représentaient en moyenne environ 25 % des recettes fiscales totales des pays d'Afrique subsaharienne. Pour des pays comme le Bénin et la Zambie, la part des recettes douanières dans les recettes publiques totales atteint même 70 % et 67 % respectivement.23 La RDC, le Burundi et l'Ouganda sont privés d'une grande partie de cette source de revenus essentielle.

Ce qu'il faut bien voir, tout se passe comme si la R.D.Congo manquait de stratégie commerciale globale pour rattraper ses voisins.

b) La RDC n'a pas de stratégie commerciale globale pour rattraper ses voisins

De nombreux pays de la région ont compris le potentiel du commerce transfrontalier pour contribuer à la réduction de la pauvreté. Le Rwanda, par exemple, a développé une stratégie nationale complète pour soutenir ses exportations vers les pays voisins, en particulier vers l'Est de la RDC qui représente plus de 80% de son marché régional. Cependant, en RDC, le commerce n'attire pas beaucoup l'attention des décideurs. Ils se concentrent

23 Morisho, 2014

sur les exportations de produits à forte valeur ajoutée, principalement les minerais, et le marché régional des produits agricoles semble être négligé. De ce fait, la RDC passe à côté d'une source de revenus substantielle.

On assiste souvent à des modifications du cadre règlementaire avec effets négatifs sur les commerçants et les agents frontaliers.

c) Les modifications du cadre réglementaire peuvent rapidement avoir des effets négatifs à court terme sur les commerçants et les agents frontaliers.

Deux exemples pourraient servir ici, qui ont eu un impact négatif presque immédiat dans la zone du projet : l'utilisation forcée des entrepôts pour le commerce et la réglementation de l'importation de ciment. En ce qui concerne les entrepôts : un ancien directeur de la DGDA au Nord-Kivu, Nyanda Malanda, avait décidé en octobre 2015 que tous les produits manufacturés, quelle que soit leur quantité, devaient passer par un entrepôt situé à quelques mètres de la frontière, afin de lutter contre la contrebande et d'augmenter les recettes fiscales.24 Des policiers supplémentaires ont été déployés aux frontières pour assurer l'application de cette nouvelle décision. Cette décision peut être judicieuse pour les recettes de l'État, mais les petits commerçants ne peuvent plus dédouaner leurs marchandises directement à la frontière et le processus prend beaucoup plus de temps qu'auparavant, parfois jusqu'à plusieurs jours. De nombreux intermédiaires, comme les personnes handicapées, ont perdu leur emploi. Les agents frontaliers estiment également avoir perdu les revenus qu'ils auraient pu tirer des pots-de-vin. Le déploiement de policiers supplémentaires a augmenté les rapports de harcèlement. Par conséquent, la nouvelle loi pourrait avoir l'effet paradoxal d'encourager la contrebande, et d'inciter les agents frontaliers à aider les commerçants à le faire. Quant à l'importation de ciment : depuis août 2015, l'importation de ciment est réglementée par une décision prise par le ministère de l'Économie de la RDC. Seuls quelques commerçants qui possèdent une licence sont désormais autorisés à importer du ciment en RDC. Cette décision a affecté de nombreux petits commerçants au poste frontière de l'Est de la RDC, réduit les revenus de nombreux petits commerçants et encouragé la contrebande.

---

24 L'ancien directeur de la DGDA, M. Kongolo Kabila, a pris une mesure similaire mais qui se concentrait sur les gros commerçants. M. Kongolo a décidé d'appliquer fermement le régime tarifaire et de punir sévèrement les agents des douanes qui négociaient et baissaient les tarifs d'importation. De nombreux grands commerçants ont alors décidé de ne plus dédouaner les marchandises importées dans la province du Nord-Kivu et de le faire dans la province du Sud-Kivu où il leur était encore plus facile de négocier la réduction des droits de douane à payer. Le mécontentement généralisé de la communauté des commerçants et celui des autorités provinciales ont conduit les autorités nationales à remplacer M. Kongolo par M. Malanda au début de l'année 2015. M. Kongolo a été envoyé à Matadi.Il convient de noter que cette loi n'est pas promulguée au Sud-Kivu.

Ce qu'il faut bien voir, il peut avoir un soutien indirect des acteurs armés par le commerce des produits agricole.

d) Le commerce des produits agricoles peut soutenir indirectement les acteurs armés

La communauté internationale s'est largement concentrée sur la manière dont le commerce des "minerais de sang" finance les groupes armés dans la région des Grands Lacs, mais elle n'a pas tenu compte de la contribution de la production et du commerce des produits agricoles aux conflits armés. Des produits tels que le sorgho, le soja et d'autres produits de Masisi et de Rutshuru sont parfois cultivés sur des terres contrôlées par des groupes armés, et les gens sont contraints de payer des "taxes" pour pouvoir les récolter et les commercialiser. Les chiffres exacts de cette source de revenus n'existent pas et sont probablement inférieurs à ceux des minerais précieux comme l'or, mais ils ne doivent pas être négligés pour autant.

Les manipulations ethniques et politiques impactent négativement sur le commerce transfrontalier.

e) Le commerce transfrontalier est sujet à des manipulations ethniques et politiques

Les chaînes d'approvisionnement de certains produits agricoles importants sont contrôlées par des groupes ethniques particuliers, notamment les Banyarwanda et les Nande dans la province du Nord-Kivu. Ils utilisent leurs relations politiques pour influencer les décisions officielles aux frontières et faire avancer leurs intérêts. Les deux groupes ont essayé à plusieurs reprises d'étendre leurs monopoles sur l'importation de produits transformés tels que le ciment. Cela a alimenté la concurrence entre eux.

Malheureusement, tout se passe comme si l'administration des frontières et ses agents créent plus de problèmes et peuvent constituer une menace plus directe pour les commerçants.

f) L'administration des frontières et ses agents créent plus de problèmes qu'ils n'en résolvent et constituent peut-être la menace la plus directe pour les commerçants

Il y a une augmentation sauvage des fonctionnaires de l'État et des agents informels à la frontière. A Kasindi par exemple, plus de 100 agents officiels travaillent pour la DGDA. La situation avec la DGM est encore pire. Selon les personnes interrogées, il y a tellement d'agents à Kasindi qu'il n'y a pas assez d'espace de bureau pour eux et ils sont obligés de travailler en équipe, une fois tous les deux jours. L'objectif de chaque agent frontalier est de soutirer le maximum de "taxes" aux commerçants ; la plupart de ces taxes sont illégales et servent à remplir les poches des agents et à payer les supérieurs qui les maintiennent en échange à leurs postes lucratifs. Le montant des taxes illégales varie d'un produit à l'autre, et d'une agence à l'autre. Si de nombreuses marchandises franchissent la frontière en même temps (en particulier pendant la période de récolte), les agents frontaliers perçoivent généralement moins de taxes informelles que lorsque le trafic transfrontalier est faible. Il est très difficile de faire passer des marchandises par la frontière sans payer une sorte de pot-de-vin à la multitude d'agents frontaliers. Les commerçants se plaignent souvent de la taxation illégale, mais sans grand résultat - il y a trop de fonctionnaires de haut niveau qui profitent du processus pour qu'ils puissent faire quoi que ce soit. 25 Depuis le début des guerres à l'Est du Congo, les frontières sont des zones d'"État limité" et les agents de l'État ont pris l'habitude de jouir d'une certaine autonomie dans la gestion de "leur" frontière. Il est donc difficile pour les autorités nationales de faire respecter les règles et les réglementations ; bien que plusieurs lois aient été adoptées pour lutter contre la corruption, elles sont régulièrement ignorées par les agents de l'État. 26

Cependant, les règles fiscales sont opaques et conduisent souvent aux abus.

g) Les règles fiscales sont opaques, mal comprises et font l'objet d'abus

Les commerçants ne comprennent souvent pas quelles taxes ils doivent payer, quand et à qui. Les agents de la DGDA et de l'OCC ne sont pas toujours très utiles non plus, et pas seulement pour des raisons de corruption ; les entretiens avec les fonctionnaires ont clairement montré qu'eux-mêmes ne comprennent guère les règles fiscales. A l'époque où le jeton (le laissez-passer frontalier d'un jour) était utilisé pour traverser la frontière, son obtention était particulièrement problématique. Alors que ce document était censé être délivré gratuitement, à Uvira et Kasindi, les commerçants devraient payer pour l'obtenir et ils ne recevaient pas toujours le document en question ; en général, une autorisation verbale de traverser est donnée, après quoi les commerçants sont à la merci des agents des douanes et des policiers qui peuvent les arrêter ou leur infliger une amende pour " entrée illégale ".

Seulement, les agents de l'état ne semblent compter que sur les aviseurs pour la collecte des impôts.

h) Les agents de l'État comptent sur les aviseurs pour les aider à collecter les impôts

---

25 Par exemple, une étude de la Banque mondiale a noté que 85 % des commerçants payaient régulièrement un pot-de-vin à la frontière entre Goma et Gisenyi (Banque mondiale, 2012).

26 En particulier l'ordre exécutif N° 011/32 du 29/06/2011 du Premier Ministre congolais, et un ordre opérationnel signé par le Président en 2002 visant à réduire le nombre de services opérant à la frontière et à interdire les taxes informelles. Ces mesures ont eu un succès très limité car les agents frontaliers ont décidé de les ignorer.

Les aviseurs (" informateurs ") sont des agents informels utilisés par les agents de l'État qui ne veulent pas apparaître en public pour harceler les gens et collecter des pots-de-vin. Ils sont, d'une certaine manière, l'opposé des intermédiaires commerciaux comme les chora-chora et les fundiristes mentionnés ci-dessus. Leur rôle à la frontière est d'informer les organismes d'État sur ce qui se passe, mais en réalité, ils les aident à collecter des taxes informelles. Ils ne reçoivent pas de salaire mensuel et beaucoup d'entre eux étaient sans emploi lorsqu'ils ont été recrutés comme aviseurs. On peut distinguer deux groupes d'aviseurs : le premier groupe est constitué d'aviseurs qui aident la DGDA à contrôler la circulation des marchandises et à arrêter les commerçants qui tentent de faire de la contrebande. Ils travaillent également contre les intermédiaires des commerçants et font en sorte qu'il soit le plus difficile possible d'éviter de passer par les canaux formels. Certains aviseurs ont été nommés par la DGDA et travaillent désormais officiellement pour l'agence. Certains d'entre eux travaillent avec la DGDA depuis longtemps, parfois depuis 20 ans ou plus. Le deuxième groupe d'aviseurs travaille pour le compte d'autres services de l'État qui sont actifs à la frontière mais ne sont pas autorisés à percevoir des taxes - par exemple, certains d'entre eux travaillent pour des officiers militaires de haut rang pour espionner les procédures à la frontière. Il est très difficile d'évaluer le revenu mensuel des aviseurs, bien que de nombreuses personnes interrogées aient confirmé qu'ils gagnent assez d'argent pour vivre confortablement. Un aviseur a révélé que leurs patrons font pression sur eux pour qu'ils gagnent une certaine somme d'argent par jour et s'ils n'y parviennent pas, ils risquent d'être remplacés. Cependant, comme leurs patrons n'ont pas la possibilité de vérifier le montant exact des pots-de-vin qu'ils perçoivent, les aviseurs peuvent retenir beaucoup d'argent.

Les associations et les coopératives mafieuses des commerçants sont actives dans la région.

i) Les associations et coopératives des commerçants de type mafieux actives et influentes : cas de la coopérative " Bas Peuple " du Nord-Kivu

Les Bas Peuple sont la " coopérative " la plus connue de l'Est et sont actifs à tous les postes frontières du Nord-Kivu avec l'Ouganda et le Rwanda. L'organisation a été créée en 1992 et a bénéficié d'un fort soutien politique, qu'elle a maintenu en versant régulièrement des pots-de-vin aux acteurs politiques et militaires. Le Bas Peuple contrôle la quasi-totalité des transactions frontalières de produits agricoles et agit comme un transporteur exigeant le paiement et les " taxes " sur les exportations de marchandises aux commerçants. Il s'est imposé aux commerçants comme intermédiaire et exige le paiement d'une commission. Cette commission constitue un coût supplémentaire pour les commerçants. Souvent, les commerçants ne peuvent pas passer la frontière sans avoir reçu un "jeton" du Bas-Peuple. Si vous essayez de contourner la coopérative, vous risquez d'être sanctionné. Les Bas-

Peuple prétendent à tort avoir reçu un monopole officiel de l'État congolais pour fournir ce "service". Les agents des frontières soutiennent souvent la coopérative car cela leur permet de gagner du temps dans le contrôle des commerçants transfrontaliers, mais aussi parce qu'ils reçoivent des contributions financières de la coopérative.

Les taux de change restent fixés par les changeurs locaux sans aucune référence au taux réel.

j) Les taux de change sont fixés par les changeurs locaux

Compte tenu de l'instabilité du franc congolais au cours des vingt dernières années, et des liens étroits des villes de Bunagana et Kasindi avec l'économie ougandaise, le shilling ougandais s'est imposé comme l'une des principales devises utilisées pour les activités transfrontalières dans ces deux cités. De nos jours, le shilling est une monnaie acceptée dans les villes de Kasindi et de Bunagana. Cependant, le marché des changes n'est pas réglementé en RDC et il n'y a pas de bureaux de change à la frontière. En l'absence de ces bureaux de change officiels, le marché des changes à Kasindi, Bunagana et Uvira est géré par les changeurs, qui achètent et vendent des devises. Ils n'appartiennent généralement à aucune organisation officielle et se font une bonne commission en augmentant les taux de change pour les commerçants. On ne sait pas exactement comment les changeurs fixent leurs taux, mais les commerçants peuvent perdre des revenus substantiels en raison du coût du change. 27

Il y a malheureusement un faible pouvoir de négociation pour les agriculteurs face aux négociants transfrontaliers.

k) Les agriculteurs ont peu de pouvoir de négociation vis-à-vis des négociants transfrontaliers

Les négociants qui se rendent à la campagne pour acheter des produits fixent généralement leurs prix en fonction de ce qu'ils pensent pouvoir obtenir sur les marchés frontaliers. Le pouvoir de négociation des petits agriculteurs est assez faible pour deux raisons. Tout d'abord, ils n'ont pas les moyens de transporter eux-mêmes leurs marchandises jusqu'aux marchés frontaliers, et sont donc tributaires des négociants pour le faire à leur place. Deuxièmement, les agriculteurs ne sont pas bien organisés, en coopératives par exemple, ce qui réduit leur influence sur les négociants. Le regroupement des agriculteurs en coopératives peut créer des "blocs de pouvoir" locaux plus à même de négocier un prix équitable.

---

27 J'ai tenté de discuter de cette question à plusieurs reprises avec les *changeurs*, mais elle est considérée comme une question très sensible et ils n'étaient pas disposés à répondre.

Il y a absence des infrastructures qui ne facilitent pas toujours le commerce transfrontalier.

l) L'absence de bonnes infrastructures

Ceci est un élément important qui génère de la vulnérabilité. Les routes reliant les zones de production et les postes frontières sont en mauvais état. Les marchandises sont transportées à la frontière par des camions. L'absence de bonnes infrastructures de transport entraîne un coût de transaction plus élevé pour les marchandises congolaises exportées vers le Burundi et l'Ouganda. La mauvaise qualité des routes reliant les zones de production aux postes frontières signifie que les camions peuvent rester bloqués pendant la saison des pluies. Les commerçants peuvent perdre des produits agricoles en cours de route, car ils s'abîment. Les marchés sont également rares et éloignés les uns des autres, et l'accès aux étals est souvent étroitement contrôlé. Les commerçants, qu'ils soient congolais ou étrangers, se plaignent du refus des gestionnaires de marchés de leur accorder des étals, ce qui les oblige à vendre leurs produits sur la route ou en faisant du porte-à-porte, au risque d'être harcelés par la police.

Que dire des postes frontalières entre la République Démocratique du Congo et le Rwanda ?

54 Particularités des postes frontaliers entre la RDC et le Rwanda

Les facteurs de résilience et de vulnérabilité mentionnés ci-dessus existent dans une certaine mesure dans les zones frontalières de la région des Grands Lacs et sont pertinents pour les trois postes frontaliers analysés plus bas. Les sections suivantes examineront plus en détail les postes frontaliers de Kasindi-Mpwondwe, Bunagana-Bunagana et Kavimvira-Gatumba. Bien que ce chapitre ne se focalise principalement sur le petit commerce transfrontalier entre la RDC et le Rwanda, il est cependant utile de souligner deux différences générales entre ces trois postes frontaliers entre la RDC et le Burundi et l'Ouganda, et les postes frontaliers entre la RDC et le Rwanda.

Premièrement, en termes de comparaison de la corruption: même si la plupart des plaintes sont dirigées contre les autorités frontalières congolaises, les autorités burundaises et ougandaises harcèlent aussi fréquemment les commerçants et exigent des pots-de-vin. C'est particulièrement le cas au Burundi, où l'Office Burundais des Recettes (OBR) et la police burundaise s'en prennent souvent aux commerçants étrangers. Cette situation contraste avec celle des autorités rwandaises qui, dans l'ensemble, ont tendance à respecter strictement les règles. Les commerçants de Kavimvira, Kasindi et Bunagana sont harcelés des deux côtés de la frontière, contrairement à Gisenyi (à Goma) et Ruzizi (à Bukavu), où le harcèlement est principalement signalé du côté congolais.

Deuxièmement, la solidarité transfrontalière se manifeste différemment en fonction des expériences historiques et culturelles dans les zones frontalières. Comme nous l'avons déjà mentionné, la frontière de Kasindi est gérée des deux côtés par des personnes de la même tribu, les Nande/Bakonde. Cela a conduit à une certaine facilité de faire des affaires entre les commerçants des deux pays. L'histoire de Bunagana est plus difficile, les Nande et les Hutu (Banyarwanda) se disputant le contrôle des espaces économiques, et les deux groupes ayant des relations plus difficiles avec le Rwanda et l'Ouganda voisins. Pourtant, au niveau local, il semble y avoir une relative facilité de collaboration entre les commerçants des différents pays, basée sur un sentiment partagé de difficultés. Il en va de même pour les relations entre le Burundi et le Congo sur le passage de Kavimvira. Il est intéressant de noter que les relations entre commerçants congolais et rwandais sont plus difficiles, malgré le niveau de corruption relativement faible des autorités rwandaises. Aux postes frontières entre la RDC et le Rwanda, la concurrence entre commerçants a parfois tourné au conflit.28 Les commerçants congolais ont accusé leurs collègues rwandais d'avoir " envahi " leur marché et de maintenir leurs prix trop bas. Bien que ces conflits se transforment rarement en violence physique, ils ont accru le ressentiment entre les deux communautés. Aux postes frontières de Kasindi, Bunagana et Kavimvira, ces types de conflits sont rares, à la petite exception d'Uvira où quelques plaintes sont parfois formulées contre des commerçants burundais.

On peut se demander dans quelle mesure ces tensions sont uniquement dues aux tensions de longue date entre le Congo et le Rwanda par rapport au Burundi et à l'Ouganda ; les incitations économiques jouent ici aussi un rôle important. Les commerçants étrangers venant de l'Ouganda ou du Burundi jouent souvent le rôle des grossistes auprès desquels les petits commerçants congolais achètent des produits de base, pour les revendre ensuite aux clients congolais. Les commerçants rwandais, à l'inverse, agissent souvent comme des détaillants, vendant les petits produits achetés au Rwanda à des clients congolais, en concurrence directe avec les commerçants congolais. Ils représentent donc une menace économique plus directe.

Que retenir des postes frontaliers entre la République Démocratique du Congo, Le Burundi et l'Ouganda ?

5.5. Analyse des facteurs spécifiques de résilience et de vulnérabilités aux postes frontaliers entre la RDC et le Burundi et l'Ouganda

J'évoque les frontières de Kasindi-Mpwondwe, de Bunagana, de Kavimvira-Gatumba à signaler.

---

28 International Alert, 2010

62 551 La frontière Kasindi-Mpwondwe

Je parle des caractéristiques, des sources de résilience, des sources de vulnérabilité

5.5.1.1. Caractéristiques de la frontière

Kasindi fait office d'un marché de transit ; les commerçants se déplacent souvent vers des villes plus importantes comme Butembo et Beni pour vendre et acheter des marchandises. Les registres des douanes indiquent que quelque 2 000 commerçants traversent la frontière chaque jour. Voici quelques-unes des principales marchandises qui traversent la frontière :

Tableau : Les produits suivants sont échangés au poste frontalier Kasindi-Mpwondwe:

Moins cher en RDC / Exporté en Ouganda	Moins cher en Ouganda / Exporté en RDC	Marchandises du marché noir
Produits alimentaires : Bananes, plantains, café, huile de palme, arachides,	Produits alimentaires : Manioc, œufs, haricots, pommes de terre irlandaises, patates douces, poisson, bétail.	Denrées alimentaires : cacao et café ; huile de palme (passant au Rwanda)
Produits manufacturés : cosmétiques, vêtements (notamment chaussures, ceintures et tissus kitenge) fabriqués à Butembo, balais, art et décorations.	Produits manufacturés : ciment, savon, matras, essence, alcool.	Produits manufacturés : drogues illégales et alcool ; produits cosmétiques interdits en Ouganda (notamment ceux utilisés pour éclaircir la peau).
Ressources naturelles : bois de haute qualité		Ressources naturelles : bois

Les produits agricoles sont les marchandises les plus échangées au poste frontière de Kasindi-Mpondwe. Il s'agit d'un grand poste frontière, entouré de collines et de forêts, avec de nombreux petits sentiers. La distance entre la frontière congolaise et la frontière ougandaise est assez longue, avec un marché largement incontrôlé mais très fréquenté au milieu de ce "no man's land". Comme il existe de nombreux liens familiaux entre les Nande congolais et les Bakonde ougandais, les principales tribus de part et d'autre de la frontière, la région est en proie à la contrebande. Les agents frontaliers indiquent souvent que la contrebande est pratiquement une "culture" dans la région, les gens évitant les autorités par principe ; les contrebandiers sont souvent capturés alors qu'ils transportent des marchandises qui sont en fait exemptes de taxes.29 Les contrebandiers utilisent les sentiers à flanc de colline pour traverser, envoyant souvent des garçons des villages portant des sacs à dos avec les marchandises. Une fois arrivées à Kasindi, les marchandises sont transportées vers les grands marchés du Grand Nord, notamment dans les villes de Beni et de Butembo.

Plus de dix agences de l'État sont actives au poste frontière de Kasindi. Elles harcèlent souvent les commerçants et perçoivent des taxes informelles sur leurs activités.30 Il est intéressant de noter qu'ils le font de manière différenciée : les négociants de produits agricoles sont nettement moins harcelés que ceux de produits manufacturés qui arrivent du côté ougandais. Les agents frontaliers sont convaincus que les produits agricoles ont moins de " valeur " que les produits manufacturés, car cette dernière catégorie est soumise à diverses réglementations frontalières et est donc plus facile à taxer, tant légalement qu'illégalement. Les produits agricoles, en revanche, sont largement exonérés de droits d'exportation, de sorte que les négociants peuvent généralement s'en sortir en payant un petit pot-de-vin. Les autres marchandises qui semblent faire l'objet de moins de harcèlement sont les bananes plantains, l'huile de palme et le bois de palmier à huile, qui sont respectivement utilisés pour l'industrie des biscuits, l'industrie du savon et la production de cure-dents en Ouganda, au Rwanda et au Burundi.

Il y a une présence notable d'importateurs rwandais d'huile de palme sur le marché de Lubiriha. Ceci est intéressant, car le Rwanda a formellement interdit l'importation de ce produit en provenance de la RDC, affirmant que sa qualité était médiocre et pouvait entraîner des problèmes de santé. Le commerce de ce produit à la frontière entre la RDC et le Rwanda, par exemple à Goma-Gisenyi, a tout simplement disparu en raison du fort contrôle de

---

29 Entretien avec des agents frontaliers ougandais et congolais, janvier 2021.

30 Les organismes d'État présents à ce poste frontalier sont la Police des Frontières, la *Garde Républicaine*, l'ANR (Agence Nationale de Renseignement), la DGRNK (Direction Générale des Impôts), le B2, le *Commerce Extérieur*, la DEMIAP, le PNHF et le SQAV.

qualité exercé par le Rwanda. La frontière de Kasindi-Mpondwe permet aux commerçants de contourner ce dilemme : en faisant passer l'huile de palme congolaise par l'Ouganda et en l'introduisant au Rwanda en tant que "produit ougandais", aucune taxe ne lui est imposée, le Rwanda et l'Ouganda étant tous deux membres de la zone de libre-échange de l'EAC depuis longtemps.

Que dire des sources de résilience ?

5.5.1.2. Sources de résilience

a) De bonnes relations entre les commerçants congolais et ougandais

De nombreux commerçants ougandais et congolais ont établi une forte coopération au fil des ans, plus que dans les autres postes frontières visités par l'équipe de recherche. Par exemple, la fourniture de sorgho ou de soja de Goma et de Rutshuru et de bananes plantains de Mutwanga aux partenaires ougandais est un commerce florissant. Les commerçants ont reconnu que les bonnes relations ont aidé nombre d'entre eux à augmenter leur capital financier et le volume de marchandises qu'ils peuvent fournir de l'autre côté de la frontière. Un commerçant congolais a déclaré :

> "Je travaille avec mon partenaire ougandais depuis 2008 et je fais partie des nombreuses femmes qui lui fournissent des bananes plantains. Comme la concurrence entre les Ougandais pour obtenir des plantains ici est féroce, ils font de leur mieux pour établir une sorte de fidélité avec nous. En 2012, il a proposé de me donner une avance d'argent pour que je puisse aller dans les villages et acheter les plantains pour lui. Nous prenons généralement une semaine pour le faire, puis nous revenons avec sa marchandise. Cela m'a beaucoup aidé ; je n'avais auparavant qu'un capital de 50 USD, mais grâce à son préfinancement, j'ai réussi à développer mon activité, et j'ai maintenant un capital d'environ 600 USD. Et maintenant, je ne vends pas seulement des bananes plantains mais aussi des balais et j'ai lancé un petit commerce sur le marché de Mpondwe où je vends des produits manufacturés de Butembo. Il y a trois femmes dans mon groupe qui travaillent avec « mon partenaire ougandais » comme ça. Je n'ai jamais eu de problème avec lui et nous sommes maintenant de très bons amis. Il m'a même invitée au mariage de son jeune frère l'année dernière".

Comme mentionné précédemment, les relations relativement bonnes entre Ougandais et Congolais autour de la frontière Kasindi-Mpwondwe sont en partie facilitées par le fait que la majorité d'entre eux sont issus de la même communauté ethnique et parlent la même langue (le kinande). Mais cela démontre également qu'il y a un impératif économique clair à l'œuvre ; avant de s'engager dans ce type de contrats, les commerçants ougandais s'assurent de bien connaître leurs homologues congolais. La confiance et les relations sociales se construisent à travers des échanges transfrontaliers réguliers pour un profit mutuel.

Pour éviter le harcèlement, les commerçants congolais et ougandais déplacent souvent le marché.

b) Les commerçants congolais et ougandais " déplacent les marchés " pour éviter le harcèlement

Le harcèlement des commerçants par les agents frontaliers peut être assez intense et s'étend bien au-delà du poste frontière de Kasindi, jusqu'au marché de Luberiha. Pour éviter le harcèlement, les commerçants ougandais et congolais se sont adaptés et ont déplacé leurs activités. Tout d'abord, comme de nombreux commerçants ougandais ont été harcelés en essayant de transporter des marchandises de Luberiha à Kasindi et de l'autre côté de la frontière à Mpwondwe, les Congolais ont pris leur place. Plusieurs Congolais ont fermé des magasins à Luberiha et les ont ouverts à Mpwondwe, de l'autre côté de la frontière. Cela leur permet d'importer directement des marchandises de Luberiha, en utilisant leurs propres connexions. Ils paient toujours des droits de douane, mais le niveau de harcèlement a considérablement diminué, et ils peuvent fournir ces marchandises à un bon prix aux commerçants ougandais. Deuxièmement, les commerçants congolais travaillent avec les importateurs ougandais pour transporter des marchandises en vrac à travers la frontière. Les négociants congolais individuels traversant la frontière avec leurs marchandises étaient une cible facile pour les agents frontaliers. Au lieu de cela, ils ont réussi à convaincre de grands commerçants ougandais d'envoyer leurs camions à Kasindi pour acheter (et transporter) des marchandises en vrac. Les camions étant nettement moins vulnérables au harcèlement. Les discussions entre les commerçants ougandais et congolais ont été activement facilitées par leurs associations respectives.

Il y a le soutien actif des coopératives de commerçants aux membres.

c) Les coopératives de commerçants soutiennent activement leurs membres 31

Ces associations ont été actives dans les discussions transfrontalières entre Ougandais et Congolais (voir ci-dessus) mais interviennent aussi directement et négocient entre leurs membres et les représentants de l'État. Par exemple,

31 Les organisations particulièrement actives sont la plateforme ACT : *Association des commerçants Transfrontaliers* ; ATRACCE : *Association Tranfrontalière pour le Commerce et le Développement* ; COCAF : *Comité Central des Associations Féminines* ; ANEFOBA : *Association des Négociants et Fournisseurs de Bananes* ; AVEHUPA : *Association des Vendeurs dHuile de Palme ;* et AMACCO : *Association des Mamans Commerçantes du Congo.*

une commerçante a expliqué comment l'alcool (illégal) qu'elle transportait de Mpwondwe à Kasindi avait été saisi par l'ANR (l'agence de renseignement militaire) et l'agence sanitaire. Elle a dû payer une amende de 50 USD, sur une valeur totale de 150 USD. Elle a mis une semaine à rassembler l'argent mais lorsqu'elle est arrivée au bureau de l'ANR, ses biens avaient disparu et elle avait perdu tout son fonds de roulement. Elle a passé un mois sans travailler avant que son association ne décide de l'aider. Les commerçants de son association ont tous contribué et elle a pu récolter 75 USD qu'elle a utilisés pour relancer son activité. Ce type de solidarité va dans les deux sens : la commerçante en question a contribué au moins six fois pour aider des collègues qui avaient également perdu leur fonds de roulement. Ce type de solidarité est courant à la frontière et aide les commerçants à survivre lorsqu'ils font faillite.

Dans les lignes qui suivent, je signale le soutien positif aux commerçants par les intermédiaires de Chora-chora.

d) Les intermédiaires de Chora-chora jouent un rôle positif dans le soutien aux commerçants

De nombreux commerçants transfrontaliers de Kasindi ne sont pas originaires de la région et ont une connaissance limitée de la frontière et des contacts avec les agents frontaliers. Les intermédiaires de Chora-chora les aident : ils sont des résidents de longue date de Kasindi, ont passé presque toute leur vie à la frontière et ont établi de bonnes relations avec de nombreux agents frontaliers, notamment la DGDA, les soldats et les policiers. Ces intermédiaires aident à dédouaner les marchandises des commerçants. Il convient de noter qu'il existe un revers de la médaille : les chora-chora sont également les premiers à protester contre une baisse des taxes, car ils craignent que les commerçants n'aient plus besoin de leurs services et préfèrent utiliser les moyens officiels pour dédouaner leurs marchandises. Cependant, comme une baisse des taxes est peu probable dans un avenir proche et impossible à appliquer, les chora-chora jouent toujours un rôle positif en aidant les commerçants à s'en sortir.

Quelles sont les sources de vulnérabilité ?

5.5.1.3. Sources de vulnérabilité

a) La militarisation de la zone a accru le harcèlement des commerçants et la contrebande par les militaires

Kasindi-Mpwondwe est le poste frontière d'un territoire largement peu sûr du côté de la RDC ; la zone plus large autour d'Oicha et de Beni est truffée de groupes armés comme les Forces démocratiques de libération du Rwanda (FDLR) et de plus petits groupes d'"autodéfense" maï-maï. Les Forces démocratiques alliées - Armée nationale pour la libération de l'Ouganda (ADF-NALU) sont un groupe qui opère également de l'autre côté de la frontière et qui fait des raids sur les colonies ougandaises et congolaises. En conséquence, la zone a été fortement militarisée, avec un grand nombre de soldats et de policiers déployés sur le territoire. Cela a augmenté le niveau de harcèlement des commerçants et les taxes illégales qu'ils doivent payer aux points de contrôle militaires. Les soldats congolais ne se contentent pas de taxer illégalement les commerçants, ils profitent également de leur position privilégiée pour se livrer à la contrebande. Les officiers militaires et leurs épouses sont particulièrement actifs dans la contrebande d'alcool illégal en provenance de l'Ouganda et dans l'exportation de cacao et de café du Congo vers de gros négociants en Ouganda, deux marchandises qu'ils peuvent faire passer la frontière sans trop de problèmes par rapport aux petits négociants.32 Tenter de concurrencer les soldats dans le commerce de ces marchandises est une entreprise risquée, et de nombreux petits commerçants ont été arrêtés ou ont vu leurs marchandises saisies. Selon un officier que j'ai interrogé, les soldats sont mal payés et jaloux de l'argent que gagnent les agents des douanes ; ils ne font qu'imiter ce que font tous les agents frontaliers et tentent d'obtenir leur propre part du "revenu frontalier"33 .

La question de monopole a pesé sur les commerçants.

b) Les monopoles ont durement frappé les commerçants

Kasindi a vu plusieurs hommes d'affaires bien connectés imposer des monopoles sur des marchandises, avec des effets négatifs sur les petits commerçants. Les monopoles sur l'importation de pain et de ciment sont particulièrement problématiques. La création d'une nouvelle boulangerie par un ancien directeur de la DGDA à Kasindi avait conduit à l'interdiction de l'importation du pain dans la ville, affectant des milliers de petits commerçants impliqués dans ce commerce. Le prix du pain a également augmenté, passant de 1500 à 2000 shillings. Une femme de Kasindi a déclaré :

> "Avant, ma vie était en quelque sorte acceptable, j'importais différents types de gâteaux et de pains de Mpondwe. J'avais un capital de 50 USD et ce commerce générait un bénéfice d'environ 3 USD par jour. Lorsqu'ils ont décidé d'interdire l'importation de ces produits, j'ai passé un mois sans travailler. Pendant cette période, un de mes enfants est tombé malade et j'ai utilisé mon fonds de roulement pour payer les médicaments et les factures d'hôpital. Avant, je réservais une partie de mes bénéfices pour le traitement médical de ma famille. Aujourd'hui, je dispose d'un capital de seulement 12 USD que j'ai investi dans l'importation de légumes d'Ouganda. Cette activité est bonne mais pas aussi rentable que celle que j'avais avant".

---

32 A Kasindi, 1kg de cacao coûte 1,5 USD contre 3 USD en Ouganda.

33 Entretien réalisé à Kasindi le 22 novembre 2021.

En ce qui concerne le ciment, un gros négociant basé à Kasindi a reçu une licence d'importation du ministère de l'économie, ce qui lui donne le monopole de l'importation de ciment. Il s'agit d'une affaire énorme car l'Ouganda (en grande partie grâce à son usine d'Hima) est la principale source de ciment pour les projets routiers et les travaux des ONG en RDC.

Il y a domination des intermédiaires, du Bas-peuple et des aviseurs à la frontière de Kasindi comme je le souligne au point suivant.

c) Les intermédiaires comme le Bas-Peuple et les Aviseurs sont particulièrement dominants à la frontière de Kasindi et obligent les commerçants à passer par leur organisation, en acceptant des pots-de-vin au passage. La situation à Kasindi est en grande partie similaire à celle que l'on trouve à d'autres postes frontières, mais de façon plus marquée : les commerçants qui tentent de contourner le Bas-Peuple sont arrêtés et obligés de payer une amande. Les agents frontaliers et les policiers soutiennent le Bas-Peuple pour des raisons opportunistes ; un agent de la DGDA m'avait par exemple informé qu'ils préfèrent simplement traiter avec un seul agent plutôt qu'avec de nombreux commerçants individuels pour obtenir leur paiement. Les aviseurs font également de bonnes affaires à la frontière, et certains seraient même propriétaires de maisons à Kampala et Kinshasa. Kasindi semble être un poste frontière si populaire que les aviseurs viennent de loin pour y travailler. Un aviseur que j'avais rencontré avait été amené de Kinshasa par son frère, un ancien directeur de la DGDA à Kasindi.

Le taux de change entre le franc congolais et le shilling pèse lourd sur les commerçants.

d) Les taux de change entre le franc et le shilling coûtent des revenus aux commerçants

Le marché des changes affecte les commerçants de toute la zone frontalière, mais il est particulièrement fort à Kasindi en raison du volume élevé d'interactions entre les deux pays à cet endroit. Presque toutes les entreprises de Kasindi -hôtels, bars, écoles- et les commerçants utilisent des shillings ougandais dans leurs transactions quotidiennes. La plupart des changeurs passent par des intermédiaires qui travaillent à la commission et passent leur temps sur le marché de Lubiriha à la recherche de commerçants qui veulent échanger des devises. Les commerçants qui viennent de plus loin, des districts de l'intérieur de la RDC où les shillings ne sont pas utilisés, subissent souvent des pertes lors de l'échange : ils achètent des marchandises en francs congolais, échangent des francs contre des shillings pour acheter des marchandises ougandaises, puis reconvertissent leurs shillings en francs après avoir vendu leurs marchandises. Une commerçante de Kasindi a estimé qu'elle perdait entre 50 cents et un dollar pour chaque échange de devises. En conséquence, les changeurs de Kasindi ont très bien réussi ; beaucoup d'entre eux ont acquis des propriétés à Lubiriha et à Mpwondwe, et possèdent des voitures et des motos.

L'usage obligatoire des entrepôts a découragé les commerçants.

e) L'utilisation obligatoire d'entrepôts a fait reculer les commerçants

Une unité spéciale de la police a été installée au poste frontière de Kasindi pour s'assurer que les commerçants utilisent des entrepôts pour faire passer leurs marchandises. Cela a entraîné des coûts supplémentaires pour les commerçants. Un commerçant a déclaré :

> "Avant, j'achetais des biscuits pour 30 dollars les jours de marché. Normalement, je n'allais pas à la DGDA pour payer les droits de douane. Je donnais 2 dollars aux aviseurs, ces jeunes qui travaillent pour la DGDA. Je dépensais aussi environ 1 USD pour payer la police et les agents de santé. Ce système me convenait, car mon bénéfice n'était pas inférieur à 5 USD. Mais maintenant, les choses ont complètement changé. Nous devons stocker nos marchandises dans cet entrepôt que vous voyez là et attendre longtemps avant de payer la DGDA. Je dois maintenant payer 6 USD de taxes, et mes bénéfices ont considérablement diminué. J'envisage d'arrêter ce commerce et de voir si je peux me lancer dans le commerce des plantains comme les autres femmes ici à la frontière".

Les agents frontaliers ne sont pas non plus satisfaits de cette mesure : un policier de Kasindi a estimé que ses revenus quotidiens avaient diminué d'environ 7 USD à environ 2 USD. Selon lui, les gens se plaignent parce que "la frontière était leur seul moyen de subsistance"34 .

Il y a absence de transports, de marchés et d'installations sanitaires qu'il convient de signaler.

f) Manque de transports, de marchés et d'installations sanitaires

Le mauvais état notoire des routes congolaises constitue un sérieux problème pour le transport des denrées périssables. Les produits populaires tels que les bananes plantains et l'huile de palme sont produits assez loin dans l'intérieur du Congo, à environ 60-100 km de la frontière Kasindi-Mpwondwe. Beaucoup de ces marchandises sont acheminées par camions, mais le transport n'est jamais facile, surtout pendant la saison des pluies. Pour conduire de Mutwanda à Kasindi, une distance de moins de 50 km, qui prend normalement trois à quatre heures, il faut parfois jusqu'à deux jours. De nombreux petits commerçants n'ont pas le capital nécessaire pour louer des camions et doivent marcher jusqu'à deux jours pour acheminer leurs marchandises en ville à

---

34 Entretien réalisé à Kasindi le 20 novembre 2020.

temps pour les jours de marché. Un commerçant du marché de Lubiriha a déclaré :

> "J'ai quitté mon village, Mutwanga, dimanche dernier afin d'arriver ici tôt le mardi matin pour pouvoir aller au marché. Je dois payer 4 USD pour moi et 2 USD pour que mes marchandises prennent un camion. Comment puis-je me permettre cela avec un fonds de roulement de seulement 25 USD ? Nous sommes obligés de parcourir de longues distances à pied. Si les propriétaires de camions pouvaient réduire leurs prix, il serait facile pour nous d'apporter des marchandises ici. Il y a beaucoup de bananes plantains dans mon village qui pourrissent parce que nous n'avons pas la possibilité de les amener au marché où la demande est forte ; nous ne pouvons pas satisfaire nos clients".

Le manque de marchés et d'installations de stockage bien conçus dans la zone frontalière est un autre problème.35 À Lubiriha, par exemple, il est presque impossible de continuer à vendre des marchandises lorsqu'il pleut ; comme le marché n'est ouvert que deux fois par semaine, cela peut signifier une perte de revenus substantielle. Les commerçants de denrées périssables sont souvent contraints de vendre leurs produits à bas prix, car leurs clients savent qu'ils ne peuvent pas attendre un autre jour de marché pour le faire. Un dernier problème lié aux infrastructures est le manque de toilettes à la frontière, qui a posé des problèmes assez sérieux aux commerçantes. Sur le marché de Lubiriha, par exemple, les commerçantes ont déclaré que le manque de toilettes les obligeait à utiliser de petites boîtes en plastique qu'elles gardent à côté des marchandises qu'elles échangent. Cela a obligé les commerçantes qui pouvaient se le permettre à se déplacer vers les marchés de villes comme Mpondwe où les installations sont meilleures.

Il y a aussi la frontière de Bunagana à évoquer au point suivant.

63 5.5.2. La frontière Bunagana-Bunagana

Je rappelle les caractéristiques de cette frontière, les sources de résilience, les sources de vulnérabilité

5.5.2.1. Caractéristiques de la frontière

Le poste frontière de Bunagana (RDC) - Bunagana (Ouganda) est situé à environ 80 km au nord de la ville de Goma, et représente le poste frontière le plus au sud de la RDC et de l'Ouganda. Bunagana (Ouganda) se trouve à l'extrême sud-ouest du district de Kisoro, dans la sous-région de Kigezi, dont la capitale est Kabale.

---

35 Entretien réalisé à Kasindi le 22 novembre 2020.

Tableau : Les produits suivants sont échangés au poste frontalier Bunagana-Bunagana:

Moins cher en RDC / Exporté en Ouganda	Moins cher en Ouganda / Exporté en RDC	Marchandises du marché noir
Denrées alimentaires : sorgho, soja, bananes, haricots, graines de maïs, pommes de terre.	Aliments : manioc, œufs, haricots, pommes de terre irlandaises, patates douces, légumes, riz, biscuits, bétail.	Drogues illégales et alcool
Produits manufacturés : vêtements	Produits manufacturés : ciment, savon, alcool, boissons, essence.	
Ressources naturelles : bois		

Bunagana (RDC) exporte en Ouganda de grandes quantités de graines de sorgho, de soja et de maïs, très recherchées par les brasseries ougandaises. Alors que les graines de soja et de maïs sont produites à l'intérieur du district de Rutshuru (à 30 ou 50 km de Bunagana), le sorgho est produit plus loin, dans le district de Masisi. Les routes qui relient les deux sites sont en très mauvais état ; les commerçants utilisent des camions pour transporter les marchandises de Masisi à Goma, puis de Goma à Bunagana, d'où elles sont exportées vers l'Ouganda en utilisant tous les moyens de transport locaux disponibles : bicyclettes, chukudus (une sorte de charrette ressemblant à une bicyclette), tricycles pour handicapés, etc. Du poste frontière à Kisoro en Ouganda, les motos, les bicyclettes et les petites voitures sont le plus souvent utilisées pour transporter les marchandises. La monnaie la plus utilisée de part et d'autre de la frontière est le shilling ougandais, mais les francs congolais et les dollars américains sont également acceptés. Comme à Kasindi-Mpondwe, la DGDA, l'OCC, la DGM, la police des frontières, le service d'hygiène, l'ANR (renseignement national) et la garde présidentielle sont présents en grand nombre au poste frontière de Bunagana et participent à la taxation illégale des commerçants.

Cependant, Bunagana diffère des deux autres points frontaliers examinés dans cette étude d'une manière très importante : le territoire de Rutshuru, dans lequel il se trouve, est depuis de nombreuses années un carrefour de la politique régionale et des groupes armés opérant au-delà des frontières. Situé à la frontière entre l'Ouganda et le Rwanda, Rutshuru abrite un grand nombre de "Banyarwanda" hutus et tutsis (tribus qui ont quitté le Rwanda au cours du siècle dernier) et est considéré comme une zone tampon stratégique par le Rwanda et l'Ouganda. Il en résulte une longue histoire de raids transfrontaliers, le soutien de groupes mandataires par des puissances régionales, ainsi qu'une forte méfiance et une polarisation entre les Banyarwanda et les communautés qui se considèrent comme "autochtones" notamment les tribus Nande et Hunde. En 2012-2013 et puis depuis 2021 jusqu'au moment de l'écriture de ce chapitre, le territoire de Rutshuru a été la base de repli du mouvement rebelle M23. Pendant cette période, la frontière de Bunagana était officiellement fermée mais activement contrôlée et utilisée par le M23. La vie y était devenue très difficile pour les petits commerçants pendant cette période et certains d'entre eux ont été obligés de collaborer avec les rebelles du M23 pour pouvoir encore échanger quelques marchandises et gagner leur vie. Les affaires sont devenues beaucoup plus risquées ; de nombreux petits commerçants se sont fait voler leurs marchandises, ont dû payer des taxes supplémentaires au M23 et aux bandits, et ont été physiquement harcelés. Comme nous le verrons, la production agricole et le commerce transfrontalier de produits agricoles, notamment de soja et de sorgho, jouent un rôle important dans le maintien des groupes armés et des tensions intercommunautaires.

Que dire des sources de résiliences ?

5.5.2.2. Sources de résilience

Bunagana présente de nombreuses caractéristiques que l'on retrouve à Kasindi-Mpondwe, abordé dans la section précédente : les associations de commerçants sont actives, et des intermédiaires comme les chora-chora tentent d'aider les commerçants à faire passer leurs marchandises à la frontière. Quelques particularités ressortent toutefois à Bunagana : opposition aux taxes élevées sur l'importation, de produit ougandais, octroi d'un revenu aux jeunes par le commerce et la contrebande pour lutter contre la criminalité, un apport actif du COMESA aux commerçants.

a) Les commerçants de Bunagana sont opposés aux taxes élevés sur l'importation de produits ougandais

Les commerçants savent très bien que leurs moyens de subsistance dépendent de la facilitation de la libre circulation des marchandises et ils ont protesté contre l'augmentation des taxes et des droits de douane sur les produits importés d'Ouganda, même si cela était fait pour protéger ostensiblement les industries locales. Par exemple, suite à l'augmentation des taxes sur les boissons en provenance d'Ouganda, les petits commerçants ont organisé une manifestation contre la DGDA pour demander la diminution des droits de douane. La lutte a pris de l'ampleur - certains députés locaux ont été appelés à aider les commerçants à annuler cette augmentation des droits de douane. Il convient de noter que cette tendance à annuler ou repousser dans le temps les hausses de taxes n'est pas seulement une source de résilience - les manifestations ont également tendance à devenir violentes, en particulier dans l'atmosphère tendue de Bunagana. Comme le dit un dirigeant local d'une coopérative de petits commerçants, "... la prochaine fois, personne ne sait ce qui se passera si la DGDA prend d'autres mesures pour désavantager les petits commerçants. Il y a un risque que les manifestations se transforment en conflits violents".

Pour lutter contre la criminalité, le commerce et la contrebande octroient un revenu aux jeunes.

b) Le commerce ou la contrebande fournit un revenu à de nombreux jeunes hommes qui, autrement, se tourneraient vers la criminalité

À Bunagana, comme dans d'autres postes-frontières, un certain nombre de grands négociants ayant des relations politiques ont déjà obtenu le monopole de l'importation et de l'exportation de certaines marchandises aux dépens des petits négociants, qui ne peuvent pas s'offrir les licences requises. 36 Cela a conduit plusieurs jeunes de la région à se lancer dans la contrebande de produits tels que l'essence et le ciment. Nombre de ces jeunes hommes étaient actifs dans des groupes armés ou faisaient le commerce de ces produits avant la mise en place des monopoles. Paradoxalement, ces contrebandiers semblent bénéficier d'une compréhension assez large de la part des citoyens locaux et même de certains fonctionnaires. Plusieurs personnes interrogées ont déclaré que la contrebande permettait à ces jeunes d'éviter une vie de criminalité ou d'être mobilisés par des groupes armés : les taux de criminalité et de vols augmentent fortement lorsque la frontière est fermée et que ces jeunes sont forcés de rester inactifs, et diminuent à nouveau presque immédiatement dès la réouverture de la frontière.37 Plusieurs agents de l'État, même s'ils sont officiellement censés mettre fin à la contrebande, expriment également leur dégoût pour les monopoles à motivation politique. Comme l'a dit un responsable local du renseignement militaire (ANR) :

---

36 Un ministre de l'actuel gouvernement Matata avait souvent été désigné par les commerçants de Bunagana comme détenant le monopole de l'importation de ciment en provenance d'Ouganda.

37 Les témoignages de plusieurs habitants de Bunagana ont confirmé que pendant la période de fermeture de la frontière, les vols ont augmenté dans la ville. Les vols étaient principalement perpétrés par des jeunes hommes impliqués dans le commerce de carburant et d'autres produits manufacturés entre l'Ouganda et la RDC. Il semble que ces vols aient cessé presque immédiatement après la réouverture de la frontière.

"Je pense que la DGDA ne devrait taxer que les gros commerçants et laisser les petits commerçants profiter des frontières. S'ils veulent faire de la contrebande de marchandises, ils ne devraient pas être arrêtés et harcelés ; partout dans le monde, les personnes vivant dans la zone frontalière profitent de leurs frontières. Cela devrait également être le cas ici à Bunagana".

Il y a un apport actif du COMESA aux commerçants.

c) Le COMESA apporte un soutien actif aux commerçants et travailles-en étroite collaboration avec les associations de commerçants

Le bureau d'information commerciale du COMESA (TID) a été lancé à Bunagana en mars 2011 et fournit depuis lors aux commerçants des informations sur tous les aspects liés au commerce transfrontalier, à la fiscalité et aux droits. Malgré quelques petites lacunes dans le fonctionnement du bureau, ses représentants sont généralement très engagés pour plaider les droits des petits commerçants auprès des autorités. En coopération avec le bureau d'information commerciale du COMESA, les associations de commerçants38 sont utiles pour fournir aux commerçants des conseils, des moyens financiers, des formations et des informations sur le petit commerce transfrontalier. C'est en grande partie grâce à ces associations que les commerçants sont informés de leurs droits et obligations aux frontières, des droits de douane à payer, des changements dans les réglementations frontalières, etc.

Quelles sont les sources de vulnérabilité qu'il convient de signaler ?

5.5.2.3. Sources de vulnérabilité

Bunagana souffre des mêmes sources de vulnérabilité que Kasindi. Le taux de change entre le franc et le dollar fait perdre aux commerçants une partie de leurs revenus. La coopérative Bas Peuple et les aviseurs sont actifs sur la frontière et harcèlent les commerçants, même s'ils sont moins visibles qu'à Kasindi. Cela peut s'expliquer par

38 En particulier COO.P.CO. *Coopérative de Petits Commerçants Transfrontalier"* ; A.V.P.S/Antenne Bunagana : *Association de Vendeurs de Poissons Salés* ; UVPF/Antenne Bunagana : *Union de Vendeur de Poissons Fumés* ; CAEM : *Coalition des Associations pour l'Entraide Mutuelle* ; UCOD : *Union Communautaire pour le développement* ; UPROVEPA/Antenne Bunagana : *Union de Producteurs et Vendeurs de Produits Agricole* ; ACANOKI : *Association de Cambistes du Nord-Kivu* ; AVOPB : *Association de Vendeurs des œufs et Poules à Bunagana* ; AVDBu : *Association de Vendeurs Détaillants de Bunagana* ; ACRDR/Antenne Bunagana : *Association de Cambistes de Rutshuru pour le Développement Rural* ; ARAEAR/Antenne Bunagana : *Association Regroupant les Agriculteurs et Eleveurs pour l'Auto-développement de Rutshuru ;* et AVCA/Antenne Bunagana : *Association de Vendeurs du Carburant.*

le fait que le volume du trafic à Bunagana est comparativement plus faible. La gamme habituelle d'agences gouvernementales sans but officiel est également active ; même le service d'assainissement de Bunagana tente de collecter des taxes sur les bananes plantains, alors qu'il n'a aucun mandat pour le faire.39 Certains douaniers de la DGDA à Bunagana ont essayé d'utiliser des intermédiaires handicapés en leur faveur, et achètent des fauteuils roulants et recrutent des personnes handicapées pour transporter des marchandises à Kisoro sans payer de taxes. L'agence de renseignement militaire (ANR) a parfois saisi des lots de marchandises illégales et les a vendues pour en tirer un bénéfice. Cependant, un certain nombre de facteurs de vulnérabilité sont particuliers à Bunagana : dans les territoires de Masisi et de Rutshuru, les groupes armés profitent de l'agriculture, un lien étroit entre le conflit foncier le sorgho de Masisi, monopole du soja et du sorgho par les hommes d'affaire Nande et Banyarwanda, suite aux mauvaises infrastructures et à l'insécurité, les coûts du transport sont à la hausse.

a) Les groupes armés tirent profit de l'agriculture dans les territoires de Masisi et de Rutshuru40

De nombreux agriculteurs de Masisi ont fui leurs villages. Des groupes armés, dont les tristement célèbres M23, FDLR et Nyatura, se sont emparés de ces terres et louent de petites parcelles pour l'agriculture, soit directement, soit par le biais d'intermédiaires locaux.41 Les groupes armés contrôlent également les routes d'accès aux marchés régionaux comme Kitchanga qui approvisionnent la frontière et taxent illégalement les agriculteurs de passage. La même situation est visible à Rutshuru. Malgré la présence de l'armée sur le territoire de Rutshuru, les groupes armés contrôlent les terres et les routes d'accès et taxent les agriculteurs. Les agriculteurs doivent payer une "contribution de sécurité" d'environ 5 000 francs (environ 5 USD) au début de la saison agricole et 5 000 francs supplémentaires au moment de la récolte. Cette taxe est majorée par produit ; ainsi, un agriculteur cultivant trois produits pourrait payer jusqu'à 30 USD par saison de plantation, ce qui représente beaucoup d'argent. Les agriculteurs qui refusent de payer risquent d'être enlevés ou même tués. Les produits agricoles particulièrement précieux pour le commerce transfrontalier autour de Bunagana sont le sorgho (de Masisi) et

39 Entretien avec un agent de l'OCC à Kasindi le 21 novembre 2020.

40 Dans le district de Masisi, plusieurs groupes armés sont opérationnels : FDLR, PARECO à Kitchanga, Raiya Mutomboki à Ngungu, et Yatura. Alors que les FDLR, le PARACO et Nyatura sont en grande partie composés de Hutus, Raiya Mutomboki est principalement composé de Hunde et de Tembo (SFCG, 2012). A Rutshuru, les FDLR et Nyatura (Hutus) et plusieurs groupes Mai-Mai (principalement Nande) sont opérationnels.

41 VLASSENROOT, 2008

le soja (de Rutshuru), qui sont utilisés dans la production de biscuits et d'huile de cuisson en Ouganda et au Rwanda. Ironiquement, les mêmes FDLR que le Rwanda et l'Ouganda combattaient autrefois tirent aujourd'hui profit de la vente de produits agricoles à ces derniers.

Il y a un lien étroit entre le conflit foncier le sorgho de Masisi.

b) Le sorgho de Masisi est lié à un conflit foncier

La production de sorgho à Masisi est liée à un conflit foncier entre la communauté Banyarwanda (principalement des Tutsis et un plus petit nombre de Hutus, souvent de riches commerçants et politiciens qui vivent à Goma, à Kinshasa et parfois même à l'étranger) et les communautés Hunde et Nyanga, qui se considèrent comme des "indigènes" de Masisi. Il y a une pénurie de terres arables pour le sorgho dans la région, et les tensions sont aggravées par le fait que les Banyarwanda (qui possèdent la plupart des terres) en utilisent une grande partie pour l'élevage du bétail, laissant encore moins de terres aux Nande et Nyanga, qui sont des agriculteurs. Une solution temporaire a été trouvée : ces derniers peuvent louer des parcelles aux premiers, mais les tensions demeurent.42

Les hommes d'affaire Nande et Banyarwanda monopolisent le soja et le sorgho.

c) Le soja et le sorgho sont monopolisés par les hommes d'affaires Nande et Banyarwanda

Comme nous l'avons mentionné, le territoire de Rutshuru (et plus largement le Nord-Kivu) est le théâtre d'une compétition entre les communautés Nande et Banyarwanda, pour l'accès aux marchés, aux terres et surtout pour la production de sorgho et de soja. Les chaînes de valeur du soja et du sorgho sont, à ce stade, " contrôlées ethniquement ". Les Nande contrôlent la production et le commerce du soja, et représentent la majorité des agriculteurs et des propriétaires d'entrepôts à Kiwanja (Rutshuru). Les Banyarwanda Hutu et Tutsi contrôlent l'agriculture (principalement pratiquée par les Hutu à Masisi) et le commerce du sorgho, ainsi que la plupart des entrepôts de ce produit à Kitchanga et Goma. Les propriétaires d'entrepôts à Goma se sont plaints que les Banyarwanda protègent leur commerce au détriment des intérêts locaux :

> "... il est très difficile de faire des affaires ici, surtout quand il y a une pénurie de sorgho à Goma. Ces [commerçants banyarwanda] refusent parfois de nous vendre des marchandises même si elles sont disponibles dans leurs entrepôts. Ils nous disent que leurs

42 La location d'une parcelle de terrain d'environ 50m/50m dans les grands élevages de Masisi coûte environ 20 USD par saison agricole, contre 30 USD à Rutshuru.

marchandises ont déjà été achetées par d'autres, mais très souvent ils les gardent pour leurs proches venant du Rwanda ou de Rutshuru. Et beaucoup d'autres commerçants ne sont pas satisfaits de cette situation. Une fois, notre association a organisé une réunion avec les commerçants rwandais et les commerçants de Rutshuru et de Bunagana pour trouver un accord sur la manière d'éviter les conflits entre nous et de gérer les stocks de produits en cas de pénurie.

Suite aux mauvaises infrastructures et à l'insécurité, les coûts du transport sont à la hausse.

d) Les coûts de transport sont élevés en raison des mauvaises infrastructures et de l'insécurité

Les marchés proches de la frontière de Bunagana sont approvisionnés à partir de zones parfois distantes de 200 km, sur des routes en très mauvais état. Le sorgho doit venir de Masisi et traverser le parc national des Virunga, où de nombreux groupes armés sont actifs. Cette route n'est pas sûre et de nombreuses sociétés de transport refusent de laisser les camions l'emprunter ; le sorgho doit donc emprunter la route plus longue vers le sud et passer par Goma. Cela ajoute beaucoup de temps et de coûts au transport des marchandises. Pour les marchés plus proches de la frontière, de nombreux commerçants doivent également marcher pendant des jours, et le manque de bonnes installations de stockage à la frontière est un véritable problème, surtout pendant la saison des pluies.

Il y a aussi la frontière Kavimvira-Gatumba à signaler.

553 La frontière Kavimvira - Gatumba

Je parle des caractéristiques, des sources de résiliences et de vulnérabilité.

5.5.3.1. Caractéristiques des frontières

Kamvivira - Gatumba est situé dans le district d'Uvira, à 128 km au sud de Bukavu, au milieu de la plaine de la Ruzizi, une zone importante pour la production de riz et de fruits et l'élevage de bétail. Environ 1500 petits commerçants traversent la frontière chaque jour, ce qui est un nombre relativement faible mais qui fait néanmoins de Kavimvira - Gatumba le deuxième poste frontière le plus fréquenté de la province du Sud-Kivu, après Bukavu-Ruzizi. De plus, de nombreux agriculteurs et éleveurs contournent complètement la frontière et passent plutôt par la plaine de la Ruzizi, largement non surveillée. Voici les principaux produits qui passent la frontière :

Tableau : Produits échangés au poste frontalier Kavimvira - Gatumba

Moins cher en RDC / Exporté au Burundi	Moins cher au Burundi / Exporté en RDC	Marchandises du marché noir
Denrées alimentaires : mangues, oranges, maïs, haricots, huile de palme, avocats, riz.	Denrées alimentaires : tomates, fruits, papier doux, légumes, poisson, aubergine, carotte, épices, bétail.	Inconnu, bien qu'il y ait des rumeurs de soldats transportant de l'alcool fabriqué localement.
Produits manufacturés : produits cosmétiques de Kinshasa, vêtements (notamment tissus kitenge), lait en poudre.	Produits manufacturés : ciment, savon, matelas, boissons	

Les Burundais exportent principalement des produits manufacturés et du poisson vers le Congo, et les Congolais exportent principalement des produits agricoles vers le Burundi. Les fruits congolais comme les mangues et les oranges sont de grande qualité et sont utilisés dans la production de jus burundais. Comme à Kasindi, ce sont surtout les commerçants de produits manufacturés qui sont harcelés par les autorités frontalières congolaises, plus que les personnes qui vendent des produits agricoles.43 Les petits commerçants de vêtements féminins (pagnes) et de lait en poudre, en particulier, ont du mal à passer la frontière chaque jour.

La frontière entre Kavimvira et Gatumba est située dans l'une des régions les plus ravagées par la guerre dans la région des Grands Lacs. La plaine congolaise de la Ruzizi et le territoire de Fizi sont le théâtre de conflits de longue date entre les autorités coutumières pour l'accès à la terre et au pouvoir, et entre les communautés agricoles et pastorales. Ces conflits ont été fortement politisés et imprégnés de connotations ethniques négatives : la communauté pastorale Banyamulenge est souvent considérée comme un groupe mandataire rwandais (car elle a migré du Rwanda il y a plus d'un siècle) et la communauté Barundi comme une extension des intérêts burundais (car elle a migré du Burundi il y a longtemps) par les communautés locales "autochtones". La dynamique transfrontalière avec le Burundi a aggravé cette situation : les

43 International Alert, 2012

plaines de la Ruzizi sont depuis longtemps une base de repli pour les groupes armés burundais qui combattent le gouvernement de Bujumbura.

Que retenir des sources de résilience ?

5.5.3.2. Sources de resilience

Le poste frontalier de Kavimvira- Gatumba présente un certain nombre de similitudes avec les postes frontaliers précédemment évoqués : les intermédiaires habituels et les intermédiaires connus sous le nom de mbakazi (comparables aux chora-chora du Nord-Kivu) sont actifs sur la frontière pour soutenir le transfert de marchandises et de nombreuses associations de commerçants sont actives.44 Le COMESA est actif depuis 2011 à Uvira et a une bonne réputation. Kavimvira- Gatumba présente cependant trois éléments particuliers qui se distinguent : les associations de commerçants politiquement présence des ONG internationales et aucune perte de revenu suite au taux d'échange.

a) Des associations de commerçants politiquement connectées

Peut-être encore plus que dans le Nord-Kivu, Kavimvira-Gatumba est caractérisé par une présence écrasante d'associations de commerçants. Certaines de ces associations sont très bien connectées politiquement. L'une des plus importantes associations de commerçants, basée à Mulongwe, est dirigée par la cousine d'un puissant député d'Uvira et joue souvent un rôle important dans la campagne électorale du député. Son influence politique lui a permis de recruter plus de membres et d'obtenir plus de moyens financiers que les autres associations. L'association tire activement parti de son influence politique pour soutenir ses membres. Comme le dit un petit commerçant :

> "Un jour, notre camion a été arrêté par la DGDA. Ils nous demandaient beaucoup d'argent en droits de douane. Nous ne savons pas pourquoi les douaniers ont été très durs avec nous ce jour-là. Ils nous ont demandé de payer plus que ce que nous avions l'habitude de payer. Nous avons appelé maman [la présidente de l'association] et lui avons fait part du problème auquel nous étions confrontés à la

44 En particulier CACT : *Conseil des Associations des Commerçants Transfrontaliers du Sud Kivu* ; ACTPA : *Association des Petits Commerçants Transfrontaliers des Produits Agricoles* ; MIPRORIVIMAK : *Micro Projet Rizicol et Vivrier Mashoka-Kilomoni* ; MUSOLUTP : Mutuelle de Solidarité de Lutte contre la Pauvreté ; Alpha Business ; APCTU : *Association de Petits Commerçants Transfrontaliers d'Uvira* ; OFPCTD : *Organisation des Femmes pour le Petit Commerce Transfrontalier pour le Développement* ; FCU : *Femmes Commerçantes d'Uvira* ; OCTD : *Organisation des Petits Commerçants Transfrontaliers pour le Développement* ; UPECOTRA : *Union des Petits Commerçants Transfrontaliers* ; ASAD : *Actions pour le Santé Alimentaire et le Développement* ; CADFR : *Comité d'Action pour le développement Social des Femmes Rurales* ; et AID : *Appui aux Initiatives de Développement.*

frontière. Elle a appelé Kinshasa et quelques heures plus tard, notre problème était résolu".

Il y a bien sûr un revers de la médaille à ces connexions politiques ; elles peuvent résoudre des problèmes, mais l'organisation n'est en aucun cas neutre, et pourrait un jour être amenée à soutenir le politicien en question au détriment de l'intérêt général de ses membres.

Il une présence significative des ONG internationales.

b) La présence importante d'ONG internationales

Alors que de nombreuses ONG nationales et organisations de la société civile sont actives à Kasindi-Mpondwe et Bunagana, Kavimvira-Gatumba se trouve dans une zone où beaucoup plus d'ONG internationales et d'agences des Nations Unies sont actives. La plaine de la Ruzizi bénéficie depuis longtemps d'une aide humanitaire et d'une aide au développement, et des organisations telles qu'International Alert, ZOA et Caritas soutiennent donc le commerce transfrontalier. Cela a conduit à un renforcement des capacités professionnelles des coopératives plus important qu'à certaines autres frontières. L'Organisation internationale des migrations (OIM) a également construit certaines des structures frontalières de la DGM. L'avantage de cette présence internationale est qu'elle permet de discuter avec les autorités provinciales du fonctionnement de la frontière. L'inconvénient est que l'aide internationale est liée à des cycles de projets (parfois courts).

Il n' y a aucune perte de revenu suite au taux d'échange.

c) Aucune perte de revenu due aux taux de change

Alors qu'à Kasindi-Mpwondwe et Bunagana les prix sont fixés en shillings ougandais, à Kavimvira-Gatumba les prix sont principalement fixés en francs congolais et en dollars américains. Il est très rare de trouver des commerçants demandant un paiement en francs burundais. Par conséquent, les commerçants de cette frontière peuvent se contenter de vendre directement leurs marchandises sans avoir à échanger de l'argent, ce qui leur permet de réaliser des économies substantielles par rapport aux autres frontières.

Quelles sont les sources de vulnérabilité ?

5.5.3.3. Sources de vulnérabilité

Dans une large mesure, la frontière entre Kavimvira et Gatumba partage les mêmes sources de vulnérabilité que les deux autres frontières, notamment la présence d'un trop grand nombre de fonctionnaires de l'État et d'aviseurs exigeant des pots-de-vin. Ce poste frontalier présente également un certain nombre de particularités : augmentation des coûts suite aux longues distances entre les frontières et l'absence de marchés, les heures d'ouvertures de la frontière occasionnent des affrontements entre les commerçants et l'insécurité pour les femmes, les abus des droits de douane burundais.

a) Les longues distances entre les frontières et le manque de marchés font augmenter les coûts

Les distances sont assez longues entre le marché d'Uvira et la frontière de Kavimvira, entre les deux postes frontières et entre Gatumba et le marché de Bujumbura (20 km). La route entre ces arrêts est en mauvais état. Le transport des marchandises entre ces arrêts, généralement en voiture ou en moto de location, peut s'avérer coûteux - environ un ou deux dollars en moto et environ dix dollars en voiture - et de nombreux commerçants préfèrent marcher. Comme il y a peu de marchés couverts, d'entrepôts ou d'autres installations de stockage disponibles le long de la route, cela constitue une menace supplémentaire pour le commerce de denrées périssables comme les fruits et les légumes, surtout pendant la saison des pluies. Certains commerçants congolais et burundais ont choisi de traverser la frontière et de vendre leurs marchandises directement dans les rues de Bujumbura et d'Uvira, mais le manque de marchés couverts est un problème, surtout à Uvira.

Aussi, les heures d'ouvertures de la frontière occasionnent des affrontements entre les commerçants et l'insécurité pour les femmes comme je le montre au point suivant.

b) Les heures d'ouverture de la frontière entraînent des affrontements entre commerçants et l'insécurité pour les femmes

Les commerçants burundais qui viennent à Uvira ont été accusés par leurs homologues congolais de " sous-coter " le marché local en baissant leurs prix en fin de journée. Ceci est principalement dû à la fermeture de la frontière à 18h00. Comme il y a peu d'entrepôts disponibles à Uvira, les commerçants n'ont guère d'autre choix que de vendre rapidement leurs marchandises et de retraverser la frontière. Cela a évidemment créé du ressentiment chez les commerçants congolais qui estiment que "ces étrangers tuent notre marché", en particulier pour les légumes et le poisson frais :

> "... nous ne comprenons pas pourquoi elles vendent leurs produits à un prix aussi bas alors que nous les achetons au même prix et auprès des mêmes fournisseurs à Bujumbura. Ce dont nous avons besoin, c'est que notre gouvernement empêche ces femmes de vendre les mêmes produits que nous ici à Uvira, nous n'avons pas besoin de leur concurrence ici", se plaint un commerçant rencontré à Kavimvira.

Les femmes des deux côtés de la frontière ont une raison supplémentaire très importante de traverser la frontière avant la tombée de la nuit. Comme nous l'avons mentionné, la distance entre les frontières est longue et en grande partie non éclairée et non gardée, et le transport est coûteux. Au cours des dernières années, de nombreux cas ont rapportés de commerçantes qui ont été violées ou dont les marchandises ont été volées dans la zone transfrontalière. En outre, des commerçantes passant la nuit de l'autre côté de la frontière ont parfois été accusées par leurs maris de se livrer à la prostitution.

Il convient de signaler les abus des droits de douane burundais dans les lignes qui suivent.

c) Abus des droits de douane burundais

L'Office Burundais des Recettes (OBR) utilise parfois des droits de douane douteux pour taxer les commerçants. Comme l'a déclaré un commerçant :

> "Avant, il était facile de passer cette frontière, car une fois que vous aviez payé les droits de douane, vous obteniez un reçu, et personne ne pouvait vous arrêter sur les marchés au Burundi. Mais aujourd'hui, les choses ont changé. Très souvent, l'OBR n'accepte pas le reçu que ses services ont délivré à la frontière, et dit que nous avons payé moins de droits de douane que nous aurions dû. Ensuite, ils nous taxent à nouveau. "

Conclusion

Sur la base des différentes sources de vulnérabilité et de résilience identifiées dans les sections précédentes, le gouvernement de la RDC devrait penser aux réformes politiques afin de faciliter le commerce avec ses pays voisins. Sur la base des données recueillies aux postes frontières entre la RDC, l'Ouganda et le Burundi, il est important de mentionner que les initiatives de facilitation du commerce devraient avoir une compréhension nuancée du rôle des réformes aux frontières de la RDC avec l'Ouganda et le Burundi. La libéralisation complète du commerce dans le cadre des règles d'intégration régionale aura des résultats positifs à long terme, mais créera initialement aussi de nombreux perdants, en particulier les milliers de personnes impliquées comme intermédiaires ou transporteurs. En temps voulu, la situation pourrait bien se stabiliser, mais pas avant que les revenus de ces personnes ne subissent de graves dommages. Il n'y a pas de solution facile à cela : la libéralisation ne doit pas être arrêtée car elle est peut-être le seul moyen durable pouvant faciliter à écarter les intermédiaires illégaux et l'augmentation des revenus des commerçants.

A ce sujet, quelques considérations importantes peuvent être notées:

- Droits de douane. L'adoption du Régime Commercial Simplifié (RCS) en RDC, où les commerçants locaux ne paieraient plus de taxes sur les marchandises d'une valeur inférieure à 2000 USD, pourrait potentiellement être l'une des plus importantes réformes adoptées. Comme mentionné plus haut, elle ferait de nombreux perdants à court terme, et l'on peut s'attendre à une forte résistance de la part des intermédiaires et des douaniers qui vivent actuellement de pots-de-vin. Cependant, à long terme, elle a le potentiel d'augmenter les revenus de milliers de petits commerçants. À moyen terme, une solution originale pourrait consister à baisser les droits de douane plus ou moins au niveau des pots-de-vin et des commissions que les commerçants versent aujourd'hui.

- Heures d'ouverture. L'une des façons les plus directes d'augmenter les revenus des commerçants tout en diminuant les tensions dues aux réductions de prix de dernière minute et aux risques de vols et de viols est d'ouvrir les frontières beaucoup plus longtemps, idéalement pendant 24 heures. La RDC a réduit les heures d'ouverture de 6h00 à 15h00 à la suite de son conflit avec le Rwanda, en 2021. Les frontières avec les autres pays vois, l'Ouganda et le Burundi, sont ouvertes de 06h00 à 18h00. Un débat devrait être mené au niveau régional pour qu'une solution durable soit trouvée à cette question d'heures d'ouverture et de fermeture des frontières de la RDC et de ses voisins.

- COMESA. À tous les postes frontières, le COMESA a prouvé qu'il avait de bonnes relations avec les commerçants locaux et qu'il était prêt à s'engager et à négocier des discussions difficiles en leur nom. Il convient de les aider à le faire, notamment en renforçant ses bureaux d'information commerciale (TID). Les gestionnaires TID pourraient également être formés, par exemple, aux techniques de médiation et équipés des bons outils pour suivre les plaintes et entreprendre un travail de lobbying auprès des autorités gouvernementales pour faire pression et une obtenir des réformes de certaines politiques commerciales.

- Intermédiaires abusifs. La formalisation du commerce transfrontalier peut avoir un effet négatif sur les intermédiaires "positifs" comme la chora-chora, mais elle peut aussi être un outil important pour agir contre des groupes comme le Bas Peuple et les aviseurs - une fois les taxes abolies, ils n'ont plus aucun rôle à jouer. Cependant, comme la formalisation n'est pas près d'arriver et qu'il faudra peut-être plus que de simples lois pour s'en débarrasser, plusieurs initiatives peuvent être prises. Tout d'abord, il faudrait communiquer clairement, depuis les plus hauts niveaux de l'Etat, que des coopératives du genre Bas Peuple et les aviseurs n'ont aucun mandat et ne devraient pas être payés. Cela devrait également être répété sur des panneaux aux frontières. Les associations commerciales et le COMESA devraient surveiller leur présence, collecter les incidents et faire pression sur les députés et les homologues gouvernementaux pour qu'ils les suppriment. Il s'agira d'une lutte permanente - comme les fonctionnaires inutiles, ils reviendront sans cesse. Des alliances avec les ONG nationales et internationales pour amener le dialogue avec le gouvernement à un niveau politique plus élevé peuvent également aider.

- Change de devises. Soutenir un dialogue entre la RDC et l'Ouganda sur la mise en place de bureaux de change officiels aux postes frontières, ou au moins fixer des taux de change officiels et les communiquer clairement à la frontière, et travailler avec le COMESA et d'autres acteurs pour s'assurer que les changeurs s'y tiennent, pourrait grandement aider les petits commerçants à conserver une partie de leurs revenus.

Ce qu'il faut bien voir, ce qu'il y a des gagnants et des perdants dans cette libéralisation du commerce transfrontalier entre la République Démocratique du Congo et ses voisins. Tel est l'objet du chapitre suivant.

Chapitre six

Les gagnants et les perdants d'une forte libéralisation du commerce transfrontalier entre la rdc et ses voisins

Introduction

Ce chapitre tente d'analyser les gagnants et les perdants potentiels d'un commerce transfrontalier accru dans la région des Grands Lacs. Le chapitre se concentre sur la dynamique du commerce entre la province du Nord-Kivu à l'Est de la RDC et le Rwanda. Pour des raisons qui deviendront évidentes, la plupart des questions sont vues à travers une optique congolaise.

La littérature existante est exhaustive en termes d'évaluations techniques sur la dynamique du commerce transfrontalier, d'évaluations des conflits, d'analyses universitaires et de documents de politique gouvernementale.45 Ces rapports, dont les tout premiers remontent à 2008 environ, soulignent les aspects positifs de l'augmentation du commerce et de la formalisation en ce qui concerne la stabilité après un conflit, grâce au développement de moyens de subsistance et d'une activité économique durables. Avant cela, la région était considérée comme une zone de conflit dans laquelle une action positive semblait à la fois prématurée et dangereuse. La littérature, clairement et correctement, a identifié le rôle des femmes en tant que parties prenantes clés, en particulier dans le commerce transfrontalier localisé ; un rapport récent a affirmé que plus de 80% des commerçants transfrontaliers étaient des femmes.46 L'analyse présentée dans ce chapitre s'est également concentrée sur les obstacles économiques au développement du commerce, tels que le manque d'infrastructures, le déficit énergétique, la mauvaise gouvernance et la corruption, le harcèlement et les abus, le manque d'éducation civique et l'insécurité dans une zone de conflit.47 Ces études ont également montré que

---

45 L'exception à cette règle concerne l'exportation de ressources naturelles, en particulier de minéraux comme l'étain et le coltan, où les récits restent généralement négatifs et s'inscrivent dans un contexte de conflit.
46 TMEA, *Tirer le maximum de profit du commerce transfrontalier à petite échelle entre la RDC et le Rwanda*, 2015.
47TREFON, Theodore. *Congo Masquerade : The Political Culture of Aid Inefficiency and Reform Failure*. Londres : Zed Books, 2011 ainsi que tous les documents reçus ; voir annexe.

les commerçants peuvent choisir de rester dans l'illégalité, la semi-illégalité ou souvent l'illégalité48 , c'est-à-dire de rester en dehors des régimes fiscaux et réglementaires officiels pour des raisons financières. Dans les circonstances actuelles, la plupart des acteurs et structures formels sont en même temps les principaux acteurs illégaux et légaux.

Bien que ces rapports soient techniquement solides et tentent d'aborder les questions micro-économiques, peu de recherches ont été menées sur les conséquences involontaires de la libéralisation et de la formalisation du commerce dans l'est de la RDC. En général, les évaluations économiques et de développement sur la réforme du commerce sont rigoureuses dans leur portée et dans l'application des meilleures pratiques, mais même si une analyse politique et sociale existe, il y a un manque de recherche sur la variété et les types de réponses sociétales potentielles à des interventions de développement spécifiques et sur la manière dont ces réponses peuvent survenir. Ce chapitre a été écrit dans le contexte des diverses initiatives des partenaires régionaux et internationaux visant à réformer le commerce des Grands Lacs par le biais d'une plus grande libéralisation, l'intention étant d'accroître le commerce tout en faisant entrer l'informel dans l'économie formelle. La sagesse perçue suppose que la formalisation du commerce permettra d'éviter les pratiques de corruption et donc d'améliorer la gouvernance ; elle augmentera la collecte des taxes officielles ; et améliorera l'environnement réglementaire pour encourager le commerce transfrontalier légal et développer des économies locales durables et l'autorité de l'État. Dans ce chapitre, des termes tels que "augmentation du commerce", "réforme commerciale" et "formalisation/libéralisation du commerce" sont utilisés pour décrire les interventions et approches internationales et autres interventions concernant le petit commerce transfrontalier en RDC.

Ce qui manque dans les études existantes, c'est une compréhension de la façon dont les structures de gouvernance de nature patrimoniale, ainsi que les relations individuelles et de groupes existants qui sont largement informelles, pourraient potentiellement réagir et répondre aux pressions du changement institutionnel du commerce. Il y a donc une lacune dans l'analyse existante sur les dynamiques sociopolitiques locales du commerce et sur la façon dont les acteurs commerciaux étatiques et non étatiques répondraient aux développements techniques potentiels en termes de libéralisation et de

48 Le terme "a-légal" est un terme inventé, adapté à la situation. Lorsque les structures formelles et légales et ceux qui les font fonctionner sont eux-mêmes en dehors de la loi ou se comportent même de manière illégale, les commerçants, etc. trouveront des moyens de contourner les lois. Il s'agit plus d'a-légal que d'illégal. Une autre façon de dire les choses est la suivante : une activité a-légale consiste à opérer en dehors des lois lorsque les lois elles-mêmes sont illégales ou utilisées de manière illégale.

formalisation du commerce à court et moyen terme. L'analyse présentée dans ce chapitre cherche à combler une partie de cette lacune dans la littérature.

Cette étude est une analyse d'économie politique au niveau microéconomique, portant sur des secteurs/marchandises (produits agricoles et manufacturés) et des niveaux thématiques, dans le but d'identifier les opportunités, les défis, ainsi que de cartographier les principaux gagnants, perdants (individus, groupes, entités) des futures réformes commerciales et des efforts de formalisation du commerce transfrontalier. Une attention particulière est accordée aux questions de genre et de conflit.

Le premier point a pour matrice le contexte régional et international. Le second se corse sur le commerce transfrontalier entre le Nord-Kivu et le Rwanda. Le troisième évoque le régime fiscal et les acteurs congolais au quatrième point. Le cinquième parle des gagnants et des perdants de la forte libéralisation du commerce entre la R.D.Congo et le Rwanda.

6.1. Contexte régional et international

L'Ouganda, le Rwanda le Burundi, le Kenya et la Tanzanie ont tous un rôle important à jouer dans le tableau plus large du commerce transfrontalier, soit en tant que producteurs, soit en tant que commerçants, soit en tant que marchés pour les marchandises ou en tant que points clés pour les marchandises entrant en Afrique de l'Est. Les dirigeants de ces pays sont issus d'horizons et de cultures politiques divers : capitalistes démocratiques au Kenya, socialistes démocratiques en Tanzanie, régimes militaires autoritaires au Rwanda et en Ouganda et États autoritaires fracturés et intégrés comme la RDC et le Burundi. Tous les États présentent cependant d'importantes similitudes dans la mesure où le patrimonialisme, l'informalité et la recherche de rentes sont (à des degrés divers) des systèmes de gouvernance acceptés et enracinés, que des régimes démocratiques ou autoritaires soient au pouvoir. En outre, il existe des déséquilibres en termes de développement et de capacités économiques.

Les mécanismes et initiatives régionaux jouent un rôle important non seulement dans l'harmonisation de la politique économique entre les États, mais aussi dans l'élaboration et la mise en œuvre de politiques et de projets, souvent avec le soutien des donateurs. Le soutien des donateurs tend à mettre l'accent sur l'économie libérale de marché et est généralement de nature très technique. Les principales organisations régionales concernant le commerce transfrontalier entre le Rwanda et la RDC sont la Communauté économique des pays des Grands Lacs (CEPGL) et le Marché commun de l'Afrique orientale et australe (COMESA). D'autres organisations joueront également un rôle, même indirect, comme la Communauté d'Afrique de l'Est (CAE), la SADC et la CEEAC.

La CEPGL est l'une des plus anciennes organisations économiques régionales d'Afrique. Créée dans les années 70 pour favoriser l'intégration économique et promouvoir la collaboration entre le Rwanda, le Burundi et la RDC, elle est restée essentiellement inactive jusqu'au milieu des années 2000. En 1980, la CEPGL a lancé un protocole sur les produits bruts, qui visait à faciliter le commerce transfrontalier entre le Rwanda, la RDC et le Burundi. Selon ce protocole, les barrières tarifaires et non tarifaires pour le commerce des produits bruts produits sur le territoire de la CEPGL doivent être supprimées. Ces marchandises sont destinées à circuler librement au sein de la communauté, sans payer de droits d'importation et d'exportation. Les types de marchandises concernées par le protocole sont :

- Produits minéraux extraits du sol ou déposés sur le rivage des côtes des États membres ;
- Animaux vivants nés ou élevés dans les États membres
- Produits agricoles
- Produits des pratiques de pêche et de chasse sur les territoires des Etats membres
- Produits obtenus en mer par des navires immatriculés dans un État membre et battant pavillon de cet État membre ou non, reconnus par la CEPGL.

La CEPGL prévoit de réviser cet accord, notamment pour mettre à jour la liste des marchandises pouvant bénéficier de ce protocole, l'objectif final étant l'établissement d'une union douanière d'ici 2015.49 Malgré l'importance de ce protocole pour les petits commerçants transfrontaliers, il n'est pas bien connu ou compris, tant par les commerçants que par les douaniers. Au Rwanda, si les douaniers sont bien informés des différents protocoles que le pays a signés dans le cadre de l'EAC, ils manquent d'informations sur ce protocole CEPGL, en partie en raison du dysfonctionnement de la gestion de l'information dans les bureaucraties étatiques, mais aussi parce que la libre circulation des marchandises pourrait avoir un impact sur les revenus individuels, notamment ceux des douaniers. La conséquence est que le protocole n'est pas mis en œuvre dans la région CEPGL, et que les marchandises censées circuler librement sont actuellement soumises à des droits de douane formels et informels. Il est important de mentionner que les conflits régionaux ont gravement compromis le processus d'intégration régionale initié par la CEPGL. Cette instabilité reste vraie aujourd'hui. Dans un tel contexte de méfiance entre les membres, la mise en œuvre des différents protocoles

49KIMANUKA, Celestin et Maria LANGESMALL, *The Crossing : Le commerce à petite échelle et l'amélioration des relations transfrontalières entre Goma (RD Congo) et Gisenyi (Rwanda),* International Alert, septembre 2010.

susceptibles de favoriser l'intégration régionale et en particulier d'augmenter le volume des échanges entre les pays est sérieusement compromise. En conséquence, les tarifs extérieurs communs que les pays de la CAE appliquent aux États non membres sont également appliqués aux marchandises importées au Rwanda en provenance de la RDC, étant donné que la CEPGL n'est pas opérationnelle.

Toutefois, en dépit de la lenteur des progrès réalisés en matière d'accords formels, la CEPGL a réussi à contribuer de manière significative à l'augmentation du commerce formel et informel entre les deux pays grâce à la libre circulation des personnes. 50 Tout comme l'EAC, la CEPGL prévoit la libre circulation des personnes entre les États membres, avec différents niveaux de documents de voyage disponibles en fonction des circonstances individuelles, qui sont gratuits. Cette mesure a été mise en œuvre de manière bien plus efficace que la suppression des droits de douane sur les matières premières.

Le Marché commun de l'Afrique de l'Est et de l'Afrique australe (COMESA) s'étend sur tout le continent, du Cap au Caire.51 Cette CER a un vaste mandat de soutien au développement et à l'intégration économiques, qui inclut le soutien au commerce transfrontalier. Le COMESA cherche à jeter les bases d'une formalisation et d'une libéralisation futures, tout en encourageant l'augmentation des volumes d'échanges entre ses États membres. Pour ce faire, le COMESA se concentre sur la réglementation et les infrastructures. Un aspect essentiel est le protocole sur le régime commercial simplifié (RECOS) qui vise à faciliter les procédures douanières pour les petits commerçants. Le COMESA a lancé le régime commercial simplifié (RECOS) dans ses États membres dans le but de faciliter les procédures douanières pour les petits commerçants qui exportent ou importent de petits lots de marchandises. Comme mentionné précédemment, la RDC est actuellement en train de négocier avec le COMESA pour établir un STR avec le Rwanda. Initialement, un montant maximum de 500 USD de marchandises a été fixé, mais une réunion bilatérale de haut niveau tenue à Kigali du 22 au 24 juillet 2015 entre la RDC et le Rwanda avait décidé d'augmenter ce montant jusqu'à 2 000 USD.52

50MWANABININGO, NENE MORISHO, « Les moteurs politiques et économiques de l'intégration régionale en Afrique : Une étude de cas de la République démocratique du Congo, « Institut sud-africain des affaires internationales. Occasional Paper 106 , Johannesburg, 2012

51 Membres du COMESA : Angola, Burundi, Comores, République démocratique du Congo, Djibouti, Égypte, Érythrée, Éthiopie, Kenya, Libye, Madagascar, Malawi, Maurice, Namibie, Rwanda, Seychelles, Soudan, Swaziland, Ouganda, Zambie et Zimbabwe.

52 Interview COMESA TID, Goma, RDC.

Des bureaux d'information commerciale (TID) du COMESA ont également été mis en place, notamment dans des bureaux distincts de part et d'autre du poste frontière de Goma-Gisenyi et celui entre Bukavu-Rusizi, afin de fournir aux commerçants des informations sur les réglementations du commerce transfrontalier en général (telles que les protocoles CEPGL, les exigences douanières nationales, les taxes sur les marchandises, etc.). Cependant, la méconnaissance de ces TID du COMESA et d'autres initiatives est une grave lacune et de nombreux commerçants ne sont tout simplement pas au courant de l'assistance et des conseils que ces TID peuvent fournir. En conséquence, la plupart des dispositions relatives au libre-échange, aux taxes et aux droits non tarifaires ne sont jamais respectées et une variété de taxes et d'obstacles officiels et non officiels persistent au détriment de la réalisation des objectifs du COMESA et d'autres initiatives, en partie à cause d'un manque de connaissance des diverses réglementations et exigences sur lesquelles les DIT peuvent donner des conseils.

D'autres CER et mécanismes régionaux ont également un rôle ou un effet sur la politique commerciale. L'EAC, la SADC et la CEEAC, dont la RDC est membre, cherchent également à encourager le commerce transfrontalier et à harmoniser l'environnement réglementaire entre les États membres en vue d'une libéralisation accrue, conformément au COMESA. La Conférence internationale sur la région des Grands Lacs (ICGLR), qui inclut le Rwanda, la RDC et leurs voisins, a également un effet, bien qu'en termes de commerce transfrontalier, uniquement grâce à l'harmonisation à haut niveau des questions économiques, de sécurité et de gouvernance.

Une dernière remarque s'impose au sujet de l'aide internationale au développement. Tous les États et même les organisations régionales sont, dans une certaine mesure, encouragés par les donateurs et autres partenaires à adopter une économie libérale de marché. Bien que certains États et leurs fonctionnaires puissent parler le langage de la politique économique libérale et de l'intégration, il subsiste une lutte féroce entre la volonté des organisations régionales de développer de marchés plus et le désir des Etats de conserver un certain contrôle sur les marchés intérieurs.

Que retenir du commerce transfrontalier entre le Nord-Kivu et le Rwanda ?

62. Commerce transfrontalier Nord Kivu – Rwanda

Je parle des produits agricoles et manufacturés.

621. Produits agricoles

Le petit commerce transfrontalier des produits agricoles est une caractéristique majeure de la micro-économie de Goma. Le commerce des produits agricoles est un moyen de subsistance pour une proportion significative de la population dans les zones urbaines mais aussi dans les zones rurales, la production, le transport et le commerce étant des activités interconnectées et interdépendantes. Il est intéressant de noter que, malgré l'abondance relative de terres agricoles fertiles du côté de la RDC, le commerce des produits agricoles (principalement des fruits et légumes) est dominé par les produits rwandais. Cela est dû à la stratégie relativement efficace et globale employée par Kigali pour augmenter les exportations vers l'est de la RDC, mentionnée précédemment.

Les producteurs rwandais sont encouragés à former des coopératives et à vendre collectivement aux négociants, qui à leur tour achètent collectivement. Les producteurs et négociants individuels sont nombreux mais sont exclus des subventions gouvernementales et sont donc considérablement désavantagés en termes d'accès au soutien et à la négociation collective.53 Il est probable que les coopératives seront mieux placées pour gérer les réformes futures que les négociants et les vendeurs individuels. Les deux types de commerçants rwandais qui traversent Goma ont tendance à vendre de porte à porte et dans la rue, souvent avec des clients existants qui commandent des marchandises à l'avance. Il est important de noter que les commerçants rwandais essaient de vendre toutes leurs marchandises avant de retourner au Rwanda afin d'éviter de payer les taxes sur les marchandises fixées par la RRA (Rwandan Revenue Authority). Ces négociants rwandais, qui vendent déjà à des prix plus bas que les négociants locaux de Goma car ils ne sont pas soumis aux taxes à l'exportation et ne louent pas d'étals sur le marché, réduisent leurs prix afin de vendre toutes leurs marchandises avant de retourner au Rwanda pour éviter les taxes d'importation rwandaises, et vendent donc beaucoup moins cher que les négociants congolais.54 Cela provoque de nombreuses frictions entre les commerçants rwandais et congolais, à tel point que les commerçants congolais collaborent activement avec les enfants des rues ou les agents de sécurité pour harceler les commerçants rwandais perçus comme vendant à des prix fortement réduits.

Le Rwanda exporte une variété de produits agricoles vers le Congo, la RDC exporte principalement du sorgho, des graines de maïs et des pommes de terre en fonction des saisons et de la demande au Rwanda. Le sorgho a tendance à être la culture la plus lucrative car il est en demande constante du côté rwandais de la frontière pour être utilisé principalement dans le brassage de la bière à la brasserie Braliwra dans la banlieue de Gisenyi et dans la production locale de bière de banane. Le Rwanda ne dispose pas des conditions

---

53 Harrison, Rwanda, 2015.

54 Entretien avec une coopérative rwandaise, entretien avec un négociant congolais de pommes de terre irlandaises, focus group BAPEP, focus group négociants agricoles congolais.

nécessaires à une production significative de sorgho. La production agricole au Rwanda et en RDC est saisonnière.

Chaîne d'approvisionnement du sorgho (janvier-mars)

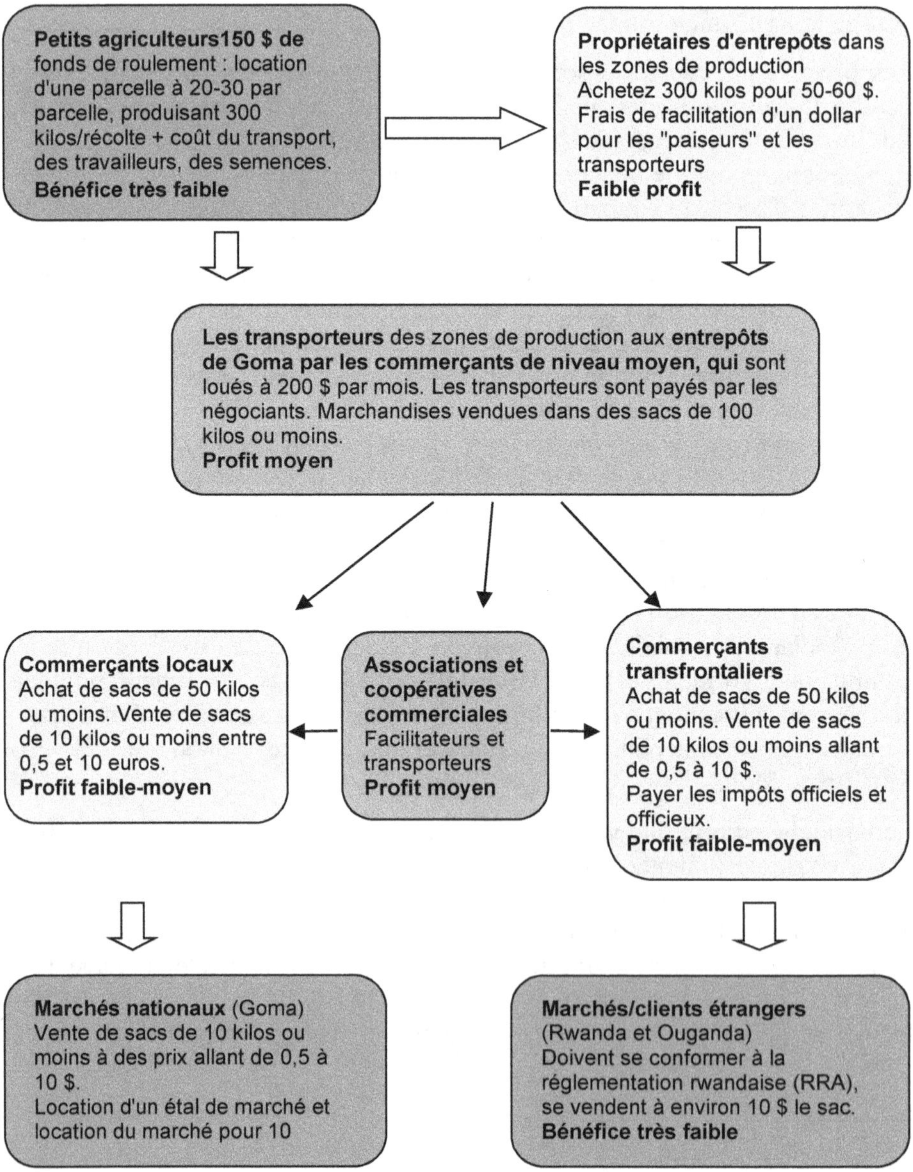

La première étape concerne la production. Les chaînes d'approvisionnement du sorgho, des pommes de terre et de maïs sont remarquablement similaires. Les produits sont cultivés sur de petites parcelles de terre entretenues individuellement et louées à de grands propriétaires de "plantations". Dans la région de Kitshanga (Masisi), une parcelle de terrain d'un hectare est louée pour environ 20 USD par saison agricole, tandis qu'à Rutshuru, une parcelle de taille similaire est louée entre 25 et 30 USD. Les agriculteurs peuvent louer plusieurs parcelles de terre en fonction de leur capital.

Ces parcelles sont généralement exploitées individuellement ou au sein d'un ménage, bien que des travailleurs supplémentaires soient employés quotidiennement pendant la récolte et la plantation. Peu d'agriculteurs sont membres d'associations, et la culture se fait sur une base individuelle. Après la récolte, les agriculteurs apportent leurs produits aux marchés locaux ou aux entrepôts situés à proximité ou dans la ville la plus proche. Ils ne sont généralement pas en mesure de financer le transport de leurs marchandises jusqu'à Goma ou d'autres grandes villes de marché.

Une seule parcelle produit en moyenne 300 kilos par récolte de sorgho, qui sont vendus à environ 40-60 USD, ou 500 kilos par récolte de pommes de terre qui sont vendues à environ 100-130 USD ; ou 300 kilos par récolte de semences de maïs qui sont vendues à environ 50-60 USD. Le coût de production d'une seule parcelle est d'environ 100-150 USD (y compris la location de la parcelle, la plantation et la récolte). Le bénéfice, hors transport vers le marché local, est donc d'environ 100-150 dollars par parcelle et par récolte, qui a lieu deux fois par an.55 Même si l'on suppose que les bénéfices des agriculteurs se situent dans la fourchette supérieure de 150 dollars par parcelle, les produits individuels génèrent un bénéfice inférieur à un dollar par jour. Les marges bénéficiaires sont donc inférieures au seuil de pauvreté et tout impact négatif sur la demande risquerait d'entraîner la misère et l'aggravation de la pauvreté. En outre, de nombreux produits sont saisonniers (le sorgho n'est produit que de janvier à mars, par exemple) et leurs coûts de production diffèrent.

La deuxième étape consiste à transférer les marchandises des zones de production vers les villes de marché. Les négociants disposent d'un réseau de surveillants ou de " paiseurs " qui jouent un rôle d'intermédiaire entre eux et les agriculteurs, ou bien ils achètent sur les marchés de Goma après que les produits ont été transportés depuis les fermes ou les entrepôts locaux. Les paiseurs reçoivent un dollar par sac de produits qu'ils achètent en guise de paiement de la part des commerçants. Les paiseurs ne sont que des " fournisseurs " de marchandises et n'ont pas vocation à transporter des

---

55 Entretien avec un agriculteur de Kitshanga ; entretien avec un agriculteur de Rutshuru ; groupe de discussion avec des agriculteurs de Kitshanga.

marchandises, même si beaucoup d'entre eux ont bien sûr des réseaux sociaux avec des transporteurs ainsi qu'avec des producteurs et des commerçants. Certains commerçants se rendent activement dans les zones de production pour acheter des produits en gros et les transporter ensuite en ville. Ces commerçants ont généralement un plus grand pouvoir d'achat et font partie d'associations. Les commerçants individuels qui ne font pas partie d'associations ne peuvent généralement acheter des marchandises qu'après qu'elles aient été transportées à Goma par des commerçants plus importants.

La troisième étape consiste à faire traverser les marchandises la frontière ou à les amener sur un grand marché pour que d'autres commerçants transfrontaliers puissent les acheter. Une fois que les marchandises arrivent à Goma, elles sont transportées dans un entrepôt par les commerçants, qui paient généralement un loyer de 200 USD par mois pour stocker leurs marchandises avec d'autres commerçants dans un entrepôt. Les entrepôts appartiennent à des particuliers à Goma, souvent des femmes aisées. Les commerçants ont tendance à louer des emplacements dans le cadre d'une association, tandis que les commerçants individuels achètent des marchandises dans ces entrepôts en petites quantités. Dans ces entrepôts, d'autres petits commerçants viennent acheter des sacs d'environ 100 kilos ou moins aux commerçants qui ont acheté aux producteurs.

Certains petits commerçants achètent dans les entrepôts et font ensuite passer les marchandises à la frontière à la main, ou paient un transporteur. Pour les produits agricoles, les commerçants doivent payer plusieurs taxes officielles aux services des douanes et de l'hygiène. Dans le même temps, ils paient plusieurs taxes non officielles et des pots-de-vin allant de quelques centaines de francs congolais (0,5 USD) à 5, voire 10 dollars. Les commerçants doivent être vigilants face au harcèlement des agents de l'État et d'autres acteurs comme les enfants de la rue, mais beaucoup d'entre eux font ce genre de commerce depuis longtemps et ont donc construit un réseau et un système pour naviguer et mener leurs affaires.

D'autres petits commerçants vendent les marchandises sur les marchés pour la consommation locale. Ces commerçants doivent payer une redevance mensuelle de 10 USD$ au marché et louer des étals individuels. En raison de ces coûts, ainsi que des coûts de la taxation informelle, des produits similaires en provenance du Rwanda sont vendus à un prix inférieur, ce qui entraîne une sous-cotation des prix du marché et provoque des frictions entre les commerçants congolais du marché et les commerçants rwandais qui vendent de porte à porte ou sur le bord de la route. De plus, les Rwandais essaient de vendre toutes leurs marchandises avant de retourner à Gisenyi, ce qui a pour effet de réduire encore plus les prix sur le marché de Goma, comme mentionné plus haut.

La dernière étape concerne la vente des produits aux consommateurs de l'autre côté de la frontière. Une fois la frontière franchie au Rwanda, il y a relativement peu de problèmes. Les taxes sont clairement comprises et le gouvernement rwandais, par l'intermédiaire du RRA, applique extrêmement bien ces réglementations. Les commerçants ont tendance à avoir des clients déjà existants au Rwanda et peuvent donc facilement distribuer leurs marchandises. Les commerçants vulnérables tels que les femmes et les *handicapés* sont généralement bien traités du côté rwandais de la frontière et le harcèlement et les pots-de-vin sont rares aux postes frontières officiels. Les commerçants gagnent généralement environ 10 USD par sac de marchandises. Une commerçante a souligné sa situation :

Je ne vais pas personnellement à Masisi, je l'achète simplement sur le marché ici, dans les entrepôts. Puis je vais au Rwanda quand j'ai la marchandise, bien que certains Rwandais achètent ici. Je le vends à 30 dollars pour 100 kilos et je l'achète à 30-50 dollars pour 150 kilos. Il y a beaucoup de taxes et de pots-de-vin que je dois payer pour aller au Rwanda. Mon bénéfice est de 2 dollars US par sac de 50 kilos. C'est un petit bénéfice mais c'est suffisant.56

Le sorgho est commercialisé ainsi de janvier à mars, lorsque la récolte est la plus abondante. Les pommes de terre sont en abondance en RDC de mars à juillet et de septembre à décembre et les maïs sont produits et commercialisés de juillet à décembre. D'autres produits agricoles sont cultivés et emmenés au Rwanda en fonction de la demande, notamment les haricots, les tomates et les petits pois.

Il y a aussi les produits manufacturés à évoquer au point suivant.

622.Produits manufacturés

Depuis les années 1970, le secteur manufacturier de la RDC a été gravement affecté par des politiques inappropriées telles que la désastreuse politique d'"Authenticité" et de "Zaïranisation"57 qui prévoyait la nationalisation de toutes les grandes entreprises appartenant ou dirigées par des étrangers. Le résultat de ces mesures a été la destruction de la base industrielle naissante qui se développait au Zaïre. De plus, les années de guerre et de conflit vécues dans les années 90 et qui persistent à ce jour ont contribué à la faillite des quelques entreprises manufacturières qui étaient encore opérationnelles. L'environnement commercial du pays n'incite pas les investisseurs étrangers ou nationaux à créer des entreprises dans le pays.

---

56 Entretien avec une commerçante de sorgho de Goma.

57CALLAGHY, Thomas. *The State-Society Struggle : Zaire in Comparative Perspective.* New York : Columbia University Press, 1984 et Young, Crawford et Thomas Turner. *The Rise and Decline of Zairian State.* Madison : University of Wisconsin Press, 1985.

Dans ce contexte, l'industrie manufacturière a fortement diminué, à tel point que la RDC ne dispose d'aucune gamme de produits manufacturés congolais à exporter vers ses voisins. Le Rwanda dispose d'une petite base manufacturière, mais ne produit pas de produits manufacturés destinés à l'exportation, et dépend des importations des autres États membres de l'EAC et des échanges avec la RDC.

Cependant, la dynamique commerciale observée aux frontières de la RDC avec ses voisins est celle de la " réexportation " de produits manufacturés précédemment importés de marchés étrangers tels que l'Asie ou d'autres États africains. Comme les commerçants parviennent à éviter certains droits de douane par la corruption sur de nombreux produits importés (comme le concentré de tomates et le lait en poudre), ceux-ci sont beaucoup moins chers à l'achat en RDC que dans les pays voisins, et en particulier au Rwanda. À la frontière entre Goma et Gisenyi, quatre grands produits manufacturés sont réexportés au Rwanda : le vin, le concentré de tomates (en particulier la marque Salsa), le lait en poudre (Nido) et les vêtements pour femmes (Kitenge). Tous ces produits sont beaucoup moins chers en RDC qu'au Rwanda, même si les importateurs des deux pays ont les mêmes fournisseurs (de Chine, de Dubaï et du Kenya). Comme mentionné plus haut, ce qui rend ces produits moins chers à Goma n'est pas seulement le faible tarif douanier, mais aussi et surtout la capacité des importateurs congolais à éviter le paiement des droits de douane ou à réduire considérablement le montant de ces droits à payer à la frontière grâce à la corruption. Comme l'a expliqué un commerçant de salsa :

Le grand obstacle auquel nous sommes confrontés est le niveau élevé des taxes au Rwanda, en ce qui concerne les produits manufacturés importés de la RDC. S'ils peuvent réduire les taxes, nous pouvons commencer à les payer et éviter les voies non officielles, qui sont parfois dangereuses. Un autre problème auquel nous sommes confrontés dans notre activité est le risque élevé d'être attrapé et puni par la police de l'autorité fiscale du Rwanda. S'ils surprennent des chora chora avec des produits de contrebande, ils les saisissent et vous font payer une forte amende. Très souvent, nous ne sommes pas en mesure de la payer et nous abandonnons nos marchandises.58

Les ré-exportateurs de ces marchandises vers le Rwanda, via Gisenyi, sont généralement de petits commerçants qui les achètent dans les grands magasins de Goma et les revendent au Rwanda. Mais étant donné les droits de douane élevés perçus par la RRA sur ces produits, ils font principalement l'objet de contrebande.

Les commerçants font souvent appel aux *ChoraChora* pour faire passer des produits manufacturés à la frontière et leur versent une commission. Les

---

[58] Entretien avec un commerçant de salsa, Goma, NK,

ChoraChora sont des facilitateurs informels de la contrebande. Il s'agit principalement de femmes, qui empruntent des voies informelles/illégales pour faire entrer des marchandises au Rwanda, appelées "Panya Roads". Ces *ChoraChora* connaissent bien la frontière et ont établi de bonnes relations avec les soldats congolais et rwandais qui patrouillent aux postes frontières non officiels où les marchandises de contrebande passent généralement pour entrer au Rwanda. La coopération des soldats est un élément clé pour le succès de la procédure de contrebande. Une fois que les marchandises arrivent à Gisenyi, elles sont remises à des commerçants rwandais ou congolais qui ont traversé la frontière légalement et qui les vendent directement aux commerçants de Gisenyi. Un commerçant de lait en poudre résume la situation :

« Dans notre activité, nous ne traitons qu'avec les chora, et les chora traitent avec les soldats du Rwanda et de la RDC. Nous ne pouvons pas réussir dans nos affaires sans une coopération étroite entre les chora chora et les soldats des deux pays. Nous aimerions mettre fin à la contrebande. Notre objectif est de faire du commerce officiel, mais pour cela, la RRA doit réduire les droits de douane, sinon nous continuerons à faire de la contrebande et, bien sûr, nous risquons de perdre nos marchandises ».59

Il est important de noter que la RRA effectue des inspections régulières dans les magasins du côté rwandais, demandant aux propriétaires de magasins de présenter les documents de dédouanement des marchandises de contrebande les plus courantes qu'ils vendent. Pour atténuer le risque d'être sanctionné en l'absence d'un tel document, les commerçants sont obligés d'importer officiellement une petite quantité de ces marchandises. Cela leur permet d'obtenir un certificat de dédouanement, qu'ils présentent à la RRA. Les marchandises de contrebande sont cachées dans leurs propres maisons, pour se protéger du contrôle des douaniers. Tout article vendu est immédiatement remplacé par un article de la maison, jusqu'à l'épuisement du stock.

En ce qui concerne la tomate concentrée « salsa », les petits commerçants achètent un carton de concentré de tomates à 21 USD dans les magasins de Goma. Le transport, la commission de la *ChoraChora* et les pots-de-vin pour les soldats aux frontières non officielles coûtent environ 7 USD. La boîte est vendue à Gisenyi aux propriétaires de magasins à 30 USD, qui la revendent sur le marché de Gisenyi pour environ 33 USD. Le bénéfice du petit commerçant est donc d'environ 2 USD par carton, et celui du commerçant de Gisenyi est donc d'environ 3 USD par carton.

Un autre bon exemple est celui du lait en poudre, Nido. Une boîte de Nido est achetée à Goma à 28 USD. Le coût de la transaction (commission du *ChoraChora*, coût du transport, communication et pots-de-vin) est d'environ

[59] Entretien avec un commerçant de Nido, Goma, NK

7 USD par boîte. La boîte est vendue à Gisenyi aux propriétaires de magasins à 38 USD qui la revendent à environ 42 USD. Le bénéfice du petit commerçant est donc d'environ 3 USD par boîte et celui du commerçant de Gisenyi d'environ 4 USD par boîte.

Chaîne d'approvisionnement du lait en poudre (Nido)

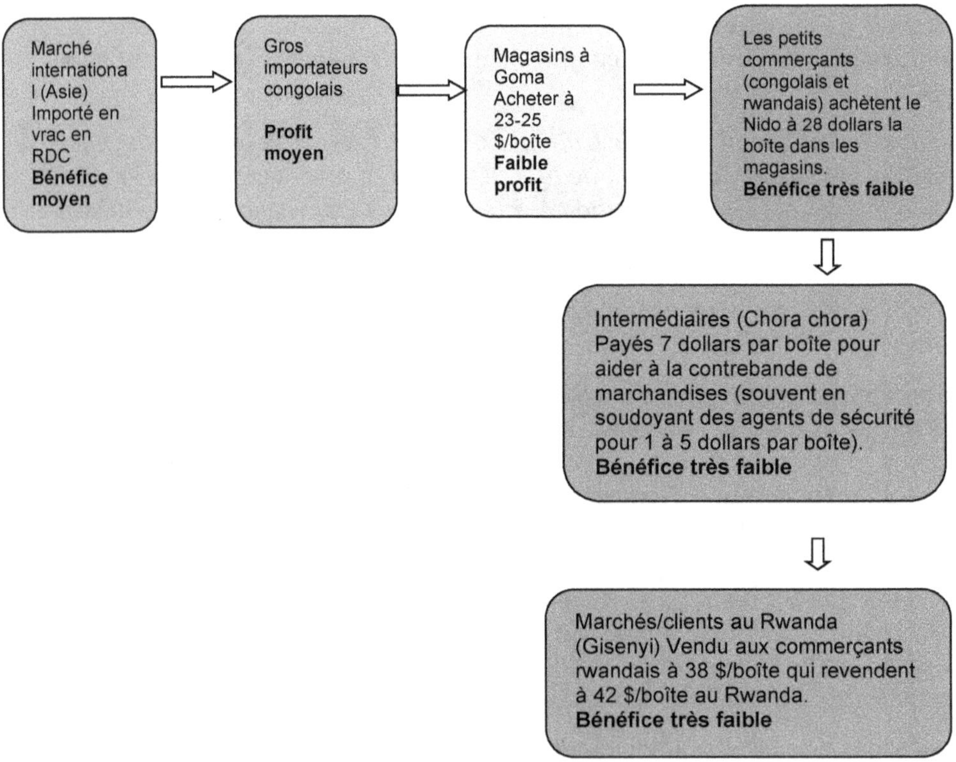

Il est clair qu'en l'absence de contrebande, les prix de ces produits seraient beaucoup plus élevés qu'ils ne le sont actuellement. Une analyse rapide montre par exemple que, si tous les droits de douane officiels étaient payés à la RRA, les prix moyens à Gisenyi du concentré de tomates et du lait en poudre importés de Goma pourraient atteindre respectivement 42 et 56 USD. L'activité de contrebande ne profite pas seulement aux commerçants et aux intermédiaires, mais elle est également très bénéfique pour la population locale qui voit son pouvoir d'achat augmenter.

Que retenir du régime fiscal aux postes frontalières R.D.Congo et le Rwanda ?

6.3. *Régime fiscal aux postes frontières RDC-Rwanda*

Il existe une perception répandue dans les Kivus que les droits de douane, en particulier sur les marchandises importées, sont beaucoup plus élevés au Rwanda qu'en RDC. Or, un rapide coup d'œil sur le régime douanier des deux pays montre que dans certains cas, ce n'est pas le cas. Le tableau ci bas montre que pour trois des sept marchandises sélectionnées, les droits de douane de la RDC peuvent être plus élevés que ceux du Rwandais.

Une comparaison du régime fiscal au Rwanda et en RDC montre que pour certains produits échangés entre Goma et Gisenyi, les droits de douane formels sont en fait beaucoup plus bas au Rwanda qu'en RDC. En RDC, le système d'imposition cumulative combiné à la multiplicité des services qui perçoivent les droits de douane et les pots-de-vin informels augmente considérablement le coût de l'importation de biens formels en RDC. La perception erronée mentionnée ci-dessus vient probablement du fait que les importations sont très souvent traitées par une manipulation (corruption) du processus formel des droits de douane : certains biens à Goma sont moins chers qu'à Gisenyi parce qu'ils n'ont pas payé les droits de douane "corrects" (et non parce que les droits de douane de la RDC sont inférieurs à ceux du Rwanda).

Par exemple, dans la zone frontalière de Goma-Gisenyi, il est bien connu que le vin est moins cher à Goma qu'à Gisenyi ou à Kigali et il est donc l'un des produits les plus couramment introduits en contrebande au Rwanda depuis Goma. Cependant, les droits de douane sur un sac de 3 litres de vin (Drosdy) représentent 77% de la valeur CAF en RDC et 58% au Rwanda. Pourtant, comme mentionné ci-dessus, ce produit est moins cher à Goma ; il coûte 20 USD contre 26 USD à Gisenyi et 33 USD à Kigali. Il est également important de noter que les fournisseurs de vin aux importateurs rwandais et congolais sont les mêmes : les fournisseurs achètent ce produit aux mêmes endroits en Afrique du Sud, à Dubaï ou à Nairobi. La seule explication à cette différence de prix, selon un douanier congolais, est une sous-estimation massive de la valeur douanière des produits importés par les commerçants, en collusion avec les douaniers.60

60 Interview d'un fonctionnaire de la DGDA, Goma

Tableau 2 : Comparaison des droits de douane de certains biens importés au Rwanda et en RD Congo (excluant les taxes informelles et les pots-de-vin).

Produit	Droit de douane officiel en % de la valeur des marchandises / RDC	Droit de douane officiel en % de la valeur des marchandises / Rwanda
Eau minérale	77	58
Alcool (vin, spiritueux)	77	70
Pagnes	37	83
Poisson	37	33
Lait en poudre	22	83
Produits alimentaires (par exemple, pommes de terre, tomates)	27	33
Tomates concentrées	29	62

Source : Nos interviews avec les agents de la DGDA et de la RRA

En ce qui concerne la structure fiscale, il est important de noter que les taux d'imposition fixés par le Rwanda et la RDC sur les importations sont assez similaires, y compris les droits de douane, l'impôt sur les sociétés, la taxe de consommation et la taxe sur la valeur ajoutée (TVA). La différence entre le système douanier des deux pays est que, tandis qu'au Rwanda, la RRA (Rwanda Revenue Authority) est la seule institution autorisée à collecter les taxes sur les importations et les exportations, en RDC, plusieurs organismes d'État sont impliqués dans la collecte des taxes à la frontière61 .

Les droits d'importation et d'exportation sont extrêmement importants pour les recettes fiscales du Rwanda. Au Rwanda, les droits d'importation représentaient en 2020 8,1% des recettes fiscales totales. Le pays a entrepris d'importantes réformes fiscales qui ont donné des résultats impressionnants en termes de collecte des impôts, notamment en créant et en institutionnalisant un service de collecte des impôts efficace.

Le Rwanda a également fait d'importants efforts pour libéraliser son commerce en réduisant ses droits d'importation. Par exemple, cet effort de libéralisation a conduit la contribution du commerce international aux recettes fiscales totales à diminuer de 41% en 1995, à un peu plus de 10% en 2010

61MORISHO, M.N. (2014), *A New Institutional Economics approach to Cross Border Trade. A case Study of Goma-Gisenyi Border Post,* Ed. NMP Verlag, Allemagne.

(ADB, 2010), et environ 8% à partir de 2020. Dans le même temps, le gouvernement rwandais a réussi à diversifier ses revenus, notamment grâce à l'utilisation efficace de l'aide étrangère et à des réformes plus larges visant à encourager la création des entreprises, ce qui a permis aux budgets nationaux de surmonter la perte de revenus provenant de la taxe sur le commerce.

Les recettes fiscales de la RDC, et en particulier les recettes du commerce international, en pourcentage du PIB sont parmi les plus faibles de l'Afrique sub-saharienne. Comme pour de nombreux pays africains, le système fiscal congolais comprend quatre sources principales de recettes fiscales : les taxes sur les biens et services, les impôts directs, la taxe sur le commerce international et les autres taxes (Mayengo, 2008). Le faible niveau des recettes fiscales liées au commerce international s'explique bien sûr en partie par le niveau élevé de corruption et de contrebande aux frontières de la RDC.

Le commerce international représente plus de 17 % du total des taxes perçues par la RDC (statistiques Banque Mondiale, 2020), ce qui inclut toutes les exportations. Comparé au Rwanda, le commerce international en RDC génère deux fois plus de taxes en termes de montant de revenus générés. Cela est compréhensible étant donné que la RDC perçoit plus d'impôts grâce à ses nombreuses ressources naturelles (mines, pétrole, etc.) du Katanga, du Kivu et d'ailleurs, que le Rwanda ne possède pas, mais cela démontre également l'efficacité de la collecte des impôts au Rwanda, étant donné sa plus petite taille, l'absence de ressources extractives et sa plus petite population.

En ce qui concerne le commerce transfrontalier entre la RDC et le Rwanda, les régimes de taxation des produits manufacturés et agricoles sont assez similaires : dans les deux pays, les produits manufacturés sont plus taxés que les produits agricoles. Ceci est justifié par le fait que les produits agricoles sont considérés comme des produits de première nécessité alors que la majorité des produits manufacturés sont considérés comme des produits de luxe62 .

Quelle analyse faire des acteurs congolais ?

6.4. Analyse des acteurs de la RDC

Il s'agit des agriculteurs, des commerçants de Goma, des facilitateurs et des transporteurs

6.4.1. Agriculteurs 63

Les agriculteurs du Nord-Kivu ont des origines très diverses. Beaucoup ont été déplacés de chez eux et ne peuvent pas retourner dans leur communauté à

Entretien avec un fonctionnaire de la DGDA à la petite barrière le 13 janvier 2016.

63 Basé sur des entretiens avec des producteurs à Masisi et Rutshuru.

cause de l'activisme des groupes armés et du banditisme. La plupart sont des agriculteurs de subsistance qui cultivent sur de petites parcelles de terre. Au Nord-Kivu, les agriculteurs qui approvisionnent les commerçants de Goma mais aussi de Bunagana et parfois de Bukavu sont basés dans les zones rurales autour de Masisi et Rutshuru. Bien qu'il y ait un mélange de groupes ethniques, les communautés hutues jouent un rôle disproportionné dans l'agriculture.

Les agriculteurs louent généralement les terres des plantations à des grands propriétaires terriens.. Les hommes comme les femmes sont des agriculteurs, mais les hommes conservent presque exclusivement le pouvoir de décision en termes d'acquisition de terres, de choix des produits à cultiver et de clientèle. La plupart des femmes sont donc gravement désavantagées. Cependant, certaines femmes qui ne sont pas soumises aux exigences des hommes dans le ménage, comme les femmes divorcées et les veuves, gèrent leurs propres affaires avec une certaine autonomie. Les agriculteurs louent des terres pour un montant de 25/30 USD par hectare ou versent un pourcentage de leur récolte en guise de paiement pour les parcelles. Il n'y a pas de limite au nombre de parcelles qu'un agriculteur peut louer et beaucoup en possèdent plusieurs. Les agriculteurs qui ne peuvent se permettre qu'une seule parcelle ont tendance à travailler pour des agriculteurs plus riches qui possèdent plusieurs parcelles. Les gérants sont responsables de la gestion quotidienne des plantations et exercent un pouvoir considérable en termes de distribution des concessions foncières. Des pots-de-vin et des faveurs sont souvent sollicités pour obtenir des parcelles à louer.

La propriété foncière s'acquiert selon trois possibilités : par la cession coutumière, par les services du cadastre et par l'héritage. Les questions foncières sont une source importante de conflits à Masisi. Un entretien avec UN Habitat, qui mène depuis plusieurs années des projets sur les conflits fonciers à Masisi, a révélé que les facteurs suivants sont sources de frictions dans cette région : la propriété (détention) irrégulière des terres, le non-respect des limites des terres, les conflits fonciers générés par l'héritage foncier, les conflits entre les enfants et les parents vivants (les enfants réclament leurs terres alors que les parents sont encore en vie), la spoliation, due à la contestation d'un contrat de vente ou d'un don de terre, l'expropriation (expulsion) irrégulière, les terres abandonnées, le défrichement pour l'exploitation des zones minières, les problèmes après un divorce, et les conflits liés au refus des lois coutumières.

En ce qui concerne la location des terres, les décisions relatives à la distribution des parcelles posent problème. Les gérants des plantations sont généralement chargés de louer les parcelles de terre au nom des propriétaires des plantations. Les gérants sont alors des individus puissants dans la mesure où ils déterminent qui a accès aux sources de revenus. Les cadeaux et les paiements pour garantir l'accès aux parcelles de terre sont donc la norme. Une fois qu'une parcelle est attribuée, la sécurité d'occupation n'est en aucun cas garantie, les gérants pouvant expulser les locataires de parcelles à tout moment. Les agriculteurs doivent alors entretenir une relation favorable avec ces gérants de plantations en leur offrant d'autres "cadeaux".

Il existe cependant un groupe d'agriculteurs exclusivement féminins, dont beaucoup sont des "veuves de guerre" qui soutiennent souvent un certain nombre de membres de leur famille et d'autres personnes. Les veuves de guerre ont tendance à assumer le rôle de chef de famille et sont responsables de l'acquisition et de la culture des terres. Ces femmes ont tendance à faire partie de la catégorie plus large des "agriculteurs déplacés". Ces personnes ont dû fuir leur foyer en raison de la guerre et des activités des groupes armés. Elles sont sans terre, c'est-à-dire qu'elles n'en possèdent pas et doivent cultiver sur des parcelles louées. Il n'existe aucune organisation collective ni aucun soutien de l'État pour ces personnes. Toute assistance qu'elles peuvent avoir ne peut provenir que des parents et amis proches et d'autres entités locales non étatiques. Cela peut prendre la forme d'une solidarité ethnique/communautaire où certains groupes ethniques se soutiennent mutuellement par le biais d'un traitement préférentiel informel dans l'activité commerciale ou en créant des groupes sociaux ou en obtenant un soutien financier dans des cadres tels que l'église ou les rassemblements communautaires. Cependant, c'est généralement la famille immédiate et le cercle proche d'amis et de voisins qui apportent un soutien quotidien sous la forme de petits prêts et d'une aide au moment de la récolte.

Que dire des commerçants de Goma ?

6.4.2. Commerçants à Goma

Les commerçants de la ville de Goma constituent un groupe diversifié. En même temps, il a été estimé que plus de 80% sont des femmes. 64Tous sont issus d'une multitude de groupes ethniques, de ruraux et de citadins, de différentes classes et sont impliqués dans le commerce de différents produits. Aucune communauté ne domine le petit commerce transfrontalier. Certains font partie d'associations et de coopératives, mais la majorité n'en font pas parti et sont plutôt des commerçants individuels. Il existe également une diversité significative en termes de pouvoir d'achat, de vulnérabilité, de statut socio-économique des commerçants entre Goma et Gisenyi. Les commerçants les plus prospères ont tendance à être politiquement connectés par le biais de divers réseaux sociaux et familiaux, d'autres commerçants peuvent être le

---

64MWANABININGO, NENE MORISHO *Tirer le maximum de profit du commerce transfrontalier à petite échelle entre la RDC et le Rwanda*, International Alert, octobre 2015.

principal soutien de famille. Les commerçants les plus puissants sont peu enclins à réformer le statu quo et auront une certaine influence grâce à des membres de leur famille bien placés dans l'État ou le gouvernement. Les commerçants membres d'associations disposent également d'un certain pouvoir de négociation pour faire passer les intérêts de l'organisation en priorité. Les plus petits commerçants n'ont aucune voix. Il est donc crucial de ne pas traiter les commerçants comme un groupe homogène.

La population de Goma a rapidement augmenté au cours des 20 dernières années. On estime qu'elle compte aujourd'hui plus d'un million de personnes. Le principal facteur expliquant ce boom démographique est l'insécurité permanente dans les zones rurales entourant la ville de Goma. La province du Nord-Kivu est instable depuis plus de 20 ans avec la présence de plusieurs groupes armés et la reprise cyclique de la violence. De nombreux habitants des zones rurales ont fui leurs maisons et se sont établis à Goma et dans d'autres villes où ils attendent un minimum de sécurité. Cette urbanisation a contribué à une diminution de la production agricole (offre) parallèlement à une augmentation de la population urbaine (demande), à la raréfaction de ces denrées sur les marchés de Goma et donc à une augmentation de leurs prix. Cela a créé une opportunité commerciale pour des milliers d'habitants de Goma et de nombreux Rwandais directement ou indirectement en tant que commerçants, stockeurs, transporteurs, facilitateurs et intermédiaires.

Il est également important de mentionner que, étant donné l'incapacité du gouvernement congolais à créer des emplois rémunérés - ou à encourager la création d'emplois dans le secteur formel - pour toutes ces personnes (les personnes déplacées et les autres habitants de Goma), la majorité d'entre elles sont obligées de se lancer dans le petit commerce dans le secteur informel, y compris le petit commerce transfrontalier. Ce commerce constitue pour eux la seule activité de survie, mais permet en même temps d'importer de Gisenyi des denrées agricoles qui ne peuvent plus être fournies au marché de Goma par les producteurs du Nord-Kivu en milieu rural.

6.5.3. Associations et coopératives

Les organisations collectives sont un élément crucial du commerce transfrontalier entre la RDC et le Rwanda. Les coopératives et les associations sont des véhicules pour des approches collectives à la fois du commerce et de la production. Il est important de noter que, contrairement au Rwanda, la majorité des commerçants et des producteurs de la RDC ne font partie d'aucune coopérative ou association. Cependant, celles qui existent jouent un rôle important.

En RDC, les associations sont beaucoup plus répandues que les coopératives. Les membres des coopératives achètent des parts dans l'organisation et ont un droit de regard égal sur la façon dont la coopérative fonctionne et opère. Les ressources sont mises en commun et le commerce est mené en tant que groupe, les revenus étant partagés équitablement entre les membres. Les associations, quant à elles, sont toujours une forme de négociation collective, mais les membres commercent individuellement. Les dirigeants sont élus par les membres mais exercent un pouvoir disproportionné dans la prise de décision et la gestion de l'association.

Les associations du Nord-Kivu sont centrées sur le commerce au détriment de la production. Ces associations sont en mesure de prendre une position avantageuse dans la chaîne d'approvisionnement, par exemple en dictant les prix aux producteurs et en naviguant entre différents fournisseurs dans différentes régions, en partie à cause du manque de pouvoir de négociation collective dont disposent les agriculteurs. Il existe de nombreuses associations de commerçants. Il y a des associations des éleveurs, des associations agricoles, des associations de transporteurs, etc. Peu d'agriculteurs (producteurs) sont membres de coopératives ou d'associations.65 Les associations existantes sont relativement bien organisées et extrêmement bien intégrées dans les chaînes de valeur commerciales. Ces organisations peuvent profiter de manière disproportionnée aux échelons supérieurs de leur hiérarchie, mais elles offrent en même temps un certain filet de sécurité à leurs membres. Cette dynamique diffère d'une entité à l'autre, les entités les plus performantes ayant tendance à avoir des personnes de haut rang puissantes au sein de l'association, comme le président de l'association et les membres du conseil d'administration.

Il y a aussi des facilitateurs et des transporteurs à ne pas omettre.

6.4.4. Facilitateurs et transporteurs

Les facilitateurs se présentent sous diverses formes, tant formelles qu'informelles, et fournissent un service aux commerçants en les aidant dans le processus de dédouanement de leurs marchandises à la frontière et pour le transport des marchandises à la frontière. Certaines associations, comme la puissante BAS PEUPLE, s'occupent exclusivement de la facilitation (transport et dédouanement). Les membres paient les frais à l'association et reçoivent un reçu. BAS PEUPLE paie ensuite les différentes taxes formelles et informelles pour ses membres.

Les *handicapés* sont un groupe de transporteurs qui se sont également regroupés en association. Les *handicapés* assurent le transport des commerçants, principalement de produits manufacturés. Ils sont composés d'un groupe de personnes handicapées avec des fauteuils roulants spéciaux conçus pour transporter des marchandises et ont dominé le transport du commerce transfrontalier, principalement, mais pas seulement, des produits

65 Voir l'annexe pour la liste des associations consultées.

manufacturés, surtout au poste frontalier appelé « petite barrière ». Il s'agit donc d'un groupe qui s'engage davantage dans le commerce transfrontalier formel et non dans les routes de contrebande, en partie à cause de leur incapacité physique à utiliser les routes de contrebande informelles comme les "panya roads". Ce temps en temps, les *handicapés font face à* d'énormes difficultés pour importer des produits manufacturés de la RDC en raison de l'introduction des nouvelles lois. Par exemple, très récemment, l'introduction d'une nouvelle loi concernant le processus de commerce des produits manufacturés a affecté leur business.66 Auparavant, les *handicapés* payaient simplement une sélection de taxes formelles et informelles et faisaient passer les produits manufacturés à la frontière de la RDC.

> *Il y a trois mois, la DGDA a changé les règles pour tous les produits manufacturés en provenance du Rwanda. Désormais, toutes les marchandises doivent passer par un entrepôt officiel en ville, loin de la frontière. C'est une décision prise par les autorités. Toutes les formalités doivent être effectuées au centre-ville de Goma. Donc maintenant, quand vous arrivez à la frontière avec des marchandises, elles sont prises par les autorités et sont déplacées vers la DGDA. En raison de nos conditions physiques, cela est extrêmement dur pour nous. C'est presque comme s'il s'agissait d'une punition. Nous voulons payer toutes les taxes au poste frontière et non en ville..67*

Désormais, tous les produits manufacturés arrivant du Rwanda sont acheminés par les douaniers vers un entrepôt de la ville de Goma. Ce processus prend plusieurs jours et les *handicapés* sont gravement désavantagés en raison de leur condition physique et de la difficulté à transporter les marchandises en ville. En outre, le coût du commerce a presque doublé, car il faut payer toutes les taxes officielles à la douane pour obtenir les marchandises. Avec la formalisation du commerce, les pots-de-vin et le harcèlement ont considérablement diminué, mais parallèlement, le coût des affaires augmente en termes de temps et d'argent pour acheminer les marchandises jusqu'à l'entrepôt. D'autres commerçants ont été affectés par les nouvelles réglementations, mais la plupart sont au moins capables de répondre à cette nouvelle exigence.

66Focus group avec des *personnes handicapées* et entretien avec le ministre de la planification économique du Nord-Kivu.
67 Entretien avec un commerçant *handicapé*.

6.5.5. Agents de l'État

Un certain nombre d'agents publics, qu'il s'agisse d'individus ou d'institutions, jouent un rôle central dans le commerce transfrontalier.

Les agents de l'État aux postes frontaliers de la RDC perçoivent des taxes officielles et non officielles. Les taxes officielles doivent normalement être payées à la Direction Générale des Douanes (DGDA), aux Services d'Hygiène et à l'Office Congolais des Normes (OCC). Il existe de nombreux autres organismes d'État qui collectent des taxes non officielles à la frontière. Certaines de ces agences sont : ANR, Pole des Frontières, Police, DGM, T2, Garde Présidentielle, bureaux de la DRNK (régie provinciale des recettes), et plusieurs autres.

Les services de sécurité jouent un rôle majeur dans le commerce transfrontalier de plusieurs manières. De nombreux officiers militaires de niveau intermédiaire et supérieur sont directement impliqués dans le commerce transfrontalier et les associations en tant que "facilitateurs". Ces hommes sont payés pour utiliser leurs positions de pouvoir et de privilège afin d'aider les négociants, principalement ceux qui ont des revenus élevés, à transporter des marchandises à travers la frontière. Ces individus sont extrêmement bien connus au sein de la hiérarchie militaire et politique locale et ont une certaine influence en termes de manipulation des réseaux informels de commerçants, de politiciens locaux/provinciaux et des unités militaires et policières locales. En outre, de nombreuses épouses d'agents de sécurité de niveau intermédiaire ou supérieur sont impliquées dans le petit commerce transfrontalier en tant que commerçantes, propriétaires d'entrepôts, transporteurs et utilisent l'influence de leurs maris pour obtenir un traitement préférentiel. La majorité des commerçantes interrogées avaient un mari ou un membre de leur famille travaillant dans l'armée, la police ou un département gouvernemental ou paraétatique.

Des militaires et des policiers de bas niveau sont toujours présents aux postes frontières mais aussi dans les zones rurales et obligent systématiquement les gens à payer des pots-de-vin. Le harcèlement par ces agents de l'État est quotidien et ne comprend pas seulement les pots-de-vin mais aussi le vol, les abus verbaux, les violences physiques et même les agressions sexuelles. Aucune tentative n'est faite pour fournir aux femmes un traitement approprié. Les femmes sont considérées comme des cibles faciles pour les pots-de-vin ou même les agressions sexuelles et sont soumises à un harcèlement quotidien. Les autorités ou les différents services n'ont pas vraiment envie de s'attaquer à la situation désastreuse dans laquelle se trouve la majorité des commerçantes. Certaines femmes ont été employées comme agents de sécurité, responsables des frontières et autres postes officiels. Cependant, elles sont toujours nettement moins nombreuses que les hommes et n'ont eu qu'un effet limité sur la routine quotidienne des abus. Les agences de sécurité ont tendance à avoir des chaînes de commandement et des hiérarchies concurrentes, l'autorité de certaines résidant à Goma tandis que d'autres rendent compte à Kinshasa, et beaucoup s'engagent dans des domaines concurrents d'activité économique illégale.68 Un exemple a été donné sur la façon dont une unité de police a été mise en place pour surveiller d'autres agents de l'Etat aux postes frontières afin d'essayer de mettre fin à la corruption. Au début, il y a eu quelques résultats positifs, jusqu'à ce que l'unité spéciale elle-même soit impliquée dans la corruption.

> *Les autorités provinciales ont effectivement créé une unité de police spéciale censée surveiller les autres agents au poste frontière, pour mettre fin aux pratiques de corruption, aux pots-de-vin et au harcèlement. Cette unité a connu un certain succès au début et certains pots-de-vin ont été arrêtés pendant un certain temps. Mais ces agents ont rapidement été impliqués eux-mêmes dans la corruption et ont dû être dissous.69*

Les services de renseignement (ANR) méritent une mention spéciale et sont présents à toutes les étapes de la chaîne d'approvisionnement. Rien qu'au poste frontière de Goma-Gisenyi, il peut y avoir jusqu'à 10 agents de l'ANR qui harcèlent et extorquent les commerçants locaux.70

6.5.6. Groupes armés

Bien qu'ils opèrent aujourd'hui en général relativement loin de la frontière, de nombreuses zones rurales sont sous le contrôle ou soumises à l'activité d'une pléthore de groupes armés71, ce qui a pour conséquence que les terres ne peuvent pas être utilisées pour l'agriculture en raison de l'insécurité. Les taxes informelles, les contributions aux "efforts de guère", les enlèvements, les agressions sexuelles, les contributions aux récoltes, le travail forcé, etc sont monnaie courante dans les zones sous contrôle de ces groupes armés. Ces groupes sont ancrés dans la politique identitaire et s'alignent souvent sur des communautés spécifiques en termes d'ethnicité, de langue et de lieu d'origine.

68Stearns, Dancing, 2010 ; Stearns, Jason, Verweijen, Judith et Maria Eriksson Baaz. "Armée nationale et groupes armés dans l'est du Congo : Démêler le nœud gordien de l'insécurité". Projet Usalama, Rift Valley Institute, 2013 et
Verweijen, Judith, L'ambiguïté de la militarisation : L'interaction complexe entre les forces armées congolaises et les civils dans les provinces du Kivu, est de la RD Congo, thèse de doctorat non publiée, Université d'Utrecht, 2015.

69 Entretien avec un fonctionnaire des douanes de la DGDA

70 Entretien avec COMESA TID (la personne interrogée a indiqué plusieurs agents de l'ANR autour du Petit Barriere).

71 Carte du Nord et du Sud-Kivu et groupes armés ; Congo Research Group ; http://congoresearchgroup.org/mapping-of-armed-groups-in-eastern-congo-october-2015/

Ces groupes s'en prennent constamment à la population et fonctionnent davantage comme des entités mafieuses que comme des organisations purement politiques.

Le banditisme a également augmenté, affectant les communautés locales mais aussi la chaîne d'approvisionnement en produits agricoles au Nord-Kivu. Les enlèvements, les agressions sexuelles et les viols, les violences contre les civils sont autant de caractéristiques des activités des bandits et des groupes armés. Par conséquent, toutes les étapes de la chaîne d'approvisionnement sont affectées. Les agriculteurs sont soit déplacés de leurs maisons, soit obligés de payer des frais de "protection". Les agricultrices, qui représentent un nombre important de ceux qui cultivent les champs, sont particulièrement vulnérables aux abus, aux attaques et aux enlèvements. Dans de nombreuses zones, les femmes ont décidé de cultiver en groupes plus importants avec des " surveillants " qui surveillent l'arrivée des bandits. Les transporteurs sont également touchés et doivent payer des taxes aux barrages routiers mis en place par les groupes armés, ce qui augmente le coût du commerce. Les commerçants doivent également payer des "amendes" ou donner certains produits aux groupes armés lorsqu'ils transportent des marchandises dans des zones de conflit.

La libéralisation du commerce entre le Rwanda et la R.D.Congo a des gagnants et des perdants comme je l'illustre au point suivant.

6.5. Gagnants et perdants d'une forte libération du commerce entre la RDC et le Rwanda

Je parle des efforts de réforme récents, des gagnants, des perdants, des mécanismes évoqués pour éviter les dommages, l'évaluation des effets sur le conflit

6.5.1. Efforts de réforme récents et actuels

La libéralisation accrue du commerce en RDC aura sans aucun doute des conséquences intentionnelles et non intentionnelles. Il faut noter que l'augmentation et la formalisation du commerce apporteront un bénéfice net et contribueront à l'amélioration des moyens de subsistance de certains acteurs. La logique est que la suppression des obstacles, des coûts et des barrières au commerce entraînera une augmentation de la production et des revenus associés pour un individu, ainsi que des améliorations des systèmes de production, établissant ainsi une approche durable du développement des moyens de subsistance des ménages.

Les dimensions de genre sont cruciales étant donné que la majorité des acteurs, y compris les plus vulnérables, sont des femmes. Elles sont particulièrement vulnérables aux violences sexuelles lorsqu'elles travaillent dans les champs, à tel point qu'en période de conflit, l'option d'abandonner leurs cultures semble être la plus sûre ou la seule option. Les personnes les plus vulnérables ont un pouvoir d'achat très limité, ne disposent d'aucun filet de sécurité en termes de protection socio-économique et sont les principaux soutiens de famille du ménage. Les femmes constituent la section la plus vulnérable des producteurs et des négociants, mais elles sont aussi parmi les plus prospères. Certaines agricultrices, dont beaucoup sont des "veuves de guerre", ont réussi à acquérir un certain nombre de parcelles de terre avec une main-d'œuvre payée. Les commerçantes les plus prospères ou les plus puissantes ont tendance à avoir des liens familiaux avec des responsables de la sécurité et/ou de l'État. Les membres des associations ont différentes personnes d'influence et à différents niveaux, dont beaucoup sont des femmes. Notons aussi que les agriculteurs non propriétaires et les commerçants individuels au niveau le plus bas de l'échelle qui ne sont pas impliqués dans une association, sont des femmes. Il est donc particulièrement important de ne pas traiter les femmes comme un groupe homogène dans des domaines tels que le commerce ou la production.

Les réformes en cours et passées sont nombreuses et se concentrent principalement sur les éléments techniques du commerce transfrontalier et, dans une large mesure, elles négligent l'ensemble de la chaîne d'approvisionnement. Les réformes comprennent la mise en place de postes frontaliers à guichet unique dans le but de réduire la fiscalité informelle et le harcèlement ; des réglementations visant à accroître le commerce formel; la suppression des barrières tarifaires ; et la création de marchés transfrontaliers. Ces réformes sont actuellement mises en œuvre par une sélection de partenaires de développement, dont le COMESA, le TMEA, la Banque Mondiale et certains donateurs bilatéraux

Il est crucial de comprendre les gagnants et les perdants potentiels des effets de ces réformes, en particulier pour la RDC où l'environnement de production et de commerce est beaucoup plus mauvais et plus volatile. La création de postes frontaliers à guichet unique, telle qu'envisagée par le COMESA et mise en œuvre au Rwanda et en RDC, est une étape importante et nécessaire pour résoudre le problème de la corruption et du harcèlement. Tous les commerçants interrogés ont cité la corruption et le harcèlement comme un obstacle majeur à leur activité.72 Ils ont également déclaré que la mise en place d'un poste frontalier unique permettrait de résoudre le problème lié à la multitude de paiements, officiels et non officiels. Cependant, des inquiétudes ont été soulevées quant au risque de surfacturation par les guichets uniques eux-mêmes. De nombreux commerçants ont laissé entendre qu'ils pratiquaient

72 Entretien avec une commerçante de sorgho, entretien avec une commerçante de pomme de terre, groupe de discussion avec des commerçants agricoles, entretien avec le directeur général de BAPEP.

la contrebande parce qu'elle permet d'éviter la taxation officielle en RDC et au Rwanda. Si les futurs postes frontières uniques sont trop chers et ne parviennent pas à contourner les taxes non officielles, les commerçants chercheront d'autres moyens de faire des affaires et continueront probablement à payer des pots-de-vin ou à faire de la contrebande. Dans ce cas, le harcèlement et les abus risquent de se poursuivre.73 Il serait utile de tirer les leçons d'autres postes frontaliers à guichet unique, notamment ceux d'Afrique de l'Est, comme ceux du Kenya-Ouganda et de la Tanzanie-Rwanda, tout en reconnaissant que leurs circonstances sont différentes.

Outre ces mesures régionales et nationales visant à faciliter le commerce transfrontalier, il existe également des initiatives locales. Par exemple, certaines réformes sont prises au niveau provincial et concernent certains postes frontières. C'est le cas de la décision des autorités provinciales de modifier la loi sur le dédouanement des marchandises obligeant les petits commerçants à dédouaner leurs marchandises à l'entrepôt de la DGDA (douane), situé à environ 4 km de la frontière. Alors que les commerçants avaient l'habitude de dédouaner leurs marchandises à la frontière, cette nouvelle réglementation frontalière augmente considérablement leurs coûts commerciaux. Le coût du transport des marchandises de la frontière à l'entrepôt est payé par les commerçants ainsi que le coût du stockage. Il est également important de mentionner que le temps consacré à la procédure de dédouanement a également augmenté. Il est possible que les négociants mettent une journée entière ou plus pour dédouaner les marchandises alors qu'auparavant, la procédure ne prenait que quelques heures au poste frontière lui-même. Comme l'a souligné un commerçant :

> *Dans le passé, nous avions l'habitude de dédouaner les marchandises à la frontière ici à Goma. Nous donnions les marchandises aux personnes handicapées qui faisaient tout pour nous (paiement des droits de douane, pots-de-vin, etc.) et les livraient à nos points de vente. Mais maintenant les affaires sont très difficiles parce que nous devons apporter les marchandises dans l'entrepôt de la DGDA et attendre le dédouanement là-bas. Et parfois, cela peut prendre deux jours, alors que dans l'ancien système, cela ne prenait que quelques heures (maximum 2 heures). Cela complique les choses pour nous, car non seulement cela prend du temps, mais le coût augmente également. Dans le nouveau système, il est très difficile de négocier avec les agents de la DGDA pour réduire les droits de douane une fois que vous êtes dans leur entrepôt. 74*

73 Entretien avec Eastern Congo Initiative, Goma, NK.
74 Négociant d'interview Goma, NK.

Bien que cette décision semble être coûteuse et longue pour les commerçants, elle a cependant l'avantage d'avoir réduit le harcèlement auquel les commerçants sont habituellement confrontés à la frontière. Il est clair que les différentes agences de l'Etat et les nombreux agents informels qui avaient l'habitude de collecter les taxes informelles sur les petits commerçants ont été perdants en raison de la nouvelle réglementation. Il m'a été rapporté que le nombre d'agents de police, d'agents de l'ANR et d'agents informels a diminué à la frontière depuis la mise en œuvre de la nouvelle loi. Les agents de la DGDA et de l'OCC ont également signalé que leurs revenus informels quotidiens ont considérablement diminué. Les conséquences de ce type de mesure peuvent donc être affirmées aux trois niveaux :

1) Au niveau du gouvernement, qui semble être le plus grand gagnant de la mesure, celle-ci contribue à augmenter ses recettes fiscales et à faciliter la gouvernance de la frontière.

2) L'impact sur les commerçants est ambigu. D'un côté, grâce à la mesure, le harcèlement qu'ils avaient l'habitude de subir à la frontière est réduit et beaucoup d'entre eux en ont été témoins. Cependant, d'un autre côté, la mesure augmente le coût des échanges (taxe, coût de transport, coûts de stockage accrus) pour les commerçants et beaucoup préféreraient revenir à l'ancien système, même si cela signifie plus de harcèlement.

3) Les différents agents de l'État et les agents informels qui collectent les taxes informelles sont définitivement perdants.

La formalisation et l'application de réglementations telles que la loi sur le dédouanement ont donc des connotations positives et négatives. D'une part, un système est développé et appliqué qui réduit activement les possibilités de corruption tout en garantissant que les droits de douane légitimes sont versés dans les caisses de l'État. Cependant, dans le même temps, le coût des affaires augmente considérablement en raison de l'effort supplémentaire nécessaire pour transporter les marchandises et de la durée pendant laquelle les marchandises doivent rester dans les entrepôts gérés par les services de douane. Par conséquent, les commerçants vulnérables, tels que les petits commerçants individuels disposant d'un capital de moins de 10 USD ou les personnes *handicapées,* sont désavantagés en raison de leur incapacité à s'adapter aux nouvelles réglementations. Les nouvelles réformes de ce type devraient être accompagnées d'une évaluation minutieuse de ces conséquences involontaires et des filets de sécurité envisagés. Par exemple, avec cette, les bailleurs de fonds pourraient soutenir une installation d'entreposage plus proche de la frontière, insister sur une durée maximale de conservation des marchandises et fournir un soutien ciblé, via des ONG partenaires, pour aider des groupes comme les handicapés à s'adapter à la nouvelle réalité.

La suppression des barrières tarifaires peut également être une arme à double tranchant. En réduisant les droits de douane à l'importation et à l'exportation, avec la possibilité d'une zone de libre-échange, il est probable que le volume global des échanges commerciaux augmente de façon spectaculaire. À court terme, cela peut inciter les commerçants congolais à faire du commerce transfrontalier et à offrir des prix plus bas aux consommateurs congolais. Cependant, les commerçants rwandais augmenteront également leurs activités. En ce qui concerne les produits agricoles, il est probable que les négociants rwandais bénéficieront d'un avantage déloyal. Étant donné que les coûts de production rwandais sont bien plus bas, les produits agricoles rwandais en RDC continueront à être moins chers que pour leurs homologues congolais. Il est donc extrêmement probable que la ville de Goma et ses environs, ainsi que d'autres centres commerciaux, connaissent une augmentation spectaculaire des produits agricoles rwandais. Ces produits seront nettement moins chers que les produits congolais et pourraient accroître les frictions entre commerçants et nuire aux producteurs congolais.

Il est intéressant de noter que les produits agricoles congolais sont perçus comme étant de meilleure qualité. De nombreuses personnes interrogées ont suggéré que les produits agricoles de Masisi et Rutshuru sont considérés comme étant produits de manière organique, contrairement aux produits rwandais qui sont considérés comme étant fortement dépendants des produits chimiques et des engrais industriels. Dans une certaine mesure, cette perception est fondée sur la réalité, étant donné les efforts considérables que le gouvernement rwandais déploie pour augmenter la production grâce à des techniques agricoles plus modernes. Il pourrait y avoir une opportunité, bien que de faible envergure, de protéger le marché pour ces produits congolais dans un environnement commercial libéralisé en s'appuyant sur les perceptions des " produits biologiques " dans l'est du Congo, pour une classe moyenne urbaine croissante dans les villes de province et autres, à la fois au Rwanda et en RDC. Les questions relatives aux produits du "commerce équitable" pourraient également jouer un rôle dans la création de chaînes de valeurs durables et sans conflit.

En ce qui concerne les produits manufacturés, la suppression des barrières tarifaires aurait des effets moins dramatiques que pour les produits agricoles, bien que certaines questions importantes soient à prendre en compte. Ceci est largement dû à la petite base de transformation au Rwanda et au fait que la plupart, mais pas tous, des produits manufacturés que la RDC exporte vers le Rwanda, sont de réexportations. Puisque la plupart de ces produits ne sont pas réellement produits en RDC (ils sont en fait réexportés au Rwanda : Nido, vêtements pour femmes, vin, etc), ils ne seront pas dûment affectés par la formalisation du commerce. En fait, la formalisation est susceptible de réduire la contrebande pour certains produits, mais si les "taxes non officielles" et les pots-de-vin subsistent, la contrebande continuera.

Dans le même temps, les biens produits au Rwanda seront avantagés par la formalisation du commerce. Étant donné que le secteur manufacturier du Rwanda est plus développé que celui de l'est de la RDC, bien que naissant, il est plus probable qu'une suppression des droits de douane profite aux produits manufacturés rwandais, étant donné que le coût de production est beaucoup plus faible au Rwanda que dans l'est de la RDC (coût de l'électricité, taxes, etc.). Par exemple, un sac de 50 kg de ciment produit au Rwanda est vendu à Goma presque au même prix que le sac de 50 kg de ciment produit à Goma (par la société Nyiragongo Cement). 25kg de farine de maïs produite au Rwanda est moins chère à Goma que les produits similaires produits à Goma. Si les produits manufacturés rwandais sont aujourd'hui moins chers par rapport aux produits congolais ou coûtent presque le même prix alors qu'ils paient des droits de douane, il est clair que la situation aura un effet négatif sur ces produits manufacturés congolais qui concurrencent les produits rwandais si les barrières tarifaires sont supprimées.

Les marchés transfrontaliers ont un certain sens économique car ils se trouvent à proximité des postes frontières eux-mêmes, ce qui élimine les coûts supplémentaires de transport, les intermédiaires et encourage activement les Congolais et les Rwandais à installer des étals sur la même place de marché. Ils peuvent alors avoir un avantage supplémentaire en fournissant un forum pour la construction du capital social et pour répondre aux besoins du marché en termes d'offre et de demande saisonnières. Cependant, à l'heure actuelle, les commerçants rwandais n'utilisent pas les marchés en RDC et ont tendance à vendre dans la rue ou font le porte-à-porte, beaucoup d'entre eux ayant une base de clients établie.75 Convaincre ces commerçants de devenir des commerçants de marché, étant donné le coût de la location de stands de marché, peut être une tâche difficile. Une partie du problème est liée à la difficulté d'obtenir des stands sur les marchés, mais aussi à certaines tensions entre les commerçants rwandais et congolais. Plusieurs commerçants rwandais ont déclaré qu'ils ont essayé d'obtenir des étals et qu'ils ont échoué et ont donc décidé d'abandonner après plusieurs tentatives. Cela les a obligés à continuer à vendre dans la rue ou de porte-à-porte, ce qui génère à son tour des conflits avec les commerçants congolais, car les Rwandais vendent à des prix réduits (les vendeurs de rue ne paient pas de taxes ni de frais d'étalage sur les marchés).

Il est important d'essayer d'identifier les effets négatifs de chacune de ces réformes, et de déterminer qui sera le plus grand perdant. Ceux qui risquent de perdre le plus sont les petits agriculteurs, les petits commerçants, les facilitateurs et les agents de sécurité et de l'État. Ceux qui risquent de gagner sont les commerçants de taille moyenne, les transporteurs et les

---

75 Entretien avec une coopérative rwandaise et groupe de discussion avec des négociants agricoles congolais.

gouvernements congolais et rwandais. D'autres acteurs pourraient bien perdre un peu ou gagner un peu, mais dans l'ensemble, leur statut ne sera pas sujet à de grands changements. Il s'agit des propriétaires fonciers, et des groupes armés.

Qui sont les perdants ?

6.5.2. Les perdants

Une omission flagrante dans les approches internationales et nationales visant à développer un régime commercial plus libéral tout en évitant de nuire (par exemple en contribuant à la dynamique des conflits ou en ayant un effet négatif sur les circonstances socio-économiques) est le manque d'inclusion, de soutien et de stratégie adéquats pour certaines premières étapes de la chaîne d'approvisionnement. En ce qui concerne principalement le commerce des produits agricoles, l'impact sur les agriculteurs est négligé dans la plupart des analyses et des approches visant à soutenir le commerce transfrontalier. S'il est clair que la plupart des commerçants, transporteurs et facilitateurs basés en ville, mais pas tous, ont une plus grande capacité d'adaptation aux nouvelles réglementations, les producteurs ont tendance à avoir un faible pouvoir de négociation, voire aucun. Toute proposition de formalisation et de libéralisation accrues du commerce et des réglementations commerciales doit tenir compte de l'effet sur ceux qui seront les plus touchés. À cet égard, trois grands types de perdants peuvent être identifiés :

1. Les perdants ayant le pouvoir de bloquer la réforme = individus et groupes qui devront probablement être indemnisés ou contrôlés par le gouvernement, si l'on veut que les réformes fonctionnent (agents d'État et de sécurité de haut niveau, associations puissantes, "hommes et femmes importants").
2. Les perdants ayant un certain pouvoir pour saper certains aspects de la réforme = peu susceptibles de saper l'ensemble des efforts de réforme, mais ils saperont le succès de manière plus modeste et rendront certainement la vie plus difficile pour la catégorie inférieure (agents de l'État et de la sécurité de niveau inférieur, associations de niveau moyen, facilitateurs plus puissants).
3. Les perdants sans pouvoir = les individus qui seront simplement perdants et deviendront indigents (les agriculteurs, les facilitateurs et les plus petits commerçants).

Les agriculteurs, en tant que producteurs de produits agricoles, constituent la première étape de la chaîne d'approvisionnement, principalement du sorgho, du maïs et des pommes de terre, qui sont exportés au Rwanda. La plupart des producteurs ciblant Goma et Gisenyi sont des petits exploitants au niveau des ménages.

Les hommes et les femmes sont impliqués dans l'agriculture, mais ce sont les membres masculins qui ont le plus de pouvoir en termes de prise de décision et de finances. Cette dynamique est due à la nature patriarcale du ménage (pas seulement dans l'agriculture mais dans la société en général). Ce sont les hommes du ménage qui prennent les principales décisions concernant les revenus, même si les femmes du ménage fournissent des efforts égaux ou supérieurs dans la production.

Les agriculteurs congolais risquent de subir les pressions d'un commerce accru et libéralisé avec le Rwanda, étant donné que les produits agricoles rwandais, selon la saison, dominent déjà les marchés du Nord-Kivu. De manière générale, cela se traduira par une augmentation de l'offre de marchandises au Nord-Kivu, ce qui entraînera une baisse des prix et de la demande pour leurs produits. Leur capacité à subvenir aux besoins de leur ménage diminuera et les agriculteurs pourraient être contraints de chercher d'autres sources d'emploi. L'absence de filets de sécurité et de revenus alternatifs place les agriculteurs congolais dans une position très difficile. Ils doivent se conformer aux exigences des commerçants, des propriétaires terriens et d'autres personnes en aval de la chaîne d'approvisionnement, mais ils sont en même temps extrêmement vulnérables aux changements de conditions météorologiques qui affectent les récoltes et les infrastructures.

La poursuite du développement de marchés locaux et nationaux à l'intérieur des frontières de la RDC, près des zones de production, ainsi que dans les zones frontalières pour les produits locaux, pourrait améliorer la situation des producteurs. Pour certains produits de Masisi et Rutshuru, il existe des marchés locaux près des zones de production, mais ils ont tendance à être de petite taille et à ne fonctionner que certains jours de la semaine. Des marchés plus grands et les infrastructures associées telles que les routes et les installations de stockage pourraient profiter aux producteurs ainsi qu'aux consommateurs ruraux, contribuant ainsi à une plus grande sécurité alimentaire et à des moyens de subsistance durables. Il serait utile de réaliser une cartographie détaillée des produits spécifiques, de leur lieu de production, des niveaux de demande existant localement et dans les zones urbaines et de la manière de soutenir les premières étapes de la chaîne d'approvisionnement dans les zones rurales en vue de soutenir les infrastructures locales.

D'autres produits qui ne sont actuellement produits que pour l'exportation n'ont généralement pas de marchés adéquats et font l'objet d'échanges individuels. C'est le cas du sorgho, produit principalement dans le Masisi, pour lequel il existe peu de marchés locaux. Ceci n'est guère surprenant étant donné le manque de demande de sorgho dans les zones rurales de la RDC. C'est également le cas du soja, produit à Rutshuru et exporté vers l'Ouganda. Soutenir les premières étapes de la chaîne d'approvisionnement, y compris les infrastructures telles que les routes et les entrepôts pour les produits agricoles fréquemment exportés (sorgho, soja, maïs, pommes de terre) peut contribuer à atténuer l'impact des réformes sur les agriculteurs. Cela permettrait de réduire considérablement certains des coûts que les agriculteurs doivent supporter en termes de transport.

Pour d'autres produits, le marché d'exportation est saisonnier et basé sur la demande des pays voisins. Lorsqu'il y a une pénurie au Rwanda de produits comme les haricots, les pommes de terre et les semences de maïs, sont exportés au Rwanda pour répondre à la demande. Cependant, le principal marché pour les producteurs de ces produits est le marché national, car la demande du Rwanda pour ces produits tend à être faible. Une grande partie de ces produits est vendue sur les marchés de Goma, Bukavu et même Kinshasa. Par exemple, les haricots, les graines de maïs et les oignons de Rutshuru sont principalement commercialisés sur le marché de Bukavu. Si les infrastructures routières sont améliorées (le coût du transport est donc réduit) et que le pouvoir de négociation des prix des agriculteurs est amélioré grâce à leur regroupement en coopératives, il est alors possible que les marchés locaux, à la fois dans les zones frontalières mais aussi dans les zones rurales et les autres villes congolaises, constituent une bonne opportunité pour eux de vendre leurs produits à des prix raisonnables malgré la concurrence des produits étrangers.

En aval de la chaîne d'approvisionnement, les petits commerçants constituent le deuxième groupe le plus vulnérable. Ces personnes sont généralement issues des milieux les plus pauvres et les plus défavorisés de la société urbaine. La grande majorité d'entre eux sont des femmes, qui représentent souvent le seul revenu des ménages et dont le capital par transaction est inférieur à 10 USD. Ces personnes font du commerce sur une base individuelle, traversant simplement la frontière quotidiennement avec de petites quantités de marchandises. Elles sont victimes de harcèlement et d'abus quotidiens de la part de divers agents étatiques et non étatiques. Il est important de noter que ces commerçants n'ont pas la capacité de s'adapter aux changements du marché. Le moindre choc subi par le système a des effets disproportionnés. La majorité des commerçants qui franchissent la frontière correspondent à ce profil. L'augmentation des échanges commerciaux touchera sans aucun doute plus durement ces commerçants. Ils n'ont pas la capacité de s'adapter aux changements de réglementation et il n'existe aucun filet de sécurité pour leur apporter un soutien socio-économique. L'avenir est particulièrement sombre pour ces commerçants.

Les autres types de commerçants sont moins sensibles aux perturbations potentielles du système commercial et disposent de divers mécanismes d'adaptation. Les petits commerçants qui sont membres d'une association ou d'une coopérative seront confrontés à des problèmes similaires en termes d'augmentation potentielle du coût des affaires et de concurrence accrue avec les commerçants rwandais. Cependant, en tant que membres d'une organisation de négociation collective, ces commerçants disposent au moins d'une certaine forme de représentation. Les commerçants plus prospères, disposant d'un capital plus important et d'une plus grande infrastructure en termes de voies de transport, de clients et de facilitateurs, peuvent avoir la capacité de s'adapter aux nouvelles réglementations et demandes. Par exemple, la possibilité de détourner le commerce et les exportations par les frontières avec l'Ouganda et/ou le Burundi pour éviter les taxes rwandaises est une piste qui existe actuellement et qui pourrait être étendue pour éviter les obstacles associés au paiement des tarifs nécessaires au commerce formalisé. Les commerçants qui ont le plus de succès ou qui ont des liens familiaux significatifs avec des agents de l'État et des fonctionnaires sont susceptibles de mieux profiter des réformes potentielles que les autres. Leurs réseaux informels, leur succès relatif dans les affaires signifient que ces individus ont probablement la capacité de s'adapter à un environnement réglementaire changeant.

Les agents de la sécurité et de l'État à différents niveaux seront désavantagés. Les agents de bas niveau seront les plus mal lotis. Le simple soldat d'une unité militaire ou le douanier à la frontière sera privé d'un certain nombre de possibilités de rétribution financière qui est souvent le seul moyen de subventionner de maigres salaires qui, la plupart du temps, ne sont jamais versés. Ces personnes seront complètement privées de leurs droits si des salaires adéquats ne sont pas versés pour remplacer l'extorsion. Il est probable que ces personnes chercheront d'autres moyens informels de compléter leurs maigres salaires.

Notons aussi qu'une pléthore d'officiers militaires en activité ou à la retraite ayant des bonnes relations politiques sont impliqués dans le commerce transfrontalier de produits manufacturés et agricoles. Habituellement du grade de capitaine à celui de colonel, ces officiers supérieurs utilisent leur position de pouvoir et leurs importants réseaux formels et informels pour faciliter le commerce en aidant à franchir la frontière avec des marchandises, et en contournant les taxes officielles. La formalisation et la libéralisation du commerce entraîneront un manque à gagner considérable pour ces personnes, qui ont une influence sur les réseaux politiques locaux. Ces fonctionnaires connectés utiliseront tous les moyens disponibles pour maintenir le statu quo.

Une complication intéressante et contradictoire est la nature interconnectée de ces acteurs du commerce. Le plus souvent, les femmes commerçantes les plus puissantes, telles que les responsables d'associations et de coopératives, les négociantes les plus prospères de produits agricoles et manufacturés et, de manière réaliste, les femmes les plus prospères dans le cadre urbain d'une activité commerciale informelle, telles que les propriétaires de petits entrepôts, sont soit apparentées, soit personnellement liées à ces officiers militaires impliqués dans la facilitation. Très souvent, les épouses, les sœurs et la famille élargie de ces hommes sont des commerçants ou participent à la chaîne commerciale. Il en résulte une tension dans le développement d'un régime commercial libéralisé, dans la mesure où ce qui peut être bénéfique pour les commerçantes est à l'opposé de ce qui est bénéfique pour la coterie puissante et connectée d'officiers militaires qui complètent considérablement leurs revenus en agissant en tant que facilitateurs informels. Ces officiers militaires ont une relation de contrôle avec leurs "clientes" commerçantes, qui sont souvent des membres de leur famille, et exercent une influence considérable sur elles.

D'autres agents de l'État, tels que les douaniers, le personnel des services de migration, les responsables de la santé et de l'assainissement, etc. sont également susceptibles de perdre des revenus provenant des taxes informelles. Des salaires adéquats et réguliers sont nécessaires pour atténuer le choc et dissuader le développement d'autres pratiques de corruption.

Tout comme les officiers militaires, les facilitateurs seront les grands perdants. Au niveau informel, les *ChoraChora* ont en théorie tout à perdre. Ces personnes, principalement des femmes, sont extrêmement vulnérables aux réformes proposées en matière de commerce. Dans le même temps, il est probable que la contrebande illégale se poursuive, voire augmente, car les commerçants (luttent) pour s'adapter aux nouvelles réglementations. Si le coût du commerce par les voies officielles est trop élevé pour être supporté et que la formalisation n'est pas suffisamment appliquée, la *ChoraChora* prospérera. En outre, les commerçants les plus vulnérables n'auront peut-être pas d'autre choix que de devenir des *ChoraChora*.

Le groupe d'*handicapés chargé* de la facilitation et du transport risque d'être le grand perdant d'une formalisation accrue. Ces transporteurs sont extrêmement vulnérables, à la fois sur le plan physique en raison de leur handicap, mais aussi sur le plan financier compte tenu de la perte de revenus liée à la nouvelle loi sur le dédouanement (voir ci-dessus). Si aucune disposition spéciale n'est prévue, telle qu'une dispense spéciale pour le transport de marchandises ou une forme de protection, ils risquent de perdre beaucoup au point de ne plus pouvoir exercer leur activité.

Certaines coopératives et associations impliquées dans la facilitation pourraient être affectées négativement et leur capacité à s'adapter au changement sera cruciale pour leur survie. Les organisations plus importantes et mieux établies, comme le Bas Peuple, disposent de l'infrastructure nécessaire pour s'adapter efficacement au changement. La diversification dans des domaines tels que le transport et l'agriculture, le réacheminement des marchandises à travers l'Ouganda et le Burundi, sont autant de voies que les associations et coopératives de taille importante peuvent emprunter. Cependant, dans le même temps, ces organisations exercent une influence considérable sur les politiciens locaux, les agents frontaliers et les agents de sécurité et sont susceptibles de plaider pour le maintien du statu quo. Il s'agit d'une relation de convenance mutuelle. Tous ces acteurs ont à perdre à court terme d'une libéralisation accrue du commerce.

Qui sont les gagnants ?

6.5.3. Gagnants

Comme indiqué ci-dessus, les individus et les organisations qui ont la capacité de s'adapter bénéficieront d'une libéralisation accrue des échanges ou seront au moins en mesure de se conformer aux nouvelles exigences. Les commerçants relativement prospères, notamment ceux qui font partie d'une association ou d'une coopérative, sont susceptibles de bénéficier de la libéralisation des échanges.

Les transporteurs formels, tels que les propriétaires de camions, tireront toujours profit du commerce transfrontalier, car la demande de transport est constante. Qu'ils soient formels, informels, libéralisés ou gérés, il y aura toujours un besoin de transport. Si une libéralisation accrue entraîne une augmentation du volume des échanges, les transporteurs en tireront un avantage financier accru. De plus, la suppression des taxes informelles augmentera également les revenus des transporteurs. Cependant, il est également probable qu'il y aura une concurrence accrue dans le secteur du transport.

Les producteurs et les négociants rwandais sont susceptibles d'en tirer le plus grand profit. La chaîne d'approvisionnement rwandaise est extrêmement efficace, du producteur au négociant, avec les infrastructures nécessaires en place en termes de routes, d'énergie et de communications. En outre, le soutien et l'intervention intensifs du gouvernement rwandais pour maximiser la production et le commerce placent les acteurs rwandais dans une position extrêmement favorable pour profiter d'une formalisation et d'une libéralisation potentielles. L'effet pourrait être l'inondation de Goma et d'autres régions de l'est du Congo par des produits rwandais, ce qui aurait pour effet de baisser les prix sur les commerçants congolais au détriment de la production agricole locale. Dans la pratique, les effets précis dépendront du niveau de la demande de Goma, qui est considérable étant donné qu'il s'agit d'une ville de plus d'un million d'habitants. Quoi qu'il en soit, les Rwandais en profiteront plus que les Congolais.

L'État rwandais bénéficiera de la libéralisation accrue du commerce. Comme on l'a vu, le gouvernement rwandais s'est exceptionnellement bien positionné pour développer les modes de production, la circulation des marchandises, etc. En conséquence, le Rwanda est prêt à tirer profit de tout libre-échange à court terme en ciblant le marché de l'est du Congo. En outre, un système efficace de collecte des revenus par le biais d'agences telles que la RRA, caractérisée par une faible corruption, continuera à collecter des fonds importants pour les coffres du gouvernement par le biais des taxes. Il est donc probable que le gouvernement rwandais soit un partisan majeur de la libéralisation du commerce avec la RDC. Il est important de mentionner que le Rwanda ne perçoit pas de taxes à l'exportation sur de nombreux produits qu'il exporte vers l'est de la RDC (produits agricoles bruts ou produits de l'industrie agroalimentaire). Il est donc plus probable qu'en termes de recettes fiscales, l'impact de la libéralisation du commerce soit relativement faible. Cependant, étant donné que cette libéralisation peut entraîner une augmentation du volume des échanges et donc une augmentation de la demande pour les agriculteurs et les producteurs rwandais, le gouvernement rwandais peut être gagnant en termes d'augmentation du volume des échanges (augmentation des taxes internes perçues sur les produits agricoles bruts et ceux de l'agro-industrie, comme la TVA).

Les réformes visant à accroître les échanges commerciaux sont susceptibles de profiter aux consommateurs congolais qui pourraient être les grands gagnants. Il est clair que la libéralisation du commerce augmentera la concurrence entre les commerçants et affectera non seulement la qualité des produits mais aussi leurs prix. Un tel effet est d'une grande importance pour de nombreux ménages à Goma et dans les zones rurales environnantes où la majorité des gens vivent sous le seuil de pauvreté. Une forte baisse des prix des produits de base peut permettre aux ménages pauvres de réaffecter l'argent économisé sur les dépenses alimentaires à d'autres dépenses sociales importantes comme l'éducation et la santé, qui sont souvent négligées lorsque les dépenses alimentaires prennent une part importante du budget.

Un dernier gagnant potentiel est l'État congolais lui-même, bien cela peut se produire à long terme et seulement après que les pratiques commerciales formalisées soient devenues institutionnelles. Une formalisation accrue devrait contribuer à augmenter les recettes des caisses nationales et provinciales. Cependant, étant donné que la corruption et l'informalité sont omniprésentes à tous les niveaux de l'administration gouvernementale, il est probable que la corruption continuera, diluant les effets positifs du commerce formalisé. Si les gains à long terme sont clairement possibles en théorie, ce qui n'est pas clair, c'est la capacité des autorités congolaises à mettre en place les mesures nécessaires pour atteindre ces objectifs à long terme.

Quels mécanismes évoqués pour éviter les dommages ?

6.5.4. Mécanismes pour éviter les dommages

L'absence de filets de sécurité pour les acteurs congolais impliqués dans le commerce transfrontalier est frappante. L'absence de subvention et de stratégie de l'État à toutes les étapes de la chaîne d'approvisionnement constitue l'une des principales menaces pour les moyens de subsistance des individus et des communautés. À cela s'ajoute l'état désastreux des infrastructures. Les voies de transport sont excessivement longues à emprunter en raison du mauvais état des routes. La fourniture d'énergie est, au mieux, inégale. Le manque de confiance dans les organismes de prêt et de financement oblige les individus à emprunter de l'argent à leur famille, à leurs amis et à d'autres relations informelles. L'insécurité est peut-être le plus grand obstacle aux moyens de subsistance durables. La poursuite des conflits de faible intensité et le banditisme ont décimé le tissu social et le mode de production.

Les mécanismes d'adaptation existants sont largement informels. La solidarité ethnique peut être le recours le plus courant, ce qui contribue à la montée des politiques identitaires et de la polarisation ethnique.

Compte tenu de la situation désastreuse dans laquelle se trouvent les producteurs congolais et certains commerçants, certaines mesures peuvent être prises pour consolider les acquis actuels et s'appuyer sur "ce qui fonctionne" afin de minimiser les dommages causés par une forte libéralisation du commerce transfrontalier :

1) Le développement de l'infrastructure est peut-être la question la plus importante pour améliorer l'environnement et augmenter le volume des marchandises à échanger, mais aussi pour permettre l'accès à d'autres routes commerciales et aux marchés intérieurs. Les routes, l'énergie prévisible, les télécommunications et l'amélioration du système de prêt et du système financier changeraient radicalement le visage du commerce et de la production dans l'est du Congo.

   Le développement des réseaux routiers ruraux, des marchés/entrepôts ruraux et l'extension du réseau de téléphonie mobile amélioreraient considérablement la vie des producteurs. En même temps, il faut encourager le développement des marchés dans les zones frontalières, avec des installations de stockage appropriées, l'approvisionnement en électricité, des étals, etc.

2) Encourager et aider davantage de coopératives et d'associations, en particulier pour les producteurs. Comme indiqué ci-dessus, les agriculteurs congolais sont l'un des groupes les plus vulnérables de la chaîne d'approvisionnement. Leur désavantage réside en partie dans le manque de capacité de négociation ou de représentation des groupes d'intérêt. L'adhésion à une organisation collective leur donnera un plus grand pouvoir de négociation avec les propriétaires fonciers, les commerçants, les transporteurs et d'autres acteurs. Les coopératives et associations existantes ont tendance à être multiethniques ; si les nouvelles coopératives et associations rurales étaient également créées de manière à encourager la multiethnicité,

elles pourraient atténuer la perception actuelle de la domination hutue en matière d'agriculture. À l'heure actuelle, il existe très peu de coopératives au niveau de la production, par opposition aux commerçants. Par conséquent, les coopératives commerciales les plus puissantes ont tendance à prendre les producteurs en otage en dictant les prix et en négociant les conditions favorables.

Il est important de noter que les coopératives et les associations ne sont pas une panacée pour les problèmes des producteurs. Historiquement, les associations dans l'est du Congo, et ailleurs,76 ont été des moteurs de solidarité ethnique et d'organisations politiques extrémistes. Le développement d'organisations collectives dans les zones rurales de l'est du Congo pourrait tomber dans le même piège "ethnique" que précédemment, en créant des organisations capitalistes mono-ethniques concurrentes ayant des liens avec des groupes armés.

3) Il serait utile de réaliser une cartographie détaillée des produits spécifiques, de leur lieu de production, des niveaux de demande existant localement et dans les zones urbaines et de la manière de soutenir les premières étapes de la chaîne d'approvisionnement dans les zones rurales en vue de soutenir les infrastructures locales.

4) Rechercher des méthodes pour aider les ONG, les associations et les autres acteurs de la société civile congolaise impliqués dans la fourniture d'intrants agricoles à s'engager plus directement auprès des agriculteurs. Plusieurs agriculteurs interrogés ont réclamé que les ONG les aident davantage à fournir de bonnes semences, des engrais et des outils. Ces mêmes agriculteurs ont déclaré qu'ils connaissaient d'autres personnes qui avaient reçu des intrants agricoles des ONGs et que leur rendement avait augmenté de façon spectaculaire. Cependant, une partie du problème consiste à développer une agriculture durable après que les donateurs et les ONG aient cessé leur soutien. Il est intéressant de noter qu'en parlant avec plusieurs ONG à Goma qui travaillent sur le commerce transfrontalier, aucune n'a collaboré ou ne s'est engagée dans le soutien aux agriculteurs et autres producteurs. La plupart d'entre elles ont cité l'insécurité comme le principal obstacle au travail dans les zones rurales, dissuadant les organisations d'aider les producteurs.

5) Soutenir la mise en œuvre et les initiatives en cours des CERs et des partenaires, en particulier le COMESA, l'EAC et la CEPGL, tout en traitant les impacts négatifs potentiels de ces interventions. Les divers

---

76 Notamment les organisations à base ethnique dans l'est du Congo et, de la même manière, dans l'est de l'Europe.
Kenya avec la puissante organisation GEMENA dirigée par les Kikuyus.

accords régionaux mis en évidence ci-dessus fournissent un cadre dans lequel s'engager et qui est accepté, au moins tacitement, par les États membres eux-mêmes. Des questions telles que la libre circulation des personnes au sein de la CEPGL et la libéralisation des procédures et réglementations commerciales telles que stipulées par le COMESA et l'EAC constituent des étapes concrètes sur lesquelles s'appuyer. Bien plus, une réforme rapide aura certaines connotations négatives, en particulier du côté de la production de la chaîne de valeur.

6) Une formation pourrait être dispensée aux agriculteurs, aux commerçants et aux associations sur les plans d'affaires (tels que la diversification des revenus) et la gestion financière, mais aussi sur les questions de genre et le rôle positif des femmes dans la production, le commerce et au sein du foyer. Des sessions de formation/ateliers simples et pratiques sur les techniques agricoles et d'autres sujets pourraient être proposés aux producteurs.

7) Les postes frontières à guichet unique permettraient de réduire la corruption et la fiscalité informelle ainsi que le harcèlement par des agents de l'État de bas niveau. Toutefois, cela n'est pas garanti et, comme pour d'autres initiatives visant à lutter contre le harcèlement et les efforts de taxation informelle, il faut se garder de créer un autre véhicule d'extorsion.

8) Plus d'agents de sécurité féminins afin que les fouilles des commerçantes ne soient pas effectuées par des hommes du côté de la RDC. La formation des agents masculins aux questions de genre peut également être utile, mais l'efficacité de la formation est souvent surestimée. De même, il est important de garder à l'esprit que les agents féminins peuvent être eux-mêmes soumis au même type d'abus qu'ils tentent de prévenir, ou être impliqués dans des pratiques de corruption ou de harcèlement.

9) Éducation civique sur les réglementations. Souvent, les commerçants ne connaissent pas les réglementations en vigueur ou les taxes qu'ils sont tenus de payer, et ne sont pas informés des voies de recours et autres procédures. Les agriculteurs bénéficieraient également d'une éducation civique sur le commerce et plus particulièrement sur la fixation des prix. Les commerçants interrogés se plaignent souvent de ne pas connaître toutes les réglementations en vigueur en matière de commerce, de douanes et de fiscalité, mais aussi du fait que même lorsqu'ils connaissent les règles, elles sont sujettes à des changements fréquents et à une application arbitraire. La mise en place d'un système accepté et fiable de diffusion et de publication des règlements est essentielle et devrait être uniforme dans tous les postes

commerciaux. Les TID du COMESA peuvent jouer un rôle positif à cet égard.

10) Une utilisation accrue des transferts d'argent par téléphone portable pourrait être utile, bien que les tentatives de développement d'un tel système aient échoué auparavant. Toutefois, les problèmes liés aux télécommunications s'améliorent dans la région. Plusieurs entreprises de télécommunications opérant dans l'est du Congo sont en mesure d'effectuer des transferts d'argent mobile. De nombreux commerçants congolais basés en ville utilisent l'argent mobile. Les agriculteurs et les personnes vivant en milieu rural ne le font pas, en partie à cause du manque de couverture de téléphonie mobile, mais surtout à cause de la peur et de la méfiance à l'égard des institutions de crédit. Augmenter l'utilisation de l'argent mobile à chaque étape de la chaîne d'approvisionnement améliorerait considérablement de nombreuses vies en évitant l'insécurité, la taxation informelle et les questions logistiques longues et ardues. Cependant, cela nécessiterait le développement d'un système bancaire opérationnel et largement utilisé (qu'il s'agisse de banques formelles, d'organisations de microfinance fiables ou de banques coopératives locales), ainsi que l'augmentation de la couverture du réseau. À plus long terme, l'argent mobile pourrait contribuer à combler certaines lacunes en matière d'infrastructures, de corruption et de conflits.

11) Une collaboration étroite doit être établie entre les autorités congolaises et rwandaises afin de répondre aux préoccupations et aux éventuels effets négatifs. Idéalement, une approche partagée devrait être développée avec les autorités de Kinshasa, Goma et Kigali travaillant main dans la main pour développer les infrastructures transfrontalières, et l'environnement réglementaire. La RDC ferait bien de s'inspirer des meilleures pratiques d'autres pays, en particulier des États membres de l'EAC, lorsque cela est possible, notamment en ce qui concerne le développement de coopératives, la fourniture d'intrants agricoles, un environnement juridique favorable et des infrastructures appropriées.

12) Les auteurs de corruption et d'abus doivent être punis. Des efforts concertés pour faire respecter les réglementations viendront compléter la libéralisation accrue des échanges. Ces efforts doivent être sensibles aux éventuels résultats négatifs, surtout s'ils impliquent des agents de sécurité de l'État.

Comment envisager l'évaluation des effets sur le conflit ?

6.5.5. Évaluation des effets sur le conflit

L'augmentation et la libéralisation du commerce ne changeront pas grand-chose à la dynamique des conflits dans l'est de la RDC, du moins à court terme, même si les griefs individuels et intercommunautaires pourraient être exacerbés. L'inverse, à savoir que les conflits, même à petite échelle, ont un impact important sur la sécurité et les moyens de subsistance des commerçants, est bien sûr vrai et toute augmentation de la violence pourrait s'appuyer sur les griefs potentiels des personnes désavantagées par des dynamiques commerciales perçues comme injustes. Les groupes armés de l'Est du Congo disposent de multiples sources de revenus qui incluent la taxation informelle et les rackets, l'extorsion, l'exploitation minière. Au Nord-Kivu, et plus précisément à Masisi et Rutshuru, le M23, les FDLR et divers groupes de défense locaux Maï-Maï exercent leur contrôle sur de vastes étendues de territoire. Les opérations cycliques menées contre ces groupes armés par l'armée nationale et l'ONU n'ont pas atteint leurs objectifs, sauf dans quelques cas isolés.

En termes de conflits inter-étatiques : Une libéralisation accrue favorisera l'Etat rwandais et les individus rwandais à court et moyen terme, ce qui peut provoquer des frictions au niveau officiel. Il est certainement probable que cela augmente les frictions à un certain degré (individus et communautés). L'inondation de l'est du Congo par des marchandises rwandaises aura un effet négatif sur les commerçants congolais qui vendent sur les marchés nationaux, ce qui pourrait attiser le conflit *entre Authoctones et Rwandaphone.* Cependant, cela peut être exagéré. La ville de Goma est un melting-pot d'une multitude de groupes ethniques. Les mariages mixtes sont courants, un capital social important s'est construit entre les communautés par le biais du commerce et de la proximité. Le contexte urbain est tout autant, sinon plus, dicté par une dynamique de classe, bien que l'ethnicité reste une question pertinente. Les zones rurales, en revanche, ont tendance à être plus polarisées et les pressions économiques peuvent renforcer les mécanismes de résilience informels tels que la solidarité ethnique.

L'accent mis sur la libéralisation du commerce peut désavantager certains éléments de la société qui pourraient se rabattre sur les réseaux informels de parents et de proches, qui sont ancrés dans les questions d'ethnicité et de classe. Face à l'adversité individuelle, sans filets de sécurité ou mécanismes d'adaptation adéquats, les groupes ont tendance à s'appuyer sur leurs propres réseaux informels. Plusieurs personnes interrogées ont suggéré que les agriculteurs hutus essaient de vendre à des commerçants hutus qui, à leur tour, essaient de vendre à des clients hutus, renforçant ainsi l'identité ethnique.77 Dans d'autres régions, ce n'est peut-être pas un problème, mais dans l'est du

---

77 Entretien avec un négociant de pommes de terre irlandais, Goma.

Congo, l'histoire récente des conflits ethniques et l'activité continue de groupes armés à orientation ethnique tels que les FDLR et le M23 pourraient aboutir à des communautés encore plus polarisées. La stratégie du gouvernement rwandais visant à favoriser la libéralisation des échanges pourrait en fait contribuer à l'exacerbation des tensions ethniques et au renforcement de l'identité hutue (anti-rwandaise) dans certaines régions, du moins à court et moyen terme.

> *La majorité des acteurs dans ce domaine sont des Hutus. Les gens préfèrent toujours traiter avec leurs frères. Si les biens sont rares sur le marché, les fournisseurs préféreront donner la priorité à leurs frères. Mais je ne parlerai pas de ces questions.78*

Conclusion

Les autres groupes ethniques n'y échappent pas et si les Hutus et/ou d'autres groupes sont perçus comme dominant la production et le commerce dans des secteurs, des produits ou des zones spécifiques, d'autres groupes réagiront de la même manière.

La libéralisation du commerce peut avoir une incidence sur ces différentes dynamiques de conflit, en particulier sur l'augmentation des tensions ethniques/communautaires. Cependant, il est peu probable que les réformes prévues - du moins à court et moyen terme - aient suffisamment de pouvoir ou de portée pour avoir un impact sur les principaux acteurs du conflit, tels que les groupes armés et les hauts responsables militaires. Ces acteurs ne seront pas affectés de manière significative par les réformes commerciales, et continueront très probablement à pratiquer des rackets de protection, des extorsions et d'autres mécanismes de contrôle qui ont un impact sur la vie quotidienne des producteurs dans les zones rurales. Les agriculteurs et les commerçants congolais les plus pauvres seront les plus grands perdants, et au sein de ces groupes, les femmes souffriront le plus car elles sont majoritaires et forment souvent l'échelon le plus bas en termes de dynamique du. Le désavantage au sein de ces groupes les plus vulnérables pourrait renforcer et/ou alimenter les perceptions de griefs communautaires si d'autres groupes de la société sont perçus comme les grands gagnants.

Il est important de rappeler les nouvelles pratiques du petit commerce transfrontalier avec le système d'achat et de vente groupé au dernier chapitre.

---

78 Entretien avec un commerçant hutu de produits agricoles.

Chapitre 7

Les nouvelles pratiques du petit commerce transfrontalier : le système d'achat et de vente groupé

Ce chapitre analyse un phénomène qui prend de l'importance depuis l'année 2020 dans l'exercice du petit commerce transfrontalier entre la RDC et ses voisins. Ce phénomène appelé, système d'achat et de vente groupé, ou « groupage », est actuellement plus pratiqué aux postes frontaliers de l'Est du pays, et est pratiqué par environ 60% des petits commerçants transfrontaliers. Dans les lignes qui suivent, je me focalise sur les facteurs ayant conduit à l'éclosion de ce système, avant d'analyser son fonctionnement, en mettant un accent particulier sur ses forces et ses faiblesses, l'évaluation des fonctions clefs du groupage.

7.1. Historique du système d'achat et vente par groupage

Il convient de définir préalablement un système d'achat par groupage, de rappeler la genèse et l'évolution du système d'achat et de vente par groupage, le fonctionnement des groupes et le processus des commandes

7.1.1. Qu'est-ce que le système d'achat par groupage ?

Le système d'achat et de vente par groupage est une méthode d'achat et de vente utilisée par les petits commerçants transfrontaliers réuni au sein de la Plateforme des Associations et des Coopératives de Petits commerçants transfrontaliers (PACT) de la RDC et de certains pays de la région de Grand lacs en vue de faciliter l'approvisionnement et l'écoulement des diverses catégories de marchandises (produits manufacturés et produits crus des champs). Le groupage est un principe d'achat qui consiste à effectuer une mise ensemble des marchandises du même type (catégorie) à partir du pays d'importation ou d'exportation et de les faire traverser la frontière au moyen des transporteurs à l'aide des motos ou camionnettes ; c'est-à-dire seul le chauffeur et un membre de l'association (gérant) qui convoie la marchandise et ramène l'argent au fournisseur.

La plateforme-PACT regroupe à son sein plusieurs petits commerçants transfrontaliers issus des associations et coopératives agricoles. Les associations sont souvent forgées sur base des filières et marchandises spécifiques et reflètent ainsi l'homogénéité et la concordance des intérêts des membres. Ainsi, on rencontre par exemple des associations-coopérative de bouchers, coopérative de femmes vendeuses de friperie, etc.

Les associations et la plateforme ainsi créées s'occupent à la fois de l'achat et de la vente des marchandises des membres. En effet, les petits commerçants transfrontaliers réunissent une certaine somme d'argent et envoient un ou plusieurs d'entre eux, accompagnés d'un transporteur, pour acheter (ou vendre) des marchandises auprès d'un ou plusieurs fournisseurs (acheteurs) étrangers de l'autre côté de la frontière. Dans la plupart de cas, la PACT assure la déclaration de la marchandise à la frontière et prend en location le véhicule à la charge des commerçants. A l'arrivée de la marchandise, les commerçants se la répartissent selon la mise de chacun ou la vendent ensemble pour se partager proportionnellement le profit ou la perte qui en résulte proportionnellement à leurs mises.

Bien que le groupage permette de résoudre certains problèmes auxquels les petits commerçants sont livrés, il se heurte, toutefois, à un problème lié à la diversité et hétérogénéité des marchandises. En effet, s'il est facile d'acheter en groupe les vaches et les chèvres, il n'en est pas de même quand il s'agit de plusieurs marchandises hétérogènes comme les légumes, les choux, etc. Le groupage de ces marchandises est soumis à un défi logistique car il est difficile de mettre ensemble les tomates, les choux, la patate douce etc. Ce problème logistique est exacerbé par la logique qui sous-tend actuellement le groupage. En effet, les commerçants transfrontaliers ne sont pas regroupés en fonction de leur filière/marchandises mais en fonction de leur affinité exacerbant ainsi l'hétérogénéité de marchandises pouvant faire objet de groupage. Dans cette optique, l'efficacité du groupage est liée à une structuration par filière reposant sur l'homogénéité des produits. Ceci permet alors de passer d'une logique sociale à une logique économique et financière pouvant apporter des revenus aux membres des groupes et des associations.

Que dire sur la genèse et l'évolution du système d'achat et de vente par groupage ?

7.1.2. Genèse et évolution du système d'achat et vente par groupage

Le système d'achat et vente par groupage n'est pas un phénomène aussi récent qu'il apparaît. Les données collectées auprès des commerçants transfrontaliers d'Uvira renseignent que déjà en 1990, certains petits commerçants étaient déjà regroupés au sein de l'Association Mutuelle des Vendeurs et Acheteurs de Poisson (AMVP) qui facilitait l'achat et la vente des poisson en provenance du Lac Tanganyika. Le groupage des marchandises a aussi été utilisé après 1996 lorsque certains commerçants de Bukavu, Uvira et Goma avaient décidé de se lancer dans le commerce avec les pays de la sous-région des grands lacs

(Uganda, Tanzanie) et Kinshasa. Le groupage de marchandise facilitait ainsi l'approvisionnement en marchandises, favorisait l'intégration dans le commerce avec l'étranger et aussi avec la capitale souvent éloignée des provinces situées à l'est de la RDC.

Le renouveau actuel du groupage est lié à la fois à l'avènement des pandémies sanitaires (Covid-19 et Ebola) ainsi qu'à la volonté manifeste de certaines organisations étatiques et non étatiques à structurer et à organiser le commerce transfrontalier. Avant la Covid-19, la majorité des petits commerçants transfrontaliers revenaient avec leurs marchandises sur la tête et d'autres se faisaient aider par les transporteurs locaux au niveau de deux côtés de la frontière. Cette façon de faire présentait des risques élevés de contamination non seulement pour les commerçants, mais aussi pour les transporteurs des trois pays et les services aux frontières. Les attroupements à la frontière constituant à cet effet un facteur important de transmission d'un pays à l'autre. C'est pourquoi la R.D-Congo et les pays voisins avaient interdit ce genre de transport des marchandises depuis l'apparition du virus avec comme conséquences, l'arrêt immédiat et la paralysie des activités des petits commerçants transfrontaliers, car ces derniers n'étaient pas en mesure de supporter les coûts de location des véhicules. Cette disposition a amené les petits commerçants transfrontaliers à adopter la stratégie « des achats groupés » en collaboration avec les vendeurs de l'autre côté de la frontière.

Le groupage a été très bien instauré en 2021 en plein COVID 19. En effet, juste après l'apparition de la pandémie à corona virus, des restrictions relatives à la circulation des biens et des personnes avaient été imposées par tous les pays pour limiter la propagation de la pandémie. Dans la foulée, les frontières ont aussi été fermées pendant un long moment et, les petits commerçants, qui dépendent du revenu tiré par jour du petit commerce et dont la plupart, en majorité les femmes, vivent dans des conditions de vie difficiles, ont vu leur situation financière commencer à sensiblement se détériorer. La situation est encore devenue plus compliquée vu que, les petits commerçants qui traversaient la frontière, 1 à 4 fois par jour pour s'approvisionner dans les marchés transfrontaliers, avec des jetons gratuits et des laisser passer, sont désormais tenus d'avoir un document CEPGL qui coûte environ 11 USD et qui devrait s'épuiser qu'après quelques traversées. En plus, les petits commerçants transfrontaliers étaient obligés de se mettre en conformité avec les mesures sanitaires qui exigeaient la passation d'un test COVID toutes les deux semaines au prix d'abord de 30 dollars américains puis après plusieurs revendications, le prix de test est passé à 5 dollars Américains. L'avènement du covid-19 a donc poussé les petits commerçants à se regrouper en associations afin de procéder à des achats et ventes groupés des divers produits. Ces transactions commerciales ont été favorisées par les nouvelles technologies de l'information et de la communication. En effet, la commande et la livraison des marchandises pouvaient être effectuées via des groupes

WhatsApp constitués eux-mêmes selon les filières (c'est-à-dire les produits commercialisés : riz, maïs, farine, etc.).

L'avènement du groupage pourrait aussi être rattaché à la volonté ferme des certaines organisations étatiques et non étatiques à soutenir le commerce transfrontalier. Les entretiens réalisés à Uvira et Kamanyola confirment que certains petits commerçants ont été sensibilisés et regroupés grâce aux efforts du projet « Tushiriki » en 2017-2018 réalisé par l'organisation SOFIBEF (Solidarité des Femmes des Finistère pour le Bien-Etre Familial) puis à travers le projet Mpaka Shamba letu piloté par l'organisation Alert International qui finançait les organisations comme SOFIBEF (Uvira), LAV (Kamanyola) et GEL (Goma). Cette implication directe de certaines organisations non gouvernementales (Alert International, iPeace, Search for common ground et la GIZ) et gouvernementales (PFCIGL) portaient soit sur le renforcement des capacités et/ou par des aides financières aux associations de petits commerçants transfrontaliers. Ces initiatives ont été aussi soutenues par les services aux frontières en ce sens qu'ils n'ont pas entravé la pratique et ont souvent facilité les transactions en adoptant généralement des mesures plus souples en faveur des petits commerçants transfrontaliers, bien que parfois certaines mesures ou réglementations paraissent encore soit plus lourdes pour eux, soit encombrantes.

Différemment des tentatives antérieures, le système d'achat et vente par groupage a porté ses fruits durant la période de COVID 19 et ce, pour plusieurs raisons. Tout d'abord, les petits commerçants transfrontaliers, dont la plupart n'étaient pas favorables à ce système avant la pandémie, se sont appropriés le système car ils se sont retrouvés obligés d'y adhérer étant donné qu'il était le seul moyen pour eux de travailler et par ricochet, d'assurer leur survie. Deuxièmement, ce système, quoiqu'encore non formalisé, a commencé à être encadré par les organisations non gouvernementales et a aussi bénéficié d'autres initiatives de promotion du petit commerce transfrontalier.

Le RECOS (Régime Commercial Simplifié) a été initié pour identifier les marchandises qui devraient bénéficier de régime spécial et cela en commun accord avec les autorités de la RDC et ceux d'autres pays voisins. A ce sujet, un officier de la DGDA a mentionné dans nos entretiens que le groupage est venu aider les commerçants. En effet, grâce au groupage, les commerçants transfrontaliers peuvent accéder facilement aux informations et échapper aussi aux différentes tracasseries qui les cibler jadis. Cependant, avec le groupage, il faut de nouvelles négociations pour un commun accord par rapport au RECOS qui n'existait pas avant la pandémie de COVD 19. Troisièmement, les petits commerçants avaient déjà une idée sur ce qu'est le système de groupage grâce aux sensibilisations effectuées déjà au travers les ateliers organisés par le PFCIGL, les ONG comme SOFIBEF, Search for Common Ground, etc.

Le groupage a subsisté même après l'ouverture des frontières. Ceci se justifie par plusieurs raisons. Les avantages que procure le groupage sont nombreux, notamment le groupage facilite aux petits commerçants transfrontaliers de s'approvisionner au meilleur offrant, il permet aussi d'améliorer les conditions de vie de petits commerçants transfrontaliers grâce aux bénéfiques qu'apportent le réseautage.

Quel est le fonctionnement des groupes et le processus des commandes ?

713.Fonctionnement des groupes et processus des commandes

Le groupe est constitué pour faciliter les transactions des PCT (petits commerçants transfrontaliers). Les résultats révèlent que le groupage se déroule au sein de sous-structures, des groupes qui sont constitués selon les filières des produits et travaillant sous l'encadrement d'une association déterminée. Les résultats démontrent que la gestion du groupe est assurée par le président élu ayant obtenu la confiance des autres membres. Les critères clés pour être élu président sont entre autres : être actif et disponible pour défendre les intérêts collectifs, être crédible aux yeux des autres membres et maîtriser le petit commerce transfrontalier. Le président élu par voie de vote est secondé par un secrétaire et un vice-président.

Le groupe fonctionne grâce aux cotisations de membre qui sont dans la plupart des cas hebdomadaires. Outre cette cotisation statutaire, les membres se cotisent spontanément par solidarité à l'un de leurs qui a connu un évènement heureux ou malheureux. A ce sujet un responsable de groupe interviewé confirme ce qui suit : « *dans l'exercice de mes fonctions, je me rassure que les gens se soutiennent mutuellement et entretiennent une cohabitation pacifique en priorisant l'intérêt collectif.* La gestion de contentieux au sein du groupe est assurée par le président. Lee mode de gestion de conflit privilégié est la médiation ou le règlement de conflit à l'amiable. Si le conflit persiste, la situation est soumise au président pour disposition utile. Un entretient avec un commerçant évoluant dans un groupe ressort la déclaration suivante : « *notre présidente porte même le fardeau d'identifier les meilleures sources d'approvisionnement de nos produits et celui qui dispose une opportunité ne doit pas cacher le groupe* ». Le fonctionnement du groupe est donc soutenu par certains principes convenus par tous les membres.

La constitution des groupes se fait sous deux formes différentes : une forme semi-directe et une autre indirecte. L'achat semi-direct est celui par lequel le (la) membre de l'association contacte directement son (sa) fournisseur (se), se trouvant dans le pays voisin, par téléphone, se conviennent du prix et de la quantité de la marchandise que le fournisseur devra envoyer au membre se trouvant en RDC. Cependant, le paiement des marchandises achetées se fera via le groupe, c'est-à-dire la somme due au fournisseur sera remise au comité de l'association qui pourra la remettre au transporteur le jour convenu. Deux raisons expliquent ce mode opératoire, à savoir la relation de confiance déjà développée entre acheteur et fournisseur et le contrôle des risques d'abus par les membres au niveau des associations. Certains membres avaient déjà développé des relations étroites de confiance avec leurs fournisseurs avant covid_19. D'autre part, l'association oblige aux membres de passer par le comité pour payer leurs dettes pour s'assurer que certains membres ne manquent à leurs promesses de paiement, ce qui risque d'affecter la réputation de tous les membres du groupe. Cet achat semi-direct repose sur quatre étapes complémentaires :

(1) Passer sa commande par un appel téléphonique un ou deux jours avant le jour du marché (le jour où le transporteur vient délivrer les marchandises aux acheteurs) ;

(2) Remettre l'argent aux membres des comités le jour de la traversée du transporteur pour la RDC ;

(3) Livraison des marchandises commandées par le transporteur aux membres ;

(4) La somme d'argent correspondant aux marchandises commandées est envoyée aux fournisseurs par l'entremise du transporteur.

Ce mode d'achat présente nombreux risques parmi lequel le plus important est le risque des tensions/conflits entre fournisseurs et acheteurs à la suite de la ruse de certains fournisseurs. Il est souvent rapporté que des cas des ruses de certains fournisseurs sont enregistrés : certains fournisseurs envoient des quantités des marchandises inférieures à celles qu'ils déclarent envoyer. La situation dans laquelle les fournisseurs envoient des quantités inférieures à celles déclarées est connue sous le phénomène de « ku sondeka ». Les informations issues de bouchers de Bukavu ont par exemple confirmé que certains fournisseurs peuvent déclarer envoyer 20 kg de viande alors que c'est en réalité 18 kg qui ont été expédiés. Le même comportement mensonger se manifeste aussi dans la vente de légumes et des tomates. En effet, un fournisseur peut déclarer envoyer un sac de 50 kg rempli des légumes ou un sceau rempli des tomates alors qu'il a mis des herbes qu'on appelle « déchets » en bas du sac et/ou du sceau.

L'achat indirect constitue le deuxième canal par lequel le groupage est effectué. Celui-ci réfère au fait que les membres déposent l'argent aux membres du comité qui traversent la frontière pour acheter les marchandises et les partager au prorata des mises après achat. Les coûts supportés par les commerçants transfrontaliers sont presque les mêmes que ceux supportés lors que les achats sont réalisés en mode « semi-groupés » à l'exception des frais de communication liées aux commandes des marchandises. Cette forme de groupage présente deux avantages majeurs. Le premier se rapporte à la prévention d'abus de confiance des acheteurs congolais qui, en rassemblant leur argent avant la traversée du représentant du groupe, écartent les risques de ne pas manquer les marchandises qu'ils ont commandées. Le deuxième avantage est la réduction du risque de l'apparition du phénomène « ku sondeka ». Comme un représentant de l'association des commerçants transfrontaliers peut traverser pour procéder aux achats au nom du groupe, il peut vérifier en amont les quantités intrinsèques des marchandises et limitant ainsi la tricherie.

De manière générale, le système de groupage fonctionne comme suit :

1. Collecte des marchandises : Le processus commence par la collecte des marchandises auprès de plusieurs fournisseurs ou expéditeurs dans un marché donné. Ces marchandises peuvent être de différents types et tailles.

2. Consolidation : Les marchandises collectées sont ensuite regroupées dans un entrepôt ou un marché de distribution dans le régional. Cette étape est connue sous le nom de "consolidation". Les marchandises sont triées, regroupées en fonction de leur destination et de leur nature, puis préparées pour l'expédition.

3. Planification des itinéraires : Une fois les marchandises consolidées, l'entreprise ou un membre de l'association responsable du groupage planifie les itinéraires de livraison. L'objectif est d'optimiser les trajets pour minimiser les coûts de transport et réduire l'impact environnemental.

4. Utilisation de la capacité maximale : Le groupage vise à tirer le meilleur parti de la capacité des véhicules de transport. Cela signifie que les camions ou les conteneurs sont remplis au maximum de leur capacité, réduisant ainsi les coûts par unité de marchandise transportée.

5. Livraison : Les marchandises sont livrées aux différents destinataires ou points de vente dans un marché. Cette étape peut impliquer des livraisons directes aux clients finaux ou à des entrepôts de distribution intermédiaires.

Ces aspects sont plus développés dans la section suivante

72. Évaluation des fonctions clés du groupage

Le groupage est structuré autour de quatre fonctions principales : l'approvisionnement, le transport, la distribution ainsi que la gestion de la chaine des intervenants. Nous pouvons représenter ces intervenants selon leur rôle dans les différentes étapes que suit la marchandise :

a. Point d'approvisionnement

L'approvisionnement fait intervenir deux acteurs majeurs à savoir : le vendeur principal et l'acheteur.

- Le vendeur principal, qui peut être aussi le producteur du produit vendu, joue le rôle du fournisseur du bien au point d'approvisionnement. Le commerçant évoluant dans le groupe laisse la marchandise entre les mains du transporteur indiqué par l'association qui s'assure que la marchandise arrive à destination, l'association à ce niveau s'occupe des formalités douanières.
- L'acheteur ou représentant des acheteurs ou du groupe a pour rôle d'acheter la marchandise au nom du groupe au point d'approvisionnement en s'assurant de la qualité et de la quantité qui sera livrée afin que la cargaison réponde aux désidératas du groupe. Il assiste au chargement de la marchandise dans le moyen de transport convenu anticipativement avec le groupe. Deux situations surviennent à ce stade, si le groupe à un moyen de transport comme c'est le cas souvent pour les membres de PACT, le moyen proposé embarque les produits et se charge de la déclaration. Si non, après le chargement des marchandises, l'acheteur les confie à un transporteur qui devient ici un troisième intervenant et qui reçoit parfois l'autorisation de déclarer la marchandise au nom du commerçant.

b. Transport de la marchandise

Le transport des marchandises intervient du point d'approvisionnement au point de distribution en passant par la douane. Le transport de la marchandise peut être assuré par le fournisseur, comme dit ci haut, ou par l'acheteur lui-même qui fait en ce moment recours à un facilitateur qui est ici le troisième intervenant : le facilitateur ici a plusieurs casquettes : il est à la fois transporteur, négociant et déclarant des marchandises qui lui sont confiées :

- Sous sa casquette de transporteur, il peut louer un moyen de transport depuis le point d'approvisionnement. En fonction du volume de marchandises qu'il a à transporter, il choisit le moyen le plus approprié, conclu toutes les transactions de payement du matériel roulant et convoie la marchandise jusqu'à livraison ;
- En sa qualité de négociant et déclarant, il s'occupe de toutes les opérations en douane de la marchandise jusqu'à son dédouanement complet. Après, il s'assure de la livraison en bonne et due forme de la marchandise à ses clients aux points de débarquements convenus. Ces opérations se réalisent sans contrat préalablement signé et se base sur la confiance.

c. Distribution de la marchandise :

Une fois la marchandise dédouanée, celle-ci est acheminée au point de déchargement et /ou revente qui a été préalablement déterminé par les membres du groupe. Par exemple, une fois que le transporteur de la viande du Rwanda décharge les marchandises au petit marché situé au poste frontalier de Ruzizi I, il incombe aux membres du comité d'assurer l'acheminement des marchandises vers les marchés de Panzi, Kadutu et Mwanzi. Ici, les personnes ayant mis leurs marchandises en groupage attendent de les accueillir pour les revendre en retour. Interviennent ici :

- Les petits commerçants détaillants venant de partout qui s'approvisionnent auprès des groupes et revendent les marchandises, aussi bien dans le marché de débarquement que dans l'ensemble des marchés de la ville. Leur fonction ici est celle de la dissémination des marchandises à travers la ville dans différents points de consommation.
- Les commissionnaires qui agissent dans l'ombre principalement au profit des vendeurs qui les envoient non seulement vendre les marchandises, mais aussi chercher des informations sur le prix en vigueur sur le marché. Souvent, ils se présentent comme chauffeurs des véhicules et sont en communication permanente avec les vendeurs pour ajuster le prix de la marchandise en fonction des informations rencontrées sur le marché.

d. Gestion de la Chaîne

Derrière le système d'achat et de vente groupé, se trouve un acteur clé, l'organe de direction de la PACT (la plate-forme des associations et des coopératives des commerçants transfrontaliers). Celui-ci se trouve au cœur même du groupage, car c'est grâce à lui qu'il a pu être rendu effectif durant la période de COVID 19. Le comité de direction de la PACT intervient dans la coordination de toutes les activités autour du groupage et sert de pont entre les petits commerçants congolais, leurs pairs des pays voisins avec qui ils effectuent les échanges commerciaux, ainsi que les officiels de part et d'autre des frontières selon les circonstances et les besoins autour des échanges ; il s'avère ainsi être un acteur incontournable.

Dans son rôle de coordination des activités du groupage, la PACT intervient dans : l'accompagnement, avec l'appui de certaines ONG (voir ci haut), de petits commerçants dans la création des groupes et dans la gestion et le déroulement de leurs activités de groupage ; le suivi, conjointement avec le comité de gestion du marché, du respect des conventions relatives aux transactions du groupage par les vendeurs et les acheteurs ; l'accompagnement de petits commerçants dans l'organisation des plaidoyers auprès des autorités en vue de la valorisation du petit commerce transfrontalier au niveau national et son intégration au niveau régional. La PACT intervient aussi dans la gestion des conflits opposant soit les petits commerçants congolais entre eux ou à leurs homologues étrangers ainsi que tout autre type de conflits pouvant les opposer aux autres acteurs présents dans leur secteur d'activité. Les informations récoltées auprès des gestionnaires des PACT tentent de confirmer cette omniprésence des PACT dans la gouvernance des groupes.

La gestion des conflits est donc l'apanage des associations et surtout des comités de gestion desdites associations. Les résultats confirment que les groupes recourent à trois modes de gestion des conflits à savoir : le dialogue, la médiation et le régime de sanction. Toutes les associations rencontrées dans le cadre de cette enquête recourent au dialogue pour résoudre leurs problèmes. Ceci est compréhensible dans la mesure où la création des associations est souvent fondée sur une histoire commune de quelques membres pionniers qui ont intéressé d'autres et voudraient que le climat de cohésion entre eux soit répandu à tous les membres des associations. Les membres recourent aussi à la médiation. Dans cette perspective, les personnes en conflit peuvent saisir les membres du comité ou les membres du comité peuvent s'auto-saisir de la question et procéder à la médiation. La médiation a pour objectif de réconcilier les personnes en conflits par des conseils et n'a pas vocation à infliger des sanctions aux membres fautifs. Le régime des sanctions est mobilisé en dernier lieu et permet aux membres des comités de siéger afin d'établir les responsabilités et infliger des sanctions. La dure sanction qui est souvent infligée aux récalcitrants est la suspension pendant une période donnée de ne pas exercer les activités.

Schématiquement, les différentes fonctions du système de groupage ainsi que les acteurs qui interviennent au niveau de chaque fonction peuvent être présentées comme suit :

Figure 1 : Fonctions clés et acteurs du système d'achat et vente par groupage

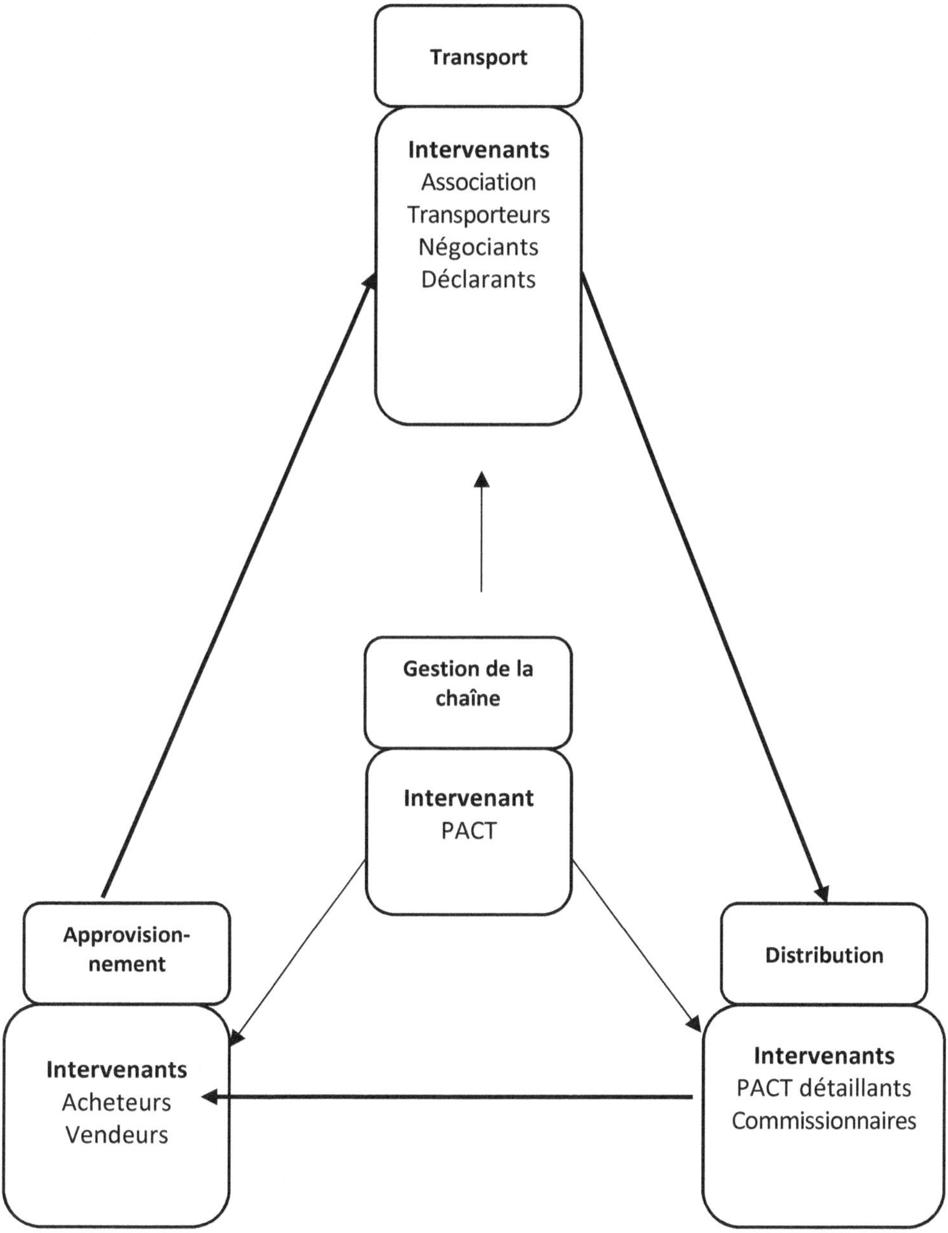

Légende : représentation schématique des fonctions clés du système des achats et vente par groupage

Le schéma ci-dessus donne des informations sur les différentes fonctions clés du système des achats et vente par groupage ainsi que les principaux acteurs qui interviennent dans sa mise en œuvre. Il en ressort que ce système comprend trois fonctions clés : l'approvisionnement, le transport et la distribution. Les flèches reliant les différentes fonctions indiquent la relation existant entre elles. Le cycle commence par l'approvisionnement des marchandises auprès des fournisseurs situés de l'autre côté de la frontière. A ce niveau les vendeurs et les acheteurs sont les seuls acteurs qui interviennent. Ces marchandises sont ensuite mises à la disposition des transporteurs pour leur acheminement dans le pays des acheteurs. Au-delà des transporteurs, d'autres intermédiaires interviennent lors du transport notamment les déclarants et les négociants. En dernière position, se trouve la fonction de distribution qui fait intervenir comme acteurs les commissionnaires des vendeurs des marchandises et les petits commerçants transfrontaliers pour le détail des marchandises achetées. Au centre de toutes les fonctions se trouve la gestion de la chaîne dont le rôle est d'assurer le bon fonctionnement de tout le système. Cette tâche est dévolue à la plate-forme des associations et coopératives de petits commerçants transfrontaliers.

Quel est le mode de fonctionnement du système d'achat et de vente par groupage ?

73 Mode de fonctionnement du système d'achat et vente par groupage

Le système de groupage repose sur une logique de fonctionnement qui pourrait s'articuler autour des points suivants : la constitution du groupage, le fonctionnement du système d'achat et vente par groupage, la gestion de la chaîne logistique

1. Constitution du groupage

Le groupage est composé d'un nombre de personnes pouvant varier de 4 à 10 personnes ou plus, œuvrant au sein d'une même filière de produits. Il nait, soit de la volonté des personnes à se mettre ensemble pour exercer leur petit commerce en groupage, ou du besoin identifié par les responsables des associations à constituer de nouveaux groupes dans une filière donnée, et ces responsables vont alors chercher des petits commerçants qui seraient intéressés par ce nouveau groupe. La condition obligatoire pour adhérer à un groupe est d'être membre d'une des associations existantes et reconnue dans la filière dans laquelle l'intéressé souhaite exercer. Il existe pourtant un certain nombre d'associations de petits commerçants transfrontaliers qui ne sont pas encore membres de la PACT, comme c'est le cas de VAM créée dans le cadre du projet Mpaka Shamba Letu en 2020. Cependant, compte tenu de certaines particularités, le groupe se constitue parfois par affinité et clivage ethnique.

2. Fonctionnement du système d'achat et vente par groupage

Une fois le groupe constitué, il se conforme au règlement de fonctionnement du groupage au sein du marché, lequel règlement a été mis en place par la PACT, conjointement avec le comité en charge de la gestion du marché à savoir le président du marché et l'administrateur du marché. Ces derniers gèrent tous les groupes et leur imposent une certaine conduite dans le travail ; ils sont les premiers à intervenir en cas de problèmes au sein des groupes. Ils tiennent avec l'association des réunions, ce qui responsabilise obligatoirement, les comités des associations à avoir un regard sur le fonctionnement des groupages attachés aux associations qu'ils représentent.

- Mode de gestion par rotation : le fonctionnement du système de groupage est régulé dans une large mesure par les différents responsables évoqués ci-haut. Chaque association définit dans la mesure du possible les quantités à importer des marchandises et à mettre à la disposition de consommateurs. Cette limite est parfois justifiée par le manque de dispositif de chambre froide mais aussi de la logistique de transport comme déclare un responsable des associations : *« nous n'avons aucun dispositif pouvant nous permettre de garder à froid les produits. Dans cette perspective, nous apportons par séquence soit les tomates ou soit les choux ». En plus, comme l'association ne dispose qu'un seul véhicule qui facilite les commerçants, nous importons les produits selon un programme déterminé, par exemple on effectue un achat groupé de chèvres et vaches chaque mardi et on décharge chaque jeudi »*. Un tel mode de fonctionnement serait instauré dans le but de faciliter toutes les filières en termes de transport et de plaidoyer au niveau de l'association mais aussi de limiter les tracasseries dans le chef des petits commerçants transfrontaliers.
- Déroulement de la transaction : une fois le groupe mis en place, leurs mandataires se rendent aux points d'approvisionnement avec les réquisitions de leurs groupes et constituent les cargaisons à apporter; celles-ci suivent la démarche telle que susmentionnée au point précèdent, jusqu'aux points de débarquement où les détenteurs des gargarisons déballent les marchandises et les ventes en détail peuvent commencer.

Une autre variante est qu'il arrive que les membres des groupages passent commande à leurs fournisseurs, qui s'occupent de la livraison de la marchandise ; dans cette optique, les petits commerçants attendent leur cargaison au marché, suivant de près avec leur facilitateur, le passage de la cargaison à la douane. S'agissant de l'achat des marchandises, le groupe met ensemble l'argent de tous les contributeurs selon la commande de chacun, et remet la somme collectée à la personne mandatée à représenter le groupe dans la transaction d'achat, afin que celle-ci s'occupe de la passation de la commande au fournisseur. Pour les jours réservés aux fournisseurs, ils viennent avec leurs cargaisons et vendent leurs produits au sein du marché auprès des petits commerçants.

- Gestion des ventes : une fois les marchandises ont traversé la frontière et arrivent au marché, la gestion des ventes se fait selon l'organisation de chaque groupe : certains groupes vendent ensemble et d'autres séparément.
- Répartition des charges : pour ce qui est des charges à supporter par le groupe, à savoir les frais de dédouanements, de transport et autres frais connexes, le groupe fait les comptes avec son facilitateur et le montant à payer est proportionnellement réparti entre les membres. Si l'association elle-même facilite les opérations de dédouanement, le responsable fait supporter le montant au membre ayant cotisé pour l'achat en groupe.

Que dire de la gestion de la chaîne logistique ?

3. Gestion de la chaîne logistique :

La gestion de la chaîne logistique est une composante clé du groupage, car elle englobe la coordination, la planification, la surveillance et la communication pour assurer que les marchandises sont collectées, consolidées et livrées de manière efficace et sans perturbations majeures tout au long du processus. Elle consiste en :

- Coordination des partenaires commerciaux : La gestion de la chaîne logistique dans le groupage nécessite une coordination efficace avec les partenaires commerciaux, y compris les fournisseurs, les transporteurs, les entrepôts, et les clients finaux. Ces dans sens que la Coordination National des Associations et Coopératives des petits commerçants transfrontaliers intervient en instaurant des liens entre les P-ACTs des différents frontières et celles des pays voisins
- Planification et surveillance des stocks : Une gestion précise des niveaux de stock est essentielle pour garantir que les marchandises sont disponibles en quantités suffisantes pour le groupage. Une rupture de stock peut perturber le processus.
- Communication transparente : Une communication claire et transparente est cruciale tout au long de la chaîne logistique. Cela inclut des mises à jour sur l'état des commandes, les délais de livraison et les problèmes potentiels.

- Planification des itinéraires : La gestion de la chaîne logistique comprend la planification des itinéraires pour maximiser l'efficacité des livraisons, tout en tenant compte des contraintes de temps et de capacité.
- Suivi des performances : La surveillance des performances à chaque étape du processus de groupage permet d'identifier les domaines nécessitant des améliorations et d'optimiser continuellement les opérations.
- Gestion des retours : La chaîne logistique doit également gérer les retours éventuels de marchandises, les échanges ou les remplacements, tout en minimisant les perturbations.
- Adaptabilité : La gestion de la chaîne logistique doit être adaptable pour faire face aux variations de la demande, aux changements de dernière minute et aux conditions imprévues.

Quelles sont les forces et faiblesses du système d'achat et vente par groupage ?

Conclusion : Forces et faiblesse du système d'achat et vente par groupage

Le système d'achat et vente par groupage est à ce jour caractérisé par des éléments qui en font aussi bien une force que d'autres qui en accusent la faiblesse et le rendent sujet à des critiques.

I Forces du système de groupage

Le système d'achat et de vente par groupage contient plusieurs forces qui concourent à son succès. Les éléments de succès suivants ressortent des enquêtes réalisées :

- L'inclusivité du système de groupage et absence des limites à l'entrée

Le système de groupage est très inclusif dans sa politique. En effet, dans sa manière de fonctionner, même le petit commerçant ayant un capital le plus faible se voit offrir l'opportunité d'avoir de la marchandise que son capital ne lui aurait jamais permis d'acquérir en évoluant seul ; ce qui rend ainsi le travail agréable et encourageant. En plus, le système de groupage fonctionne sans barrières à l'entrée et à la sortie pour les petits commerçants ; ce qui leur offre un avantage de se soustraire lorsqu'ils ont des difficultés financières et d'entrer lorsqu'ils se sentent prêts.

- La consolidation et le maintien des relations (la création de réseaux de relation)

Le système de groupage donne accès à un réseau large de relations qui facilite les échanges entre les petits commerçants provenant de plusieurs pays de la région de Grands Lacs. Cela s'illustre par un groupe WhatsApp régional qui a été créé et qui réunit certains petits commerçants de Goma, Bukavu, Uvira, Gatumba et du Rwanda. Cette plateforme octrois également aux membres d'autres ouvertures en dehors de l'EAC. A travers ce groupe, l'identification des fournisseurs et des acheteurs devient facile. Le lien est renforcé entre les petits commerçants de la région conduisant maintenant aux mariages entre les communautés qui, il y a encore quelques temps, ne pourraient célébrer les mariages entre elles. Le système de groupage renforce donc la cohabitation pacifique entre les commerçants de la région. Grâce à ce système les commerçants échangent des informations et s'acceptent mutuellement.

- La solidarité des membres du système de groupage

Le caractère solidaire du groupage maintient les groupes forts et soudés. En effet, au-delà du fait qu'ils se partagent les bénéfices et les pertes réalisés dans le cadre du système de groupage, les petits commerçants s'appuient mutuellement en venant en aide à certains petits commerçants transfrontaliers qui rencontrent des difficultés (deuil, maladie, etc.) à vendre leurs marchandises pour éviter qu'elles se détériorent. Les petits commerçants s'entraident mutuellement en cas des évènements heureux et malheureux.

- La réalisation d'un gain de temps particulièrement pour les femmes

Le système de groupage a permis aux femmes petites commerçantes transfrontalières de réaliser un gain de temps de sorte qu'elles commencent désormais à passer un peu de temps auprès de leurs familles, ce qui n'était pas le cas avant. En effet, grâce au groupage, les femmes petites commerçantes mettent leur somme d'argent ensemble pour laisser à la responsabilité d'une seule qui doit se charger des achats. Celle-ci doit se démener pour faire arriver le produit au marché de distribution comme convenu. Dans cette perspective, la femme petite commerçante n'a plus à se précipiter à la frontière tôt le matin pour profiter de traverser et avoir la marchandise en temps voulu. Cette délégation de la tâche d'approvisionnement au groupe permet aux femmes membres de passer un peu plus de temps avec leurs enfants et maris en attendant que la marchandise commandée arrive, ce qui solidifie leurs ménages et procure un gain social conséquent.

- Réalisation de gain financier

Le système de groupage est un système qui incite le sentiment de solidarité et de partage collectif. Dans ce système, il existe un mécanisme consistant à supporter collectivement les dépenses. Ainsi, en envoyant un seul petit commerçant, les autres gagnent en coût de transport qu'il supporterait en se déplaçant. Dans cette perspective, le coût de revient de la marchandise devient moins élevé, en présence d'un prix de vente inchangé, la rentabilité financière de l'activité est assurée.

- Briser l'ignorance des petits commerçants

Le système de groupage a incité des nombreuses organisations à intervenir en faveur de commerçants. Ces interventions sont de diverses catégories et tendent à sensibiliser les petits commerçants transfrontaliers sur leurs droits et devoirs. Cette sensibilisation renforcée par des séances de formation aide les petits commerçants à briser les frontières d'ignorance et savoir comment plaider leur cause aux près des autorités compétentes.

- Renforcement de l'accès aux droits de l'homme grâce à la réduction des tracasseries au niveau transfrontalier

La réduction sensible des cas brutalité, tracasseries et de violations diverses jadis connues par les femmes aux frontières lors de la traversée est une de grandes forces du système de groupage. Avec le système de groupage, il devient de plus en plus rare qu'un service soit monnayé à la frontière et que des droits de l'homme soient bafoués parce que très peu de petits commerçants traversent journellement comparativement à la période avant la mise en place de ce système.

Les arguments ci-dessus démontrent que le groupage est globalement un bon système pour les petits commerçants transfrontaliers. Il réduit les coûts d'achat, le transport, la restauration, les opérations à la frontière. Il crée une culture de confiance entre les membres du groupe, renforce la collaboration, crée une sorte de famille commerciale et renforce la cohésion sociale. Il permet de vendre ou d'acheter des marchandises sans se déplacer. Il facilite la collaboration, facilite le transit, améliore le système de complémentarité en termes de capacité économique des membres crée beaucoup plus de bénéfices de deux parts (entre vendeurs et acheteur), facilite les échanges commerciaux même en période de crise. Il permet de s'octroyer des aides ou des crédits mutuels et rotatifs, d'obtenir la marchandise sans devoir acheter les documents migratoires. Il permet de structurer les petits commerçants dans leurs filières dans la mesure où ils se spécialisent et se professionnalisent dans des filières précises. Il donne de la visibilité et de la considération aux membres du groupe en renforce la participation des femmes et filles au commerce sans crainte et difficultés liées à leurs ménages comme avant.

Les autres forces de ce système sont résumées dans le lignes qui suivent :

- Réduction des coûts : Le groupage permet de réduire les coûts de transport en exploitant au maximum la capacité des véhicules, en minimisant les déplacements inutiles et en partageant les coûts logistiques entre plusieurs expéditions.
- Économies d'échelle : En combinant plusieurs envois de marchandises, le groupage permet de bénéficier d'économies d'échelle. Les coûts fixes associés à la logistique sont répartis sur un

plus grand nombre d'unités de marchandises, ce qui réduit le coût par unité.

- Réduction de l'impact environnemental : L'utilisation efficace de la capacité des véhicules contribue à réduire l'empreinte carbone, car moins de voyages sont nécessaires pour transporter les marchandises. Cela s'aligne avec les préoccupations environnementales croissantes.
- Flexibilité : Le groupage permet une distribution plus flexible des marchandises dans un marché donné. Il est possible de desservir diverses destinations de manière coordonnée, ce qui répond aux besoins changeants du marché.
- Minimisation des risques : En regroupant les marchandises, on réduit les manipulations et les transbordements, ce qui diminue les risques de dommages, de pertes ou de vols.
- Réduction des temps de transit : En planifiant les itinéraires de manière optimale, le groupage permet de réduire les temps de transit, ce qui est particulièrement important pour les produits périssables ou à livraison rapide.
- Amélioration de la satisfaction client : Les délais de livraison plus courts et la flexibilité accrue dans la distribution contribuent à améliorer la satisfaction des clients.

Que dire des faiblesses de l'achat et vente par groupage ?

ii. Faiblesses du système de groupage

Le système de groupage contient plusieurs faiblesses qui influent négativement sur son fonctionnement. Ce système présente les faiblesses suivantes :

- La non formalisation du système de groupage

Le manque de formalisation du système de groupage fait que chacun l'exerce à sa manière et ceci ne facilite pas son fonctionnement. Le fait qu'il demeure une pratique informelle et non reconnue aussi bien au niveau national que régional empêche sa bonne exécution. Cela conduit aussi à une fixation arbitraire des taxes par les agents des services étatiques.

- Le manque de capitaux suffisants par les petits commerçants transfrontaliers congolais.

La plupart de fois, les petits commerçants congolais ne sont pas capables d'acheter suffisamment des marchandises dans les pays limitrophes suite à leurs capitaux limités. Cela laisse l'opportunité aux petits commerçants des pays voisins de venir vendre en détail leurs marchandises en RDC à un prix inférieur à celui auquel ils ont vendu des marchandises aux congolais. Cette faiblesse de capitaux limite le fonctionnement des associations qui ont difficile à recevoir les cotisations de membres de façon régulière.

- La mauvaise mise en application des règles régissant le fonctionnement du petit commerce.

Les petits commerçants des pays voisins sont parfois accusés par leurs homologues congolais qui ne cessent de mentionner les abus qu'ils subissent de leur part. En effet, ils expliquent que ceux-ci traversent avec leurs cargaisons pour fournir les marchés de détails alors qu'ils ont vendu au prix quasi identique aux acheteurs qui se sont présentés sur leurs marchés. Ce comportement se justifie souvent par les facilités que les femmes petites commerçantes es pays voisins obtiennent au niveau de la frontière Congolaise.

- La difficulté des associations à faire respecter les principes du groupage au sein du marché.

Certains petits commerçants ont des moyens financiers suffisants et peuvent constituer des cargaisons en solo ou à deux, ce qui va à l'encontre du principe de groupage. D'autres par contre se réunissent pour des raisons d'affinité, ce qui ne facilite pas souvent l'association de plaider la cause de petits commerçants en cas de survenance de problèmes.

- La difficulté des associations de répondre parfois aux attentes de groupe

Le système de groupage se développe pour faciliter les petits commerçants et les soutenir en de plaidoyer auprès des autorités. Cependant, avec les tracasseries qui persistent dans certains postes frontaliers, les associations se trouvent parfois dans l'impossibilité de trouver gain de causes en plaidant pour les petits commerçants. Cette situation frustre les petits commerçants qui se sentent parfois délaisser par les associations.

- Problème de gouvernance et de coordination

Au-delà de ces faiblesses discutées ci-dessus, il semble que le groupage est soumis à des problèmes réels de gouvernance. En effet, dans certains cas extrêmes, les groupes peuvent être accaparés par les gestionnaires qui en sont souvent les membres fondateurs. En effet, les initiateurs des groupes en sont souvent les maîtres absolus. Ils décident sur tout et s'accapare des avantages issus des soutiens reçus de certains partenaires.. Les groupes sont parfois liés à la personne du chef. Dans certains les groupes, il y a de petits commerçants plus forts (en termes de capital) que d'autres. Ils les dominent ainsi dans la prise des décisions. Le fonctionnement des groupes est parfois fonction de leurs intérêts. Dans les cas extrêmes, les groupes sont organisés pour capter les financements des partenaires financiers. Dans ce cas, les responsables des groupes sont des chasseurs d'opportunités et leurs groupes ne sont que des artifices visant à capter les projets des bailleurs des fonds. Les groupes sont aussi soumis à un problème de manque de confiance entre les membres du groupe. L'argument sous-jacent est lié au fait que lors des achats groupés, les marchandises livrées peuvent ne pas correspondre à la commande sur le plan de la quantité ou de la qualité. Il arrive aussi que le délégué dise avoir fait des dépenses qui suscitent le doute chez des membres du groupe.

Conclusion troisième partie

Contrairement à la RDC, presque tous les pays de la région de Grands Lacs, conscients du potentiel du petit commerce transfrontalier pour générer des revenus, créer des emplois et contribuer à la lutte contre la pauvreté des milliers des individus pauvres, ont mis en place des reformes susceptibles de faciliter l'exercice de ce commerce.

Dans la première partie de ce livre, j'ai démontré comment la structure économique de la RDC l'empêchait d'être un acteur important dans les sous-ensembles sous régionaux africains. La plupart des exportations étant orientées hors du continent africain, notamment vers la chine principalement, ses échanges avec les pays africains restent très faibles. Si, on considère la partie Est de ce pays, en particulier les provinces du Nord Kivu, du Sud Kivu et de l'Ituri, l'insécurité a aussi largement contribué à limiter le rôle que la RDC pouvait jouer dans ces sous-ensembles. En fait, alors qu'il y a un peu plus de trente ans, ce pays était un grand producteur des denrées alimentaires dont une bonne partie était exportée vers les pays voisins, l'insécurité a fini par faire fuir les agriculteurs qui ont abandonné leurs champs et se réfugier dans les grandes villes où la seule opportunité d'emploi est de se lancer dans une activité informelle. Le petit commerce transfrontalier, focalisé essentiellement sur l'importation des denrées alimentaires, est ainsi devenu une véritable opportunité d'emplois pour ces personnes.

La troisième partie du livre essaie de mettre en exergue les sources de vulnérabilité et de résilience de ces commerçants. Concernant les sources de résilience, il faut noter la mise en place par les organisations sous régionales, des instruments pour faciliter le travail des petits commerçants. Ainsi par exemple, les bureaux d'information commerciale (TID) du COMESA installés à différents post frontaliers sensibilisent les commerçants sur les règles et réglementations du petit commerce transfrontalier ; il en est de même du Régime Commercial Simplifié (RSC) du COMESA qui vise à faciliter les procédures de dédouanement pour tout exportateur ou importateur dont la valeur de la marchandise ne dépasse pas 2000 USD.

Une deuxième source de résilience est la solidarité transfrontalière entre commerçants qui s'aident mutuellement à surmonter certains chocs subis par leurs petites entreprises.

Les associations et coopératives regroupant les petits commerçants représentent une autre source de résilience. En effet, ces structures jouent un rôle capital en fournissant aux petits commerçants des conseils, des moyens financiers sous forme de crédits, des formations et des informations sur l'exercice du petit commerce transfrontalier.

Une autre source de résilience est le recours par les petits commerçants aux intermédiaires qui les aident à réduire le risque, l'incertitude ainsi que les droits de douane inhérents à leurs activités. A la frontière entre Goma (RDC) et Gisenyi (Rwanda), la présence des fameux chora chora et des personnes handicapées qui ont une parfaite et longue connaissance des postes et zones frontaliers ont réussi à établir un réseau efficace et des bons contacts avec les agents de l'État à la frontière qui leur permettent de réduire les droit de douane et les pots de vin à payer pour faire traverser les marchandises à la frontière.

Concernant les sources de vulnérabilités, il faut citer premièrement la corruption des agents de l'Etat à la frontière. Les postes frontaliers congolais sont réputés être parmi les plus corrompus de la région à cause du comportement des nombreux agents qui y sont affectés. La deuxième source de vulnérabilité de petits commerçants congolais est le peu d'intérêt des autorités congolaises pour ce business malgré son potentiel énorme pour lutter contre la pauvreté des personnes vulnérables, en particulier des femmes. En effet, alors que la plupart des pays de la région de Grands Lacs se sont dotés d'une stratégie pour soutenir leurs petits commerçants transfrontalier, en RDC, les autorités préfèrent se focaliser sur le commerce et l'exportation des produits à forte valeur ajoutée, notamment les minerais, et le petit commerce régional, qui se focalise plus sur les produits agricoles, n'est pas une de ses grandes priorités.

La multiplicité des agents à la frontière est une source vulnérabilité car elle augmente bien évidemment le risque de voir les petits commerçants à être tracassés. A Kasindi, à la frontière entre la RDC et l'Ouganda, plus de 100 agents travaillent pour la DGDA, ce qui énorme pour un poste frontalier dans un milieu rural, et chaque agent affecté à ce poste a pour simple objectif de soutirer le maximum d'argent aux commerçants qui exportent ou importent les marchandises quelles que soient leurs valeurs.

Il faut aussi souligner que cette troisième partie du livre permet d'avoir une idée claire des acteurs qui seraient les gagnants et ceux qui seront les perdants d'une libéralisation et formalisation du petit commerce transfrontalier, tel que préconisé et soutenu par les institutions sous régionales et des nombreux projets d'intégration régionale, entre la RDC et ses voisins. Les premiers gagnants de ces reformes seraient bien évidemment les petits commerçants qui souffrent beaucoup du niveau élevé de corruption et du harcèlement à la frontière, tous deux liés à l'informalité de leur activité. Mais d'un autre côté, certains petits commerçants ont peur qu'une telle formalisation n'augmente le coût des transactions à la frontière. Ils craignent de payer plus de taxe, plus de coût de transport, et plus de coûts de stockage si leurs activités étaient formalisées. La formalisation de ce commerce permettrait de réduire sensiblement ces deux problèmes. Le deuxième gagnant de cette formalisation serait le gouvernement congolais qui verrait ses recettes fiscales augmenter.

En cas de formalisation du petit commerce transfrontalier, les perdants seraient par exemple les différents agents de l'État et les nombreux agents informels qui ont l'habitude de collecter les taxes informelles sur les petits commerçants. Les facilitateurs ou intermédiaires, notamment les chorachora et le groupe d'handicapés seraient également des perdants en cas de formalisation du petit commerce. Ces derniers tirent leur revenu de la facilitation de la contrebande des marchandises sur la frontière. La suppression de cette contrebande provoquera directement une suppression de leur travail et de leur revenu. Une autre catégorie des perdants seraient les agriculteurs congolais. En effet, le petit commerce transfrontalier portant essentiellement sur les produits agricoles et la RDC, notamment sa partie Est, étant essentiellement une importatrice nette de ces produits, la formalisation de ce commerce risque d'exercer une pression accrue sur les petits producteurs congolais. Il faut noter que les produits agricoles Rwandais, Ougandais, Burundais et Tanzaniens dominent déjà les marchés de l'Est de ce pays. Ainsi, cette formalisation se traduira par une augmentation de l'offre de produits agricoles provenant de ces pays sur les marchés congolais, ce qui entraînera une baisse des prix et de la demande pour les produits des producteurs congolais.

Conclusion générale

Notre réflexion dans ce livre s'est articulée autour des trois axes : un premier axe a consisté à poser le cadre du petit commerce transfrontalier en Afrique de Grands Lacs. Un deuxième axe de réflexion a tourné autour du rôle que la RDC joue dans les grands sous régionaux où elle est membre. Le troisième axe a pour sa part analysé en profondeur les défis et opportunités qu'offre ce commerce pour des dizaines de milliers d'individus qui l'exercent.

Le premier axe de réflexion a permis de comprendre que l'intégration régionale en Afrique de Grands lacs est tout d'abord une intégration par le bas, où le petit commerce transfrontalier qui est souvent informel est de loin plus important que les échanges formels entre pays. Ce commerce informel procure de l'emploi et un revenu à des nombreuses personnes dont la chance d'avoir un emploi formel est quasiment nulle. En effet, les femmes qui dominent ce commerce, en sont les premières bénéficiaires dans un contexte où elles sont moins éduquées que les hommes et donc ont de moins de chance que ces derniers à être employées formellement. Quelques statistiques relevées dans la première partie du livre ont permis de mettre en lumière les caractéristiques de ce commerce, notamment que la majorité des commerçants sont des jeunes femmes (85% des pratiquants), qu'ils sont encore relativement jeunes, leur âge moyen étant de 32 ans, qu'ils sont relativement expérimentés, la majorité ont en moyenne cinq ans de travail dans le secteur, et que la majorité des agents de l'État travaillant à la frontière sont des hommes (environ 82% des agents), que le capital initial des commerçants est faible (moins de 50 USD) et est généralement obtenu via les réseaux familiaux, et qu'enfin pour la plupart des femmes, (environ 77%) le revenu qu'elles tirent de ce business est le seul revenu de la famille.

Dans l'Afrique de Grands Lacs, les zones transfrontalières sont devenues des véritables lieux d'échanges commerciaux et sociaux entre individus parfois dans un contexte de conflits où les autorités entretiennent des relations très conflictuelles. Ces échanges, portant essentiellement sur les produits agricoles jouent un rôle non négligeable dans la lutte contre l'insécurité alimentaire, surtout à l'Est de la RDC où la production agricole a sensiblement baissé à cause des conflits à répétition qui ont chassé les agriculteurs de leurs champs. Les grands centres urbains de l'Est de ce pays, comme Goma, Bukavu, Uvira, sont donc essentiellement alimentés en produits agricoles grâce à ce commerce régional. Malgré son rôle important qu'il joue dans les économies transfrontalières, le petit commerce fait malheureusement encore face à des nombreux défis et contraintes. Le manque des infrastructures appropriées à la frontière, les procédures douanières opaques et difficilement compréhensibles par les commerçants conduisant à la corruption, les tracasseries et violations des droits humains sont autant des problèmes rencontrés quotidiennement par ces commerçants aux postes frontaliers dans la région. Ainsi par exemple le manque d'infrastructures adaptées aux besoins des petits commerçants aux postes frontaliers, obligent ces derniers à partager les zones de traversée et de dédouanement avec des camions et d'autres véhicules, ce qui contribue à allonger le délai de réalisation des formalités ; l'absence des marchés transfrontaliers à côté des frontières les obliges à aller vendre leurs marchandises loin des frontières les exposant ainsi à toute sorte de tracasserie sur la route.

Cependant, il importe de souligner que les organisations sous régionales ont fait des efforts énormes pour faciliter et développer le petit commerce transfrontalier. Des instruments de facilitation de ce commerce ont été analysés dans ce livre. Il appartient aux différents gouvernements de la région de mettre en place de mesures d'accompagnement pour l'opérationnalisation effective de ces instruments parce que le niveau de leur connaissance aussi bien par les commerçants et par les agents travaillant à la frontière reste encore faible.

Le deuxième axe de réflexion a décortiqué le rôle de la RDC dans les ensembles sous régionaux. Les analyses et statiques présentés dans ce livre montrent que la RDC est plus un marché pour les pays voisins qui profitent de sa faible capacité à produire et exporter des biens et services dans la région. Le premier exemple pris dans ce livre, celui de l'intégration de la RDC dans la zone CEPGL est typique du rôle négligeable de ce pays dans les processus d'intégration sous régionale qui est justifié par des facteurs économiques et politiques.

Sur le plan économique, la structure de l'économie congolaise dont les exportations repose principalement sur la vente de matières premières aux pays non africains qui ont les moyens financiers et technologiques nécessaires pour les transformer en produits finis et la faiblesse du revenu par habitant d'un congolais figurent parmi les raisons avancées pour justifier le faible rôle de la RDC dans les sous-ensembles régionaux.

Sur le plan politique, on considère que les rivalités et conflits politiques récurrents entre pays de la région Grands Lacs sont une de raisons importantes du faible niveau des échanges enregistrés dans cette zone. Les conflits entre la RDC, le Rwanda et le Burundi ont par exemple conduit à la fermeture de la CEPGL en 1994. La reprise de ses activités de en 2007 est considérée par beaucoup d'experts comme le résultat d'une pression extérieure sur les dirigeants de la région par la communauté internationale, et moins d'une volonté de ces dirigeants de relancer l'institution.

Le troisième axe de réflexion a passé en revue les différentes sources de vulnérabilité et de résilience de petits commerçants transfrontaliers. Les sources de résilience proviennent essentiellement des outils mis en place par les organisations sous régionales comme le COMESA, la CEPGL, l'EAC pour faciliter le petit commerce. Il s'agit des bureaux d'information commerciale (TID) et du Régime Commercial Simplifié (RSC) du COMESA, de l'accord sur la circulation des produits du cru de la CEPGL et du Protocole sur le Commerce Transfrontalier Informel de l'EAC. Ces outils, s'ils sont effectivement mis en œuvre, peuvent être des instruments efficaces pour le développement du petit commerce et la promotion économique des petits commerçants. Ce livre démontre aussi l'importance des associations et coopératives comme source de résilience des petits commerçants. Ces structures leur apportent de l'aide qui peut prendre plusieurs formes : de crédits, des formations ou des informations sur le petit commerce transfrontalier. Le rôle des intermédiaires est aussi mis en évidence pour générer la résilience pour les petits commerçants, en réduisant le risque dans l'activité et les droits de douane. Les sources de vulnérabilités sont tout aussi nombreuses. On peut citer la corruption des agents de l'État à la frontière, le peu d'intérêt des autorités congolaises pour le petit commerce malgré son potentiel énorme pour lutter contre la pauvreté des personnes vulnérables, et la multiplicité des agents à la frontière.

Ce troisième axe a aussi analysé l'impact de la formalisation du petit commerce en RDC, en identifiant les gagnants et les perdants. Les gagnants seraient tout d'abord les petits commerçants qui échapperaient, grâce à la formalisation, à la corruption et au harcèlement à la frontière ; le gouvernement congolais serait aussi un gagnant grâce à l'augmentation de ses recettes fiscales qui résulterait d'une telle formation. Les perdants identifiés de la formalisation de ce business seraient le nombreux agents de l'Etat affectés à la frontière et qui tirent une grande partie de leur revenu du racket des petits commerçants, les intermédiaires notamment les chorachora et les handicapés dont le revenu dépend de la facilitation de la contrebande à la frontière, et enfin les producteurs congolais dont l'activité productrice pourrait être mise en difficulté par l'augmentation de l'importation des produits des pays voisins.

Soulignons pour terminer que la mise en place de la Zone de libre-échange continentale africaine (ZLECAF) constitue une opportunité majeure pour le processus de l'intégration régionale en Afrique. On estime par exemple qu'elle permettra aux économies africaines de réaliser un gain potentiel d'environ 450 milliards de dollars et accroîtra les exportations intra-africaines de plus de 81 %. Une telle augmentation du marché intra-africain va accroitre la productivité, et créer davantage d'emplois. Cette zone de libre-échange profitera aussi bien aux échanges économiques formels qu'aux échanges économiques informels entre pays africains. On estime qu'un des effets de la

ZLECAF sera d'inciter les petits commerçants à respecter les procédures formelles d'importation et d'exportation de marchandises et contribuer à améliorer l'accès de ces derniers à plus d'opportunités économiques. De manière spécifique, on estime que la ZLECAF va profiter aux femmes qui sont plus présentes dans le petit commerce transfrontalier et qui représentent plus de 58% des micro et petites entreprises en Afrique. Comme mentionné plus haut dans ce livre, ces femmes sont souvent exposées à divers types de harcèlement dans le travail quotidien du commerce transfrontalier. Ainsi, en contribuant à la réduction des tarifs douaniers et des obstacles non tarifaires, la ZLECAF va encourager les femmes à quitter l'informel et à s'engager dans les canaux formels qui offrent plus de protection.

Toutes les analyses faites dans ce livre s'accordent sur le fait que le petit commerce transfrontalier est une opportunité économique majeure pour des dizaines de milliers de congolais, surtout des congolaises, que le secteur formel traditionnel serait incapable d'employer. Ce commerce est un levier important de lutte contre la pauvreté dans un pays où le taux de pauvreté reste encore parmi les plus élevés au Monde, et qui touche principalement les femmes et les jeunes. Ces analyses s'accordent aussi sur le fait que les obstacles qui empêchent ce commerce de se développer et les petits commerçants transfrontaliers d'en tier pleinement profit sont encore nombreux. Ce commerce mérite donc une attention particulière de la part des gouvernants qui doivent initier et mettre en place des réformes nécessaires susceptibles le rendre plus efficace et plus bénéfique pour les petits commerçants transfrontaliers.

Bibliographie

ASHE, M., & OJONG, V. (2022). « Border Management and Gender Issues in sub-Saharan Africa's Cross-Border Trade under COVID-19" in *African Journal of Gender, Society and Development, 11*(1), 33-53. doi:https://doi.org/10.31920/2634-3622/2022/v11n1a2

BAKIJA. (2016). *Analyzing Trade Patterns Along and Across Lake Tanganyika: Study Report.* Background study commissioned for GLTFP-2

Banque Mondiale. (2011). *Faciliter le commerce transfrontalier entre la RDC et les voisins dans la région des Grands Lacs en Afrique : Améliorer les Conditions des Commerçants Pauvres* . Banque Mondiale.

Banque Mondiale. (2020, juillet 27). Zone de libre-échange continentale africaine : effets économiques et redistributifs. Récupéré sur https://www.banquemondiale.org/fr/topic/trade/publication/the-african-continental-free-trade-area

BERG, E. (1985), "Intra-African Trade and Economic Integration", in *Washington: DAI.*

BOUET, A., KURTZ, J., & TRAORE, F. (2021). « Covid-19 impact on informal trade: Disruptions to livelihoods and food security in africa", in *IFPRI Trade Brief*

Bouët, A., & Laborde, D. (2020, May 12). COVID-19 Border Policies create Problems for African Trade and Economic Pain for Communities. Récupéré sur https://www.ifpri.org/blog/covid-19-border-policies-create-problems-african-trade-and-economic-pain

BUCEKUDERHWA, B. C., KUNAKA, C., MVUNGA, N., & IBALE, A. (2023). *Trading in clusters and the future of small-scale trade in the borderlands of the Great Lakes Region of Africa.* Trade Facilitation Program. Washington DC: World Bank group

BRENTON, P., & SOPRANO, C. (2018). "Small-Scale Cross-Border Trade", in Africa: Why It Matters and How It Should Be Supported. *Bridges Africa, 7*(4).

BUYONGE, M. C. (2021, Octobre 26). La Zone de libre-échange continentale africaine : historique, aperçu et rôle de la douane. Récupéré sur https://mag.wcoomd.org/fr/magazine/omd-actu-96/african-continental-free-trade-area-background-and-role-of-customs/

BWENGE Mwaka, A. (2003), « Les Milices Mayi-mayi à l'est de La République du Congo: Dynamique d'une Gouvernementalité en Situation de Crise », in *African Revue of Sociology, 7(2), pp 73-94*

BWENGE Mwaka A. (2006) D'une CEPGL à une autre: 'Quelles Alternatives dans les Stratégies Actuelles D'intégration et de Coopération pour le Développement?', Repenser le Développement en Afrique. Au-delà des Impasses, les Alternatives. *Dakar: Codestria, http://www.codesria.org/IMG/pdf/bwenge.pdf.*

CALLAGHY, Thomas. *The State-Society Struggle: Zaire in Comparative Perspective*. New York: Columbia University Press, 1984

CONNOLY, M., DEVEREUX, J., CORTES, M. (1995), "The Transshipment Problem: Smuggling and Welfare in Paraguay", in *World Development, Vol. 23, No. 6, pp. 975-985*

DINKA, Tesfaye and Kennes, Walter (2007). 'Africa's Regional Integration Arrangements: History and Challenges', in *ECDPM Discussion Paper* No. 74, September.

DRAPER, Peter, Phil ALVES and Razeen SALLY (2009). *The Political Economy of Trade Reform in Emerging Markets*. Cheltenham: Edward Elgar.

Economic Commission for Africa (2006), Assessing Regional Integration in Africa II, Rationalizing Regional Economic Communities, *Addis Ababa, http://vi.unctad.org/index.php?act=show&doc_name=53-ariafull&option=com_gslink*

Economic Commission for Africa (2010), Assessing Regional Integration in Africa IV, Enhancing Intra-African Trade, Addis Ababa, http://www.uneca.org/aria4/ARIA4Full.pdf

Fundira, T. (2013, mars 20). The need to factor informal cross border trade into the COMESA-EAC-SADC negociations. Récupéré sur https://www.tralav.org/discussions/article/5309-The-need-to-factor-informal-cross-border-trade-into-the-COMESA-EAC-SADC-negociations.html

GAKUNGA, M. (2020, Mai 25). Small Cross Border Traders Adopt New Business Tactics to Manage Pandemic Restrictions. Récupéré sur https://www.comesa.int/covid-19-small-cross-border-traders-adopt-new-business-tactics/

GEOURJON, A. (2006). *Les défis que pose la facilitation des échanges dans les pays africains.* Fond Monétaire International.

GOLUB, S. (2010), The Role of Transit and Re-export Trade in Togo's Economy, *Paper Prepared for Togo DTIS/CEM*

GORDON, V., GRAFFON, R. Q., & STEINSHAMN, S. (2021), "Cross-country effects and policy responses to covid-19 in 2020: The nordic countries", in *Economic Analysis and Policy, 71*, 198–210.

Groupe de presse la République. (2020, mai 11). Covid-19 : Difficile expérimentation du système d'achat groupé des marchandises par les petits commerçants transfrontaliers à Goma. Goma. Consulté le Septembre 09, 2023, sur https://larepublique.net/?p=8719

HAMMERSTAD, A. (2005) "People, States, and Regions: Building a Collaborative Security Regime in Southern Africa", in *South African Institute of International Affairs, Johannesburg*

HARRISON, GRAHAM, "Rwanda: An Agrarian Developmental State" in *Third World Quarterly*.

IGHOBOR, K. (2022, janvier). ZLECAf: les commerçants pourront développer et élargir leurs marchés en 2022. Récupéré sur https://www.un.org/africarenewal/fr/magazine/janvier-2022/zlecaf-les-commer%C3%A7ants-pourront-d%C3%A9velopper-et-%C3%A9largir-leurs-march%C3%A9s-en-2022

INGALERE, Bert (2014), "What's on a peasant's mind? Experiencing RPF state reach and overreach in post-genocide Rwanda (2000–10)" in *Journal of Eastern African Studies*, Vol 8, 2, 2014.

International Alert (2010), La Traversée. Petit commerce et amélioration des relations transfrontalières entre Goma (RD Congo) et Gisenyi (Rwanda), Londres

International Alert (2012), Marcher dans l'Obscurité : Le commerce informel transfrontalier dans la région des Grands Lacs, Londres

International Conference on the Great Lakes Region (2006), Regional Programme of Action for Economic Development and Regional Integration, *Bujumbura*

KANSIIME, M. K., TAMBO, J. A., MUGAMBI, I., BUNDI, M., KARA, A., & OWUOR, C. (2021). "COVID-19 implications on household income and food security in Kenya and Uganda: Findings from a rapid assessment", in *World Development*, 1-10.

KERSTING, S., & WOLLNI, M. (2012). "New institutional arrangements and standard adoption: Evidence from small-scale fruit and vegetable farmers in thailand", in *Food Policy, 37*, 452–462

La République. (2020, Mai 11). Covid-19 : Difficile expérimentation du système d'achat groupé des marchandises par les petits commerçants transfrontaliers à Goma. Récupéré sur https://larepublique.net/?p=8719

LARUE, B., POULIOT, S. & CONSTANTATOS, C. (2009) Exports to Smuggle and Smuggling Technologies, *Review of International Economics, 17(3), 476–493,*

La Prunelle. (2020, Août 12). Bukavu: le *PFCIGL* satisfait du système de groupage qui a facilité le commerce transfrontalier pendant le Coronavirus. Bukavu.

MADKOUR, A., MOHAMED, S., & DABEES, A. (2020). "The impact of logistics performance index on trade openness in africa", in *International journal of management and applied science*, 2394–7926.

MAYER, A. (2008), "Regional integration and security in central Africa: assessment and perspectives".in *10 years after the revival, Royal Institute for International Relations, Brussels*

MCKIBBIN, W. J., & FERNANDO, R. (2020). The global macroeconomic impacts of COVID-19: Seven scenarios. Récupéré sur https://papers.ssrn.com/sol3/papers.cfm?abstract_id=3547729

MARKELOVA, H., MEINZEN-DICK, R., HELLIN, J., & DOHRN, S. (2009). "Collective action for smallholder market access", in *Food Policy, 34*, 1-7

MONTAGUE, D. *(2002)*, "Stolen Goods: Coltan and Conflict in the Democratic Republic of Congo", in *SAIS Review vol. XXII no. 1*

MORISHO, M.N. (2012), "Political and Economic Drivers of Regional Integration in Africa: A Case Study of the Democratic Republic of the Congo, Occasional Paper", in *South African Institute of International Affairs, Johannesburg*

MORISHO, M.N. (2013), "Analysis of smuggling impact. Case study of Goma-Gisenyi border", in *Forthcoming*

MORISHO N. (2015), "Strengthening the impact of the small cross border trade between DRC and Rwanda", *International Alert/Rwanda*, Kigali

MINAGRI (2011), *Market Research on Export of Rwanda Agricultural Products to Democratic Republic of Congo*, Kigali

MUHINDUKA, D. (2004), *Perspective sur la durabilité de la société Internationales d'Electricité des pays des grands lacs(SINELAC),* communication présentée aux XXèmes journées ATM-CREDES. Droits et développement, Nancy 25-27 Mai 2004

MUSILA, C. (2009) Kivu, « Bridge between the Atlantic and Indian Oceans », in *IFPRI, Paris*

MVUNGA, N., & KUNAKA, C. (2021). *Eight Emerging Effects of the COVID-19 Pandemic on Small-Scale Cross-Border Trade in the Great Lakes Region.* World Bank Group

NDAYIZEYE, L. (2020). *régime commercial simplifié : Outil efficace pour booster le commerce transfrontalier entre le Burundi et la RDC.* Think Tank, Center for Development and Entreprises Great Lakes

NEWBURY, D. (1980), "Lake Kivu Regional Trade in the nineteenth Century", in *Journal des Africanistes, tome 50, fascicule 2. 7-30*

OMC. (2022). Le rôle des technologies avancées dans le commerce transfrontières: point de vue des douanes. Récupéré sur https://www.wto.org/french/res_f/publications_f/wcotech22_f.htm

OMD. (2014). *La facilitation des échanges dans les accords commerciaux régionaux.* Organisation Mondiale des Douanes.

OGALO, V. (2010)." Informal Cross-Border Trade in EAC : Implications for Regional Integration and Development", in *Research Paper*

OSEMO, W. (2022, juillet 12). Études visant à éliminer les obstacles au petit commerce transfrontalier achevées. Récupéré sur https://www.comesa.int/etudes-visant-a-eliminer-les-obstacles-au-petit-commerce-transfrontalier-achevees/?lang=fr

PAULUS, I. and SIMPSON, C. (1981), "Opportunity, Benefit, and Subjective Disposition: Determinants of Nonprofessional Smuggling", in *The Pacific Sociological Review, Vol. 24, No. 3, 299-327*

PEBERDY, S.A. (2000), "Border Crossings: Small Entrepreneurs and Cross Border Trade Between South African and Mozambique", *In the Economische en Sociale Geographie, Vol. 91, No 4, 361-378*

PURDAKOVA, Andrea (2011) ; "Even If I Am Not Here, There Are So Many Eyes:" Surveillance and State Reach in Rwanda', in *Journal of Modern African Studies, 49*(3)

PURDOKOVA, Andrea (2011); 'Rwanda's Ingando Camps: Liminality and the Reproduction of Power,' Oxford Refugee Studies Centre (RSC)", in *Working Paper No. 80*, September

REYNTJENS, F. (1999), "Briefing: The second Congo war: more than a remake", *in African Affairs, Vol. 98, No. 391, 241-250*

Rwandan Ministry of Trade and Industry (2012), National Cross Border Trade Strategy, 2012-2017. A comprehensive strategy to support Rwandan exports to neighboring countries, Kigali

SFCG (2012), Rubaya, Nord Kivu : Cohésion Sociale et Dynamique des Conflits, London

STEVENS, T. HOEBEKE, H. and VLASSENROOT, K. (2008), "Politics of regional Integration in Central Africa", *in Ayangafac C (ed.), Security Studies*

STEARNS, Jason (2001), "Dancing in the Glory of Monsters: The Collapse of the Congo and the Great War of Africa", *Perseus Books*: Public Affairs.

STEARNS J. (2012), *Contexte historique du conflit dans la province du Nord-Kivu, à l'est du Congo, l'Institut de la Vallée du Rift Nord-Kivu* ; Londres

TEGERA, A. and JOHNSON, D. (2007), "Rules for Sale: Formal and informal cross-border trade in Eastern DRC", *Regards Croissés, Revue Trimestrielle N° 19 bis, Goma*

TITECA, KRISTOF (2012), "Tycoons and contraband: Informal cross-border trade in West Nile, north-western Uganda", in Journal of Eastern Africa Studies, 6(1), pp. 47-63

TITECA, K., & KIMANUKA, C. (2012). *Marcher dans l'Obscurité :Le commerce informel transfrontalier dans la région des Grands Lacs.* International Alert

TREFON, Theodore, (2011), *Congo Masquerade: The Political Culture of Aid Inefficiency and Reform Failure*. London: Zed Books

TULL, D.M. (2003)," A reconfiguration of political order? The state of the state in North Kivu (DR Congo)", *in African Affairs, 102, 429–446*

UNECA (2006). *Assessing Regional Integration in Africa II: Rationalizing Regional Economic Communities*. Addis Ababa: United Nations Economic Commission for Africa and African Union. http://www.uneca.org/aria

UNECA (2008). *Assessing Regional Integration in Africa 2008: Towards Monetary and Financial Integration in Africa*. Addis Ababa: United Nations Economic Commission for Africa. http://www.uneca.org/aria

UN (2001), Report of the Panel of Experts on the Illegal Exploitation of Natural Resources and other Forms of Wealth of the Democratic Republic of the Congo, *New York*

VLASSENROOT, K. and ROMKEMA, H. (2007), "Local governance and leadership in Eastern DRC", *Report of a studied commissioned by Oxam-Novib*

VLASSENROOT K. RAEYMAEKERS T. (2009) Briefing: Kivu's intractable security conundrum. African Affairs. 108(432): 475-484.

VWAKYANAKAZI, M. (1991), *Import and export in the second economy in north Kivu, in the real Economy of Zaire.* The contribution of smuggling and other unofficial activities to national wealth, *University of Pennsylvania Press*

VERWEIJEN, Judith (2015), *The ambiguity of militarization: The complex interaction between the Congolese armed forces and civilians in the Kivu provinces, eastern DR Congo*, unpublished PhD thesis, Utrecht University

WESTERKAMP, M., FEIL and M., THOMPSON, A. (2009), "Regional Cooperation in the Great Lakes Region A contribution to peace building? "*Adelphi Research and International Alert*

World Bank (1999), Curbing the Epidemic: Governments and the Economics of Tobacco Control, *Washington, DC:World Bank.*

WOLLNI, M., & ZELLER, M. (2007). "Do farmers benefit from participating in specialty markets and cooperatives? the case of coffee marketing in costa rica", in *Agricultural Economics, 37*, 243–248.

Women Connect. (2022). Commerce transfrontalier entre la RDC et les pays limitrophes. Consulté le Septembre 21, 2023, sur https://www.womenconnect.org/fr/web/democratic-republic-of-congo/cross-border-trade/-/asset_publisher/1b8B0Cv44bSy/content/etapes-a-suivre-pour-utiliser-le-recos

World Bank (2011), Facilitating Cross-Border Trade between the DRC and Neighbors in the Great Lakes Region of Africa: *Improving Conditions for Poor Traders*, Report No.:62992-AFR

World Bank (2012), Risky Business? Poor Women Food Traders in the Borderlands of Congo, Uganda, Rwanda and Burundi. Understanding the gendered implications of the cross-border trade: Democratic Republic of Congo, Uganda, Burundi, and Rwanda in comparative perspective, Washington DC.

World Bank. (2022). *Great Lakes Trade Facilitation and Integration Project.*

YOUNG, CRAWFORD and Thomas TURNER (1985). *The Rise and Decline of Zairian State*. Madison: University of Wisconsin Press

ZANINOVIC, P. A., ZANINOVIC, V., & SKENDER, H. P. (2021). *Economic Research, 34*(1), 1566–1582.

Table des matières

Structures éditoriales du groupe L'Harmattan

L'Harmattan Italie
Via degli Artisti, 15
10124 Torino
harmattan.italia@gmail.com

L'Harmattan Hongrie
Kossuth l. u. 14-16.
1053 Budapest
harmattan@harmattan.hu

L'Harmattan Sénégal
10 VDN en face Mermoz
BP 45034 Dakar-Fann
senharmattan@gmail.com

L'Harmattan Cameroun
TSINGA/FECAFOOT
BP 11486 Yaoundé
inkoukam@gmail.com

L'Harmattan Burkina Faso
Achille Somé – tengnule@hotmail.fr

L'Harmattan Guinée
Almamya, rue KA 028 OKB Agency
BP 3470 Conakry
harmattanguinee@yahoo.fr

L'Harmattan RDC
185, avenue Nyangwe
Commune de Lingwala – Kinshasa
matangilamusadila@yahoo.fr

L'Harmattan Congo
219, avenue Nelson Mandela
BP 2874 Brazzaville
harmattan.congo@yahoo.fr

L'Harmattan Mali
ACI 2000 - Immeuble Mgr Jean Marie Cisse
Bureau 10
BP 145 Bamako-Mali
mali@harmattan.fr

L'Harmattan Togo
Djidjole – Lomé
Maison Amela
face EPP BATOME
ddamela@aol.com

L'Harmattan Côte d'Ivoire
Résidence Karl – Cité des Arts
Abidjan-Cocody
03 BP 1588 Abidjan
espace_harmattan.ci@hotmail.fr

Nos librairies en France

Librairie internationale
16, rue des Écoles
75005 Paris
librairie.internationale@harmattan.fr
01 40 46 79 11
www.librairieharmattan.com

Librairie des savoirs
21, rue des Écoles
75005 Paris
librairie.sh@harmattan.fr
01 46 34 13 71
www.librairieharmattansh.com

Librairie Le Lucernaire
53, rue Notre-Dame-des-Champs
75006 Paris
librairie@lucernaire.fr
01 42 22 67 13

www.ingramcontent.com/pod-product-compliance
Lightning Source LLC
LaVergne TN
LVHW010930061026
849535LV00007B/2334
* 9 7 8 2 3 3 6 4 6 5 3 1 9 *